AF295373

Andrés de Olmos

Arte de la lengua mexicana

Estudio preliminar, edición y notas de Heréndira Téllez Nieto

El Paraíso en el Nuevo Mundo, 12
Colección patrocinada por el
Proyecto CB SEP-Conacyt 2012: 179178

El Paraíso en el Nuevo Mundo contribuye al reconocimiento del pasado colonial hispanoamericano a partir de ediciones, críticas o anotadas, de textos significativos de los siglos XVI-XVIII. Su nombre no solo recuerda aquella homónima obra de León Pinelo en la que el Edén estaría situado en las Indias Occidentales, sino también el que su autor fue recopilador de un primer repertorio bibliográfico indiano en 1629, su famoso *Epítome de la bibliotheca oriental i occidental* […], en el que consignara los títulos hasta entonces publicados por las imprentas virreinales. La obra de Pinelo reúne entonces los dos polos de aquella metáfora borgiana que concebía el Paraíso Terrenal como una biblioteca, metáfora que esta colección pretende evocar a la manera de un nuevo y letrado Jardín de las Delicias.

DIRECCIÓN
Manuel Pérez

CONSEJO EDITORIAL
Ignacio Arellano (Universidad de Navarra, Pamplona)
Aurelio González (El Colegio de México)
Karl Kohut (Katholische Universität Eichstätt-Ingolstadt)
Antonio Lorente Medina (Universidad Nacional de Educación
a Distancia, Madrid)
Beatriz Mariscal (El Colegio de México)
Martha Lilia Tenorio (El Colegio de México)
Martha Elena Venier (El Colegio de México) †
Lillian von der Walde (Universidad Autónoma Metropolitana
Iztapalapa, México)

Andrés de Olmos

Arte de la lengua mexicana

Estudio preliminar, edición y notas
de Heréndira Téllez Nieto

Iberoamericana - Vervuert - 2022

Cualquier forma de reproducción, distribución, comunicación pública o transformación de esta obra solo puede ser realizada con la autorización de sus titulares, salvo excepción prevista por la ley. Diríjase a CEDRO (Centro Español de Derechos Reprográficos) si necesita fotocopiar o escanear algún fragmento de esta obra (www. conlicencia.com; 91 702 19 70 / 93 272 04 47).

Derechos reservados

© Iberoamericana, 2022
Amor de Dios, 1 – E-28014 Madrid
Tel.: +34 91 429 35 22
Fax: +34 91 429 53 97

© Vervuert, 2022
Elisabethenstr. 3-9 – D-60594 Frankfurt am Main
Tel.: +49 69 597 46 17
Fax: +49 69 597 87 43

info@iberoamericanalibros.com
www.iberoamericana-vervuert.es

ISBN 978-84-9192-112-7 (Iberoamericana)
ISBN 978-3-96456-927-1 (Vervuert)
ISBN 978-3-96456-928-8 (ebook)

Depósito Legal: M-5151-2022

Impreso en España

Diseño de cubierta: Rubén Salgueiros

Imagen de cubierta: Detalle de *Rhetorica christiana ad concionandi* de Diego de Valadés (1579), Pervsiae [Perugia]: Apud Petrumiacobum Petrutium, cortesía de John Carter Brown Library.

Este libro está impreso íntegramente en papel ecológico sin cloro.

Este número 12 de "Paraíso en el Nuevo Mundo" consiste en la edición crítica del primer tratado de lengua náhuatl que conservamos: el *Arte de la lengua mexicana*, obra del humanista franciscano fray Andrés de Olmos. La obra incluye una primera descripción gramatical completa y sistemática de una lengua indígena amerindia —el náhuatl— para cuya elaboración su autor tomó numerosos elementos de la gramática latina, a pesar de haber no pocas diferencias estructurales entre ambas lenguas que obligaron a la realización de varias innovaciones respecto de los tratados de gramática de la época.

El *Arte* de Olmos es una obra fundamental para comprender la primera etapa de lo que Robert Ricard llamó "la conquista espiritual", en la que tuvieron lugar enormes proyectos de carácter humanístico fundados sobre la confianza en la educación y en la persuasión como medios de evangelización. Andrés de Olmos, junto a Bernardino de Sahagún y otros franciscanos, no solo perteneció al grupo de religiosos que fundaron el célebre Colegio de la Santa Cruz de Tlatelolco, sino también a la generación de estudiantes formados en la *nova ratio* nebrisense y, por tanto, muy conscientes del lugar de la lengua en la constitución del Nuevo Orbe cristiano.

La presente edición coteja los seis testimonios manuscritos conocidos (procedentes de la Biblioteca Nacional de Francia [2], la Biblioteca Nacional de España, la Biblioteca del Congreso de los Estados Unidos, la Biblioteca Bancroft y la Universidad de Tulane); considera también las dos ediciones que se han hecho de esta obra (ninguna crítica): Simeón (1875) y Sullivan y Acuña (1985), así como la transliteración de León-Portilla (1993). Esta es, pues, la primera edición crítica de una obra primordial, en más de un sentido; una edición que ha sido realizada desde el rigor ecdótico y la erudición filológica, acompañada por un magnífico estudio introductorio escrito en prosa fina y elegante. Rigor, erudición y elegancia que hicieron merecer a su autora, Heréndira Téllez, el "Primer Premio de Edición Crítica El paraíso en el Nuevo Mundo" (2018); por ello, es un privilegio para esta colección dar a luz este trabajo y ponerlo a disposición de los lectores.

ÍNDICE

Introducción

Lectio Actorum, cap. 2. In diebus illis, dum complerentur dies Penthecostes, erant omnes discipuli... *Ya yeiuh ompohualilhuitl ommatlactli mozcalitzino Totecuyo Iesu Christo, ceccan calitec cencatca ololiuhticatca inixquinchtin Apostolome, niman ilhuicac pahualcaquiztic iuhquima yeyecatl yehuiz cenca hualincoyocatia, auh niman icoten in calli inoncancatca Apostolome, ihuan ceceyaca ipan onez iuhqui tlenenepilli ceceyaca inicpac omoquez niman ixquichtin oquimo celilique icotenque in Espiritu Sancto, niman icopeuhque in ye miectlamantli tlahtolli ic tlatohua iniuhquin moyolitiliyaya iniuhqui momachtiliyaya inSpiritu Sancto.*[1]

Los primeros frailes llegados a la Nueva España iniciaron por motivos teológicos, no únicamente prácticos, el estudio de las lenguas vernáculas, pues el conocimiento profundo de ellas era una herramienta para la predicación, fundamentada en las Sagradas Escrituras: de acuerdo con los *Hechos de los Apóstoles* (Act. 2:1-4) el día de Pentecostés,[2] el Espíritu Santo habría concedido a los primeros

---

1. Ms. *Evangeliario en lengua mexicana*, Biblioteca Capitular de Toledo, fol. 129v.: [A] *In diebus illis, dum complerentur dies Penthecostes, erant omnes discipuli pariter in eodem loco:* [B] *et factus est repente de cælo sonus, tamquam advenientis spiritus vehementis, et replevit totam domum, ubi erant sedentes* [C] *Et apparuerunt illis dispertitæ linguæ tamquam ignis, seditque supra singulos eorum: et repleti sunt omnes Spiritu Sancto, et cæperunt loqui veriis linguis, prout Spiritus Sanctus dabat eloqui illis.*
2. No es casual que justamente la provincia del Santo Evangelio de México se fundara en vísperas de esta fiesta, sino que con ello se manifestaba el deseo de implantar la palabra divina. Oroz, Pedro; Jerónimo de Mendieta y Francisco Suárez, *Re-*

evangelizadores uno de los siete dones, el de lenguas, para que todos 'fueran entendidos' y pudieran predicar la 'Buena Nueva'.[3] Este pasaje, más tarde, sustentaría el deseo de los misioneros de perfeccionar el conocimiento de los idiomas nativos para poner en marcha la evangelización en el Nuevo Mundo, pues los misioneros, ante todo, eran religiosos cuya misión era predicar el Evangelio y "dispensar los Sacramentos", tal como lo solicitaba el apóstol san Pablo (I Cor. 4:1): *"Noteiccauane: ma vel ipan timachoca, catitetlayeculticaua in Totecuyo caçantictotlapialilia, ca tic pia tictemaca in Sacramentos miecpa temolo in aquin uelitech netlacaneconi in vel quichiua itequihu".*[4]

Este afán evangelizador llevó a fray Andrés de Olmos, sin duda uno de los misioneros que mayores dones recibió, como él mismo aceptaría,[5] a realizar el *Arte de la lengua mexicana*.[6]

---

lación de la Descripción de la Provincia del Santo Evangelio que es en las Indias Occidentales que llaman la Nueva España, ed. de Fidel de J. Chauvet. Ciudad de México, Imprenta Mexicana, 1949, 45.

3.   Molina, Alonso de, *Aquí comiença un vocabulario en la lengua castellana y mexicana*, Ciudad de México, Juan Pablos, 1555, p. aiii. Este pasaje de las Sagradas Escrituras era obligatorio en la fiesta de Pentecostés y debió leerse cada año en náhuatl (y en su caso, en purépecha y otomí). Aquí se presenta la versión del *Evangeliario* de Toledo (ca. 1545).

4.   Ms. *Evangeliario en lengua mexicana*, Biblioteca Capitular de Toledo, fol. 9r: *"(A) Fratres, sic nos existimet homo ut ministros Christi, et dispensatores mysteriorum Dei, hic iam quaeritur inter dispensatores ut fidelis quis inveniatur".*

5.   Olmos, Andrés de, *Tratado de los siete pecados*, fol. 312 [ed. facsimilar, transcr. y trad. de Georges Baudot, Ciudad de México, UNAM, 1996], *cf.* nota 90.

6.   Durante varios siglos esta gramática permaneció inédita y solo llegó a ser publicada una vez en el siglo XIX, (Olmos, Andrés de, *Grammaire de la Langue Nahuatl au Mexicaine*, ed. de Rémi Siméon, Paris, Imprenta Nacional, 1875) y más tarde fue reeditada en el siglo XX y se realizaron nuevas ediciones de dos manuscritos: Olmos, Andrés de, *Arte de la lengua mexicana*, ed. Ascensión Hernández y Miguel León-Portilla, Ciudad de México, UNAM, 2003; Olmos, Andrés de, *Arte y vocabulario de la lengua mexicana*, ed. de Thelma Sullivan y René Acuña, Ciudad de México, UNAM, 1985.

Capítulo I
Fray Andrés de Olmos, un humanista castellano en la Nueva España

Un burgalés insigne

La vida de fray Andrés de Olmos ha sido apenas esbozada, a pesar de su importancia histórica. Una de las más precisas descripciones es la que recoge fray Jerónimo de Mendieta,[1] que servirá para puntualizar una de las cuestiones más difíciles de conocer en la vida de casi cualquier misionero llegado a América: la fecha de nacimiento.[2] Un primer dato fundamental, conocido y transmitido a partir de este

---

1. Fray Jerónimo de Mendieta, nacido en Vitoria, provincia de Álava, llegó a la Nueva España en 1554 y pasó sus primeros años en el monasterio de Tuchimilco, en Puebla. Más tarde fue guardián del convento de Huexotzingo, donde fue profesor del joven fray Juan Bautista Viseo, quien señala que Mendieta era "impedido y algo cerrado en el lenguaje castellano", pero que llegó a ser un experto nahuatlato (Viseo, Juan Bautista, *Sermonario*, Ciudad de México, Diego López Dávalos, 1606, pról.). Sobre la crónica de Mendieta hay opiniones diversas. Viseo dice expresamente que escribió en castellano la *Historia eclesiástica indiana*, la cual le habría legado antes de acabar en manos de fray Juan de Torquemada, alumno del anterior. Agustín de Vetancurt ("Menologio franciscano", *Chrónica de la Provincia del Santo Evangelio*, Ciudad de México, María de Benavides, 1697, p. 46) opinaba que el manuscrito había sido utilizado por Torquemada, "que la imprimió en su nombre". Durante muchos años no se supo nada de esta obra que, aunque debía de estar en los anaqueles franciscanos, no se registró cuando De la Rosa hizo su inventario en 1753, hasta 1860, cuando García Icazbalceta la "encontró" en Madrid, entre los papeles de don Bartolomé José Gallardo; la fecha en que Mendieta acabó su historia es un misterio, aunque el editor apunta el año de 1596. Para escribirla, el propio Mendieta habría tomado partes de otras obras de sus predecesores franciscanos, entre ellos Olmos.

2. Entre las fechas propuestas por algunos autores tenemos: 1480 (Baudot, Georges, en Andrés de Olmos, *Tratado de hechicerías y sortilegios*, ed. facsim., paleogr., ed. y notas G. Baudot, Ciudad de México, UNAM, 1990, p. IX); 1491 (Siméon, en Olmos, *Grammaire*, p. 9); Pilling, James C., "The Writings of Padre Andres De Olmos in the Languages of Mexico", *American Anthropologist* vol. 8-1 (1895), 43-60); 1485 (León-Portilla, en Olmos, *Arte*, p. xxi).

primer biógrafo, es su ingreso en la orden franciscana a los veinte años:

> En su juventud se ocupó en el estudio de los sacros cánones y leyes, pero llegando a la edad de veinte años... tomó el hábito de los Menores del Padre San Francisco, en el convento de Valladolid, de la provincia de la Concepción. Después de hecho religioso, vivió en mucho temor de Dios y observancia de su regla, ocupado el tiempo en aprender las divinas letras con que después fructificase la viña del Señor.[3]

Todos los biógrafos concuerdan en que inició sus estudios universitarios antes de los veinte años,[4] una práctica común en aquella época, como sucedió, por ejemplo, con Sebastián Ramírez de Fuenleal,[5] quien ingresó en la Universidad de Valladolid, la misma en la que estudiará Olmos, en torno a los 15 años para salir con casi 20 y convertirse, años después, en presidente de la Segunda Real Audiencia de México.[6] Otro misionero, fray Martín de Hojacastro, segundo obispo de Tlaxcala y

---

3. Mendieta, Jerónimo de, *Historia eclesiástica indiana* (ms. México, 1596), ed. Joaquín García Icazbalceta, Ciudad de México, F. Díaz de León y Santiago White, 1870, lib. v, cap. 33.
4. "Juri Civili adolescens navavit operam", San Antonio, Juan, *Bibliotheca universa franciscana*, Madrid, Matris de Agreda San Antonio, 1732, p. 67.
5. Dado que la Primera Audiencia de México (1528-1530), presidida por Nuño de Guzmán (1490-1544) no cumplía con las expectativas de la corte, ante las quejas que fray Juan de Zumárraga hizo llegar al emperador, Carlos I decidió cambiar a todos sus miembros. Se nombró entonces, en 1530, la Segunda Audiencia, mucho más responsable y eficiente, que mostró además un trato algo más justo para con los indígenas. Su presidente, Sebastián Ramírez de Fuenleal (1490-1547), presidente de la Audiencia de Santo Domingo (1511) y obispo (1528), fue uno de los mayores promotores del Colegio de Santa Cruz de Tlatelolco, denominado así en remembranza del Colegio de Santa Cruz de Valladolid, donde él había estudiado. Tras su regreso a España en 1537, fue nombrado presidente de la Cancillería de Valladolid, además de obispo de Tuy (1538) y León (1539-1542); participó, además, en la promulgación de las Leyes Nuevas de 1542. *Cf.* León-Portilla, Miguel, "Ramírez de Fuenleal y las antigüedades mexicanas", *Estudios de Cultura Náhuatl* 8 (1969), pp. 9-49; Martínez Martínez, María del Carmen, "Los colegiales de Santa Cruz de Valladolid y su proyección en América", *Estudios de Historia Social y Económica de América* 5 (1989), pp. 90-104; Porro Gutiérrez, Jesús María, "La Universidad, la Chancillería y el Colegio de Santa Cruz: algunos juristas señalados del Valladolid del siglo xvi", *Estudios de Historia Social y Económica de América* 5, (1989), pp. 105-112.
6. Verde-Moro, Francisco, *Anales del Colegio Mayor de Santa Cruz de Valladolid* (ms. BNE, MSS/9746), 1761, p. 14.

a quien precisamente Olmos dedicará su gramática, tomó el hábito a los quince años y siguió estudiando hasta los veintidós, cuando fue ordenado sacerdote.[7]

Pero Mendieta proporciona un dato más: nos habla de "la Provincia de la Concepción", una precisión crucial, ya que esta provincia religiosa no adquirió esa denominación hasta 1518, según recoge Antonio Daça, uno de los más relevantes cronistas franciscanos en España:

> Fundación de la Santa Provincia de la Concepción. Cap. IX.
>
> La Santa Provincia de la Concepción, que en sus principios fue Custodia, llamada Citramontes, por estar de esta parte de los montes que dividen a Castilla la Vieja de la Nueva, se llamó de Santoyo por haberla fundado el bienaventurado fray Pedro de Santoyo, que fue su primer Custodio... Después... el papa Sixto IIII, informado de la santidad de esta Custodia y de los muchos conventos que tenía, la hizo Provincia el año de 1477, a 19 de diciembre, con nombre de Provincia de Santoyo, por honra de su santo fundador... En este estado se conservó cuarenta años la Provincia de Santoyo, hasta que el de 1518 a diez y seys de iulio (*sic*), en el Capítulo de León de Francia, se juntó a ella la Custodia de *Domus Dei* de Aguilera y *Escala Coeli* del Abrojo, y de las dos se hizo una Provincia, con el título de la Concepción de Nuestra Señora.
>
> El breve original de la confirmación desta unión y el decreto del Capítulo General de León Francia... y otros breves de Clemente VII de cinco de iulio del año de 1525 en que confirma dicha unión... están en el archivo de San Francisco de Valladolid.[8]

La misma información se encuentra en una crónica de 1660 —un manuscrito inédito apenas conocido— de Matías de Sobremonte, fraile vallisoletano que, apoyándose en documentos originales, ofrece valiosos datos de la vida del convento de San Francisco de Valladolid, de cuya comunidad formó parte años después Andrés, y sobre la Provincia de la Concepción:

> 5.– Año de 1520. Se celebró Capítulo desta Provincia ya con título de la Concepción. Dos años haría en ese combento de San Francisco de Valla-

---

7. Mendieta, *op. cit.*, lib. V, cap. 47; Bustamante García, Jesús, *Fray Bernardino de Sahagún: una revisión crítica de los manuscritos y su proceso de composición*, Ciudad de México, UNAM, 1990, p. 21.

8. Daça, Antonio, *Excelencias de la ciudad de Valladolid con la vida y milagros del Santo Fr. Pedro Regalado... de la Regular obseruancia de la Orden de nuestro seráfico Padre S. Francisco*, Valladolid, en Casa de Juan Lasso de las Peñas, 1627, pp. 82-85.

dolid, siendo Ministro General el Rvo. fr. Francisco Licheto. Fue electo en Ministro Provincial el Rvo. y V. P. fr. Juan de Zumárraga, de quien hemos dicho tuvo Capítulo intermedio en Peñafiel, dominica de la septuagésima del año de mil quinientos veinte y dos.[9]

Estos detalles resultan de capital importancia para precisar la edad de nuestro autor. Y es que, si el joven Andrés de Olmos tenía 20 años cuando profesó en la orden franciscana y la Provincia de la Concepción no se instituyó hasta 1518, Andrés nació como muy pronto en 1498, salvo que la referencia a la "Provincia de la Concepción" esté hecha *a posteriori*, desde la perspectiva de la época en que el cronista escribe su relato. Algo poco probable, pues otro dato confirma su nacimiento en las postrimerías del siglo xv como muy pronto: el convento del Abrojo, donde fray Andrés profesó y conoció a Zumárraga, había sido fundado hacia 1515 por fray Pedro Regalado, una "grande escuela de virtud y un seminario de santos muy estimado de los Reyes de España", según cuenta Daça.[10] Es evidente que Andrés no pudo llegar a este convento (para profesar con 20 años) antes de la fecha de su creación.

Siguiendo, pues, con la cronología, retrospectivamente, si Andrés inició sus estudios universitarios en torno a los 16 años y profesó a los 20 en la Provincia de la Concepción, su nacimiento no pudo más que coincidir con el final de siglo, por lo que las fechas mucho más tempranas que apuntan algunos biógrafos resultan poco probables. Si, como afirma Baudot,[11] Olmos nació en torno a 1480, cuando ingresó en la Provincia de la Concepción tendría casi cuarenta años (y no veinte). Y si tomamos la fecha propuesta por Siméon[12] y Meade,[13] quienes sitúan el nacimiento de Olmos en el año de 1491, tendría casi treinta años al ingresar en el convento del Abrojo, como lego o fraile, pues no habría podido hacerlo antes de 1515.

<hr>

9. Sobremonte, Mathías de, *Noticias chronográphicas y topográphicas del Real y religiosissimo Convento de los Frailes Menores observantes de San Francisco de Valladolid, Cabeza de la Provincia de la Inmaculada Concepción*, [mss/19351, BNE], fol. 145r.

10. Daça, *op. cit.*, p. 60.

11. Baudot, en Olmos, *Tratado de hechicerías y sortilegios*, p. ix.

12. Siméon, en Olmos, *Grammaire*, p. 9.

13. Meade, Joaquín, *Fray Andrés de Olmos*, Ciudad de México, imprenta Aldina, 1950, p. 378.

Por otra parte, la diferencia de edad, también atestiguada por los cronistas, entre Zumárraga y Olmos resulta más congruente con la fecha de nacimiento que proponemos para Olmos, y con otros datos poco conocidos y muy clarificadores sobre la fecha de nacimiento del propio Zumárraga que aporta Sobremonte:

> 6.– Fue este V. P. natural de Durango, villa ilustre del señorío de Viscaya, hijo de padres nobles. Tomó el hábito de tierna edad, estando en mi pretensión en San Francisco de Valladolid, quando esta Provincia se llamaba de Santoyo. Estudió en ella Artes y Theología y fue consumado letrado e insigne predicador, guardián de Ábila y el Abrojo, difinidor y ministro provincial, el 11 desta Provincia con título de la Concepción electo en Valladolid a 11 de noviembre del año de 1520.[14]

Sobremonte, quien recordemos es la fuente más fidedigna para conocer la historia de este convento, ya que sus datos provienen de las actas originales, precisa muy bien que Zumárraga tomó los hábitos en San Francisco de Valladolid "quando esta Provincia se llamaba de Santoyo"[15], es decir, con anterioridad a 1520, del mismo modo que Mendieta precisa que cuando profesó Olmos en ese mismo monasterio era ya "de la provincia de la Concepción", lo que nos indica que no hay confusión entre los nombres de la provincias ni sus fechas de creación. Zumárraga, de tierna edad, habría ingresado en la Provincia de Santoyo antes de 1518.

Si tenemos en cuenta que, según el mismo Zumárraga, contaba con casi 70 años antes de su muerte en 1547,[16] el arzobispo habría nacido entre 1475-1480[17] y contaría con 40 años en 1520, cuando Olmos ingresó en el Abrojo, una edad adecuada para ser nombrado

---

14. Sobremonte, *op. cit.* fol. 87v-88r.
15. Mendieta (*op. cit.*, lib. IV, cap. 27), por cierto, dice que Zumárraga tomó el hábito en "el convento de Nuestra Señora de Aránzazu, de la Provincia de Cantabria que entonces se contaba de Burgos", una opinión ya rebatida por Joaquín García Icazbalceta (*Don Fray Juan de Zumárraga, primer Obispo y Arzobispo de México*, Ciudad de México, Andrade y Morales, 1881, p. 5), quien señala que el convento de Aránzazu no fue adjudicado sino hasta 1514 a los franciscanos, siendo antes de los mercedarios y dominicos.
16. García Icazbalceta, *Don Fray Juan*, p. 6.
17. Aunque Gil González Dávila (*Teatro eclesiástico de la primitiva Iglesia de las Indias Occidentales, vidas de sus arzobispos, obispos, y cosas memorables de sus sedes*, Madrid, Diego Díaz de la Carrera, 1649, p. 19) afirma que nació en 1468.

guardián del convento y convertirse en el preceptor del joven sacerdote.

En definitiva, todos estos datos comentados nos hacen pensar que la fecha más probable para situar el nacimiento de Olmos es entre los años de 1496 y 1498, un 30 de noviembre, si tenemos en cuenta el santoral.[18]

De Olmos de Atapuerca a Valladolid

De nuevo por noticias de Mendieta sabemos que fray Andrés nació en la provincia de Burgos, cerca de Oña: "Fue este santo religioso natural de la tierra de Burgos, cerca de Oña. Hijo de honestos y muy cristianos padres; crióse algunos años con una su hermana casada, en Olmos, cerca de Valladolid, de donde tomó el nombre o apellido de Olmos".[19]

Unos datos no demasiado precisos para conocer los orígenes e infancia de fray Andrés pero que, copiados de unos cronistas a otros, han dado lugar a no pocas confusiones, empezando por la localidad misma en que nació y creció el joven Andrés.

Sobremonte, el único cronista y biógrafo que bebe de fuentes propias y no se limita a seguir literalmente los apuntes de Mendieta, ofrece algunos datos importantes que matizan lo dicho por el franciscano: "8. Hijo fue también deste convento el P. fr. Andrés de Olmos, natural de tierra de Burgos... Muertos sus padres vivió algunos años con una hermana suya en el lugar de Olmos que le dio el sobrenombre en la religión".[20]

Por tanto, el motivo que llevó a Andrés, siendo todavía un niño, a vivir bajo la tutela de su propia hermana, ya casada, fue la prematura muerte de sus padres. Sin embargo, este dato ha dado pie, sin mayor fundamento, a pensar —a partir de la afirmación de Mendieta— que

---

18. En San Andrés Hueytlalpan existe todavía la creencia de que fray Andrés fundó aquella villa con el nombre de su santo patrono y en la misma fecha, por tanto, de su nacimiento. No sería un caso único, pues fray Bernardino de Sahagún hizo lo mismo en el convento de Xochimilco, que dedicó a san Bernardino de Siena.

19. Mendieta, *op. cit.*, lib. v, cap. 33. Estas noticias fueron copiadas casi literalmente por otros cronistas, como Torquemada Juan de, *De los veintiún libros rituales y monarchía indiana*, Madrid, Nicolás Rodríguez, 1615, lib. XX, caps. 38-39; Eguiara y Eguren, Juan José de, *Bibliotheca mexicana*, Ciudad de México, el autor, 1755, p. 132; hasta la fecha se siguen repitiendo estos datos.

20. Sobremonte, *op. cit.*, fol. 82r.

Andrés se trasladó de Oña (Burgos) a Olmos de Esgueva, una población cercana a Valladolid, en cuya universidad estudiará años después. Ahora bien, que Andrés vivera con su hermana a la muerte de sus padres no implica necesariamente un traslado, y menos aún que la localidad de Olmos a la que se refiere Mendieta haya que identificarla con Olmos de Esgueva, como han hecho después no pocos autores, pues existen otras dos poblaciones con el nombre de Olmos más próximas a Oña, que es donde se sitúa el nacimiento de Andrés.[21]

En realidad, Mendieta[22] no cita expresamente la villa de Olmos de Esgueva, aunque señala su proximidad a Valladolid. Una alusión equívoca (Olmos de Esgueva se encuentra efectivamente a poco más de 17 km de Valladolid) que ha servido para que durante siglos muchos biógrafos hayan dado por bueno que el joven Andrés vivió en Olmos de Esgueva, y que fue a esta población a la que rindió homenaje con su sobrenombre de profesión.[23]

---

21. En el *Becerro de la Behetrías de Castilla*, un manuscrito del siglo xiv (AGS, PTR, Legleg. 93, doc. 18) y en su copia del siglo xviii, que es la que hemos utilizado (AHN, C. L.219), aparecen por lo menos tres villas con el nombre de Olmos, cercanas a Burgos y a Valladolid: una es Olmos de Riopisuerga, que formaba parte del obispado de Burgos, en la merindad de Monzón (fol. 42v). La segunda, Olmos de Esgueva o, mejor dicho, Olmos de Valde-Esgueva, sujeta al obispado de Palencia, según el mismo "Becerro" (fol. 22). Y, finalmente, la behetría de Olmos de Ata Puerca (*sic*) (AHN, C. L.219, fol. 271), tierra de Burgos, cercana a Oña.

22. Hay que tener en cuenta los propios problemas de transmisión de los manuscritos de Mendieta y que los datos biográficos que ofrece a veces son inexactos.

23. Eguiara (*op. cit.*, p. 132), sin citar expresamente Olmos de Esgueva, recoge la noticia de Mendieta: "Natione hispanus, prope Occaniam inter Burgenses, piis & honestis parentibus natus. Primis transactis annis intra eorum lares, adultior factus Olmos dictum locum prope Vallisoletum, unde ipsi cognomen inditum in sororis conjugatae domum transivit". A partir de aquí los biógrafos identifican este Olmos, "próximo a Valladolid", con Olmos de Esgueva: *cf.* Sobrón, Félix C., "Los idiomas de la América Latina: reseña biográfico-bibliográfica", *Revista Europea* 141, (1876), pp. 605-608; Zaldívar, Jon Igelmo, "Fray Andrés de Olmos (1485-1571): de Oña a la Huasteca mexicana", en *Actas de las Cursos de Verano*, Madrid, Universidad Complutense de Madrid, 2009, p. 2. Georges Baudot (*Utopía e historia en México*, Madrid, Espasa-Calpe, 1977 [1983], p. 131), aunque no dice expresamente que se trate de Olmos de Esgueva, habla de una "pequeña villa de Olmos, en Valladolid", y añade que el cambio de residencia de Olmos había sido por motivos escolares, una afirmación difícilmente sostenible. En cambio, ni León-Portilla (en Olmos, *Arte*, p. xx) ni Judith M. Maxwell y Craig A. Hanson (*Of the manners of speaking that the old ones had: the metaphors of Andres de Olmos in the Tulal manuscript: Arte para aprender la lengua mexicana, 1547*, Salt Lake, Utah Press University, 1992, p. 2) mencionan la población de Esgueva.

Ahora bien, como tantos otros sobrenombres religiosos, lo lógico es que fray Andrés quisiera recordar y honrar su lugar de nacimiento. Desde esa perspectiva resulta mucho más lógico que el Olmos al que se refieren tanto Mendieta como Sobremonte no sea otro que Olmos de Atapuerca, una de las muchas villas dependientes de Oña y de su monasterio de San Salvador, con lo que la referencia de sus biógrafos de que nació en "tierra de Burgos, cerca de Oña" cobra todavía más sentido: ese "cerca de Oña" sería Olmos de Atapuerca, donde Andrés bien pudo nacer y vivir (primero con sus padres y después con su hermana) antes de trasladarse a Valladolid,[24] después de estudiar la primeras letras en Oña.

Por otra parte, es importante recordar que Oña se encuentra en una zona muy próxima al actual País Vasco y que la villa originaria se conformó, casi con toda seguridad, en la época de la Reconquista, con población de origen vasco que, como es sabido, repobló el valle del Mena y la comarca de las Merindades, en el norte de la provincia de Burgos. La toponimia de la zona, empezando por el propio nombre de Oña (que en euskera significa "al pie [del monte]"), muestra hasta qué punto estamos en una zona de influencia euskera.[25] Así las cosas, en una época, en la que las fronteras políticas y lingüísticas resultaban mucho más difusas y permeables que en la actualidad, no es descabellado suponer que el joven Andrés conociera la lengua vasca desde su tierna infancia por ser Oña una zona de bilingüismo, un conocimiento que tuvo que serle de gran utilidad cuando, como veremos enseguida,

---

24. Parece, además, poco probable un traslado desde Oña a Olmos de Esgueva, una migración nada frecuente para los onenses en el siglo xv; *cf.* Ruiz Gómez, Francisco, *Las aldeas castellanas en la Edad Media: Oña en los siglos XIV y XVI*, Madrid/Cuenca, CSIC/Universidad de Castilla La Mancha, 1990, p. 42. Dado que Oña era, en el siglo xv, una villa mucho más próspera y rica que Olmos de Esgueva, parece poco plausible la razón de estudios que argumentan algunos biógrafos (Baudot, *Utopía*, p. 131) para explicar su traslado a esta pequeña behetría.

25. Baste una cita del historiador Justo Pérez de Urbel ("Los vascos en el nacimiento de Castilla", Conferencia, 16 de febrero de 1945) para ponderar esta influencia lingüística: "con respecto a la región de Oña, Menéndez Pidal ha podido observar en el romance naciente de esta tierra claros indicios de influencias eusquéricas… Tan grande fue la inmigración eusquérica, que la tierra recién poblada, aquella Castilla de primera hora, que comprendía los valles de Espinosa, Valdivieso, Valpuesta, Valdegobía y Tobalina, hasta la margen derecha del Ebro, estuvo a punto de recibir el nombre de Bardulia".

acompañó a Zumárraga en su viaje a Vizcaya, años después, para erradicar prácticas de brujería.

Sea como fuere, los estudios realizados por el joven Andrés en Olmos de Atapuerca, y seguramente en la propia Oña, debieron de ser básicos: los cursos de ábaco y gramática que, desde bien entrada la Edad Media, se enseñaban sobre todo en los colegios eclesiásticos, unos rudimentos con los que poder acceder al conocimiento de las Sagradas Escrituras, los mismos, por cierto, que transmitirán después los frailes en su tarea educativa en el Nuevo Mundo.

No era, en cambio, habitual aspirar a una educación universitaria, salvo para aquellos que gozaban de una posición económica privilegiada[26] o contaban con la ayuda de algún mecenas. Poco sabemos a este respecto de la posición económica de su familia, y algo más de sus excepcionales capacidades para el estudio. Sea como fuere, el joven Andrés tuvo ese privilegio, pues pronto lo encontramos en Valladolid, una de las ciudades universitarias más importantes de entonces, para cursar unos estudios universitarios que no había en Burgos.[27]

De acuerdo con la tradición de la época, Andrés era todavía un joven adolescente cuando desde Olmos de Atapuerca u Oña se trasladó a Valladolid para cursar estudios superiores. La Universidad de Valladolid, de creación real y municipal, había adquirido su estatuto en 1346, bajo el protectorado de Alfonso XI, cuando Clemente VI le concedió la licencia *ius ubique docendi*, aunque desde el siglo XIII

---

26. Como señala Bustamante (*op. cit.*, 16) acerca de fray Bernardino de Sahagún, el hecho mismo de cursar estudios superiores "podría estar indicando que procedía de una familia relativamente acomodada".

27. Durante la Edad Media existieron en España estudios llamados "Generales" que se fueron consolidando hasta llegar a ostentar el título de universidad; a finales del siglo XV estaban en funcionamiento Salamanca (1218), Valladolid (1264/1346), Lérida (1300), Huesca (1354/1461), Valencia (1411/1500), Barcelona (1430/1450), Zaragoza (1474/1542), Alcalá de Henares (1498), Sevilla (1505). Antes, en el siglo XIII, se fundó en Palencia la primera universidad de España, cuyo protector fue Alfonzo III; sin embargo, desapareció a los pocos años, hacia 1265. Véanse Peset, Mariano, "La corporación en sus primeros siglos", en L. E. Rodríguez-San Pedro Bezares, *Historia de la Universidad de Salamanca, volumen II: Estructuras y flujos*, Salamanca, Universidad de Salamanca, 2002, pp. 109 ss.; Fuente, Vicente de la, *Historia de las universidades, colegios y demás establecimientos de enseñanza en España*, 4 vols., Madrid, Imprenta de la viuda e hija de Fuentenebro, 1884-1889, vol. I, pp. 136-143, 158-161, 228-250.

se encontraran funcionando los "Estudios generales".[28] Pero fue en el siglo XVI cuando alcanzó su esplendor, gracias, en parte, a la presencia de la corte en Valladolid, y fue declarada, junto a Salamanca y Alcalá de Henares, una de las tres Universidades Mayores del Reino.

Esta universidad fue la que conoció Andrés de Olmos en su juventud. Una universidad en expansión y con importantes cambios en su programa educativo: así, por ejemplo, a lo largo del siglo XV, conforme el humanismo se arraigaba en las instituciones educativas, el estudio mismo del latín y de la gramática dejan de ser un mero instrumento para acceder a saberes más importantes, adquirieron notable importancia en el currículum universitario.[29] Una renovación a la que contribuyeron importantes humanistas[30] y, desde luego, Nebrija, que de Salamanca acabará trasladándose a la Universidad de Alcalá, fundada en 1498 a instancias del cardenal Cisneros y que comenzó a funcionar en 1508.

Además de la Universidad de Valladolid, existió otro importante centro educativo, en parte complementario: el Imperial Colegio de Santa Cruz, fundado en 1484 por el cardenal Pedro González de Mendoza, a imitación del Colegio de San Bartolomé de Salamanca. Este Colegio de Santa Cruz de Valladolid, cuya organización, más tarde, habría influido notablemente en el Colegio de Tlatelolco,[31] se nutría de algunos de los mejores estudiantes de la propia universidad; sin embargo, no hay información en los anales del colegio de la presencia en él del joven Andrés, a pesar de que sabemos que cursó la carrera de Leyes en esta universidad, tal como recogen las crónicas novohispanas.[32]

Sobremonte reitera esta información: "Estudió Cánones y Leyes en el siglo y fue muy docto en la Jurisprudencia. Siendo de la edad de veinte años tomó el hábito en este convento y en profesando estudió Artes

---

28. *Ibid*, pp. 85-112.
29. Gil Fernández, Luis, *Estudios de humanismo y tradición clásica*, Madrid, Universidad Complutense, 1984, pp. 45 y ss.
30. Por esta época, en la vecina Salamanca, Lucio Marineo Sículo ocupa las cátedras de poesía y elocuencia, y Lucio Flaminio Sículo, la de retórica. Véase Gil Fernández, Luis, *Nuevos estudios de humanismo y tradición clásica*, Madrid, Dykinson, 2011, 36-40.
31. Téllez Nieto, Heréndira, "Latinidad, tradición clásica y *nova ratio* en el Imperial Colegio de la Santa Cruz de Tlatelolco, *Jolcel* (2019) 2, pp. 30-55.
32. "En su juventud se ocupó en el estudio de los sacros cánones y leyes", Oroz, *et al.*, *op. cit.*, 174-175.

y Theología y fue muy buen estudiante y lúcido predicador".[33] Y lo mismo hace el salmantino Juan de San Antonio: "Andreas Olmos: Hispanus humanioribus litteris ac Juri Civili adolescens navavit operam atque aetate provectior, Juris etiam Pontificii notitiam adjunxit".[34] Con esta formación de jurista adquirió también la amplia cultura clásica y humanística de los eruditos españoles del siglo XVI, que se reflejará años más tarde en el *Arte de la lengua mexicana*, pues Olmos, al igual que otros frailes como Bernardino de Sahagún, perteneció a la generación de estudiantes formados en la *nova ratio nebrisense*, como lo prueban numerosos indicios que comentaremos más adelante al analizar su *Arte*.

Hay que tener en cuenta, además, que las reformas introducidas por el cardenal Cisneros y que culminaron hacia 1517, no solo modificaron los planes de estudio de las propias universidades, sino que también tuvieron efecto en las órdenes religiosas, pues, como expone Bustamante, con esta reforma se intentó "dignificar y elevar el nivel general del clero, lo que únicamente era posible mediante una sólida formación cultural".[35] No es extraño entonces que muchos de los frailes llegados a América después de las reformas cisnerianas tuvieran la formación y estudios universitarios de los que careció la generación anterior.[36] Por cierto, la nueva fecha de nacimiento que hemos propuesto para Olmos (entre 1496 y 1498) es muy cercana a la que postula Bustamante para Sahagún (entre 1499 y 1500).[37]

---

33. Sobremonte, *op. cit.*, fol. 82r.
34. San Antonio, *op. cit.*, p. 67. Incluso en sus obras más breves, fray Andrés de Olmos se muestra como un hombre de la más alta erudición y hace gala de su formación jurídica, como en el Proceso al cacique Juan de Matatlán, donde podemos ver, entre otros autores, citas de los Decretos de Graciano (*Grat. dist.* 86, c. 6): "Fratrem nostrum Marianianum, episcopum: verbis, quibus vales, excita, quia obdormisse eum suspicor; dic ergo illi, cum loco mutet et mentem. Non sibi credat solam lectionem et orationem sufficere, ut remotus studeat nihil, stupeat sedere et de manu minime fructificare; sed largam manum habeat, necesitatem pacientibus concurrat alienam inopiam suam credat: quia, si haec non habet, vacum nomen episcopi tenet".
35. Bustamante, *op. cit.*, p. 19.
36. En efecto, no hay que olvidar que las antiguas ideas franciscanas llamaban a la humildad y pobreza, un hecho que explica el que muchos frailes se negaran a recibir los grados universitarios (*ibidem*).
37. *Ibid.*, p. 15. De esta forma, las coincidencias entre ambos frailes serían mucho mayores de lo que se ha pensado hasta ahora: coetáneos, mientras Olmos estudiaba en Valladolid, entre 1515 y 1520, Sahagún hacía lo mismo en Salamanca. No es de extrañar, por tanto, que ambos compartieran las nuevas ideas humanísticas, las mismas que aplicaron más tarde en el Nuevo Mundo.

Quizá justamente porque las reformas cisnerianas permitían el ingreso de hombres cultos a la religión seráfica, Olmos decidió tomar los hábitos a los veinte años en el convento del Abrojo de Valladolid, de la recién creada Provincia de la Concepción.[38] Como ya hemos visto, esta provincia se fundó como tal hacia 1518 y en 1520 fray Juan de Zumárraga fue nombrado custodio. El futuro arzobispo de México va a resultar un personaje fundamental a partir de este momento en la vida de Olmos. En efecto, además de su superior religioso, en 1527 eligió a fray Andrés para que le acompañara en una expedición destinada a erradicar la brujería en Vizcaya, una misión comprometida que el emperador Carlos V le encargó personalmente cuando, aprovechando un receso de la Cortes Generales constituidas en Valladolid, entonces capital del Reino. Durante la Semana Santa de 1527 el emperador se retiró al convento franciscano del Abrojo,[39] el mismo del que era guardián y superior Juan de Zumárraga.

Mucho debió impresionar al monarca la personalidad del franciscano, sus convicciones y principios, porque, además de una cuantiosa limosna que el fraile rechazó en un primer momento y entregó después a los pobres,[40] Carlos V le encargó la misión de poner fin a ciertas prácticas de brujería acontecidos en Vizcaya, algo en lo que Zumárraga ya tenía experiencia: a decir de Caro Baroja y otros estudiosos,[41] habría participado en un proceso similar, en 1507, en Peña de Amboto, muy cerca de su Durango natal.[42]

Aunque no tenemos noticias precisas sobre la naturaleza de su misión, pues los cronistas refieren simplemente que fue a ocuparse de un asunto de "brujas",[43] sería sin duda similar a procesos como el que Sandoval describe, también acaecido en 1527, como "cosa notable", porque se llevaron a la hoguera a muchas mujeres.[44]

---

38. Mendieta, *op. cit.*, lib. v, cap. 33.
39. Sandoval, Prudencio de, *Primera parte de la vida y hechos del emperador Carlos V*, Valladolid, Sebastián de Cañas, 1604, fol. 466v.
40. García Icazbalceta, *Don Fray Juan*, p. 7.
41. Reguera, Iñaki, "La Inquisición en el País Vasco. El periodo fundacional", *Clio & Crimen* 2, (2005), pp. 237-255.
42. Cáseda Teresa, Jesús Fernando, "El Renacimiento en Calahorra: brujas e Inquisición en la primera mitad del siglo xvi", *Kalakorikos* (1998), pp. 49-57.
43. Mendieta, *op. cit.*, lib. v, cap. 33.
44. "Diré aquí lo que sucedió en Navarra con unas mujeres perdidas hechizeras que se llaman bruxas o jurguinas. Y fue que en la ciudad de Pamplona, delante de los

Más allá del cometido concreto de esta misión, lo que importa destacar es que Juan de Zumárraga escogió en esta ocasión a fray Andrés de Olmos para acompañarle. Una muestra indudable de confianza, una elección en la que influyó posiblemente el conocimiento de Olmos de la lengua vasca, aprendida en su infancia en Oña, conocimiento que ayudaría sin duda a estrechar la relación personal entre ambos.[45]

El éxito de esta misión, que, de cualquier forma, no duró mucho, debió de ser determinante para que pocos meses después, el 12 de diciembre de 1527, Zumárraga fuera nombrado obispo y protector de indios, una empresa, esta sí, de trascendencia histórica y en la que Zumárraga volvió a requerir la compañía y colaboración de Olmos para que "le sirviese de alivio, con su ciencia, en sus espirituales trabajos".[46]

En la Nueva España: primeros pasos (1528-1535)

Sobre los primeros años de Olmos en la Provincia del Santo Evangelio disponemos de pocos datos, casi siempre indirectos y en relación, sobre todo, con la actividad de fray Juan de Zumárraga. Sabemos que desde 1528, cuando llegaron a la Nueva España, se integraron en la custodia franciscana que se estaba consolidando en torno a la región de Texcoco,[47] y es de suponer que Olmos, como hombre de confianza

---

Oidores de aquel Consejo, vinieron y se presentaron dos moças de poca edad, que la una podría tener nueve años y la otra onze. Y en presencia de los dichos oidores dixeron que si las perdonaban de cierto delito y maleficio que habían hecho, que ellas dirían y acusarían muchos y muchas delinquentes de hechos muy abominables... Jurando dar el perdón por la buena voluntad de las muchachas, los oydores aceptaron su testimonio para entregar a las otras brujas de la región. El procedimiento era bien simple: viendo el ojo izquierdo las chicas, una por turno, determinaban si se trataba de otra bruja o no... Y desta manera se iustificaron más de ciento y cincuenta personas que notororiamente se les provó ser bruxos y bruxas" (Sandoval, *op. cit.*, fol. 476r).

45. Las cartas personales de fray Juan de Zumárraga, por cierto, son uno de los primeros testimonios conservados en lengua eusquera. Véase Tovar, Antonio y Enrique Otte, "Nuevo y más extenso texto arcaico vasco: de una carta del primer obispo de México, fray Juan de Zumárraga", *Actas de la Real Academia de la lengua Vasca* 26-1 (1980), pp. 5-14.

46. Sobrón, *op. cit.*, pp. 607-608.

47. Además de Texcoco, importante centro cultural y político, los primeros conventos se situaron en otras tres ciudades indígenas importantes: Tenochtitlan, Tlaxcala y Huexotzingo. Véase Oroz *et al.*, *op. cit.*, pp. 46, 131, 162, 166.

de Zumárraga, permaneciera a su lado, al menos, hasta 1532,[48] ya que no acompañó al obispo en su viaje de regreso a España, y viviera, por tanto, directamente algunos de los incidentes entre el obispo electo y la Primera Audiencia.

En efecto, el obispado de Zumárraga, que constituyó la "época dorada" de la evangelización franciscana, gracias a las facultades extremas otorgadas por el emperador y los pontífices (*Alias felicis recordationis* [25 de abril de 1521] de León X, así como la omnímoda [*Exponi nobis resistís*, 9 de mayo de 1522] de Adriano VI),[49] también se vio envuelto en diversos conflictos con las autoridades civiles.[50] La causa principal de los enfrentamientos fue la defensa de los nativos frente a los conquistadores, que obligaron a fray Juan de Zumárraga a intervenir en favor de sus protegidos indígenas, lo que provocó algunos incidentes con Nuño de Guzmán, presidente de la Primera Audiencia de México.[51]

Dado que esta no cumplía con las expectativas de la corte, y ante las quejas que Zumárraga hizo llegar al emperador, Carlos I decidió cam-

---

48. Es justamente durante este periodo cuando algunos biógrafos modernos como Meade (*Fray Andrés*, pp. 379-380) sitúan un viaje de Olmos a Guatemala: "en el año de 1529, habiendo salido fray Toribio de Benavente o Motolinía para Guatemala y faltando noticias de él en México... se decidió enviar a otro franciscano... a fray Andrés de Olmos, pero de hecho llegaron los dos a la ciudad de Santiago de Guatemala a fines del año de 1529 con unos cuantos días de diferencia, alojándose en el barrio de los indios mexicanos y tlaxcaltecas... Regresaron a México a mitad del año 1530". Se trata de un viaje difícil de explicar por varias razones, entre otras porque Motolinía estaba en Huexotzingo desde abril de 1529 y seguiría en ese poblado en 1530 ayudando a Zumárraga. Es decir, que por lo menos ese año no viajó a Guatemala, aunque sí lo hizo antes, a finales de 1528 y regresó en 1529, primero a San Francisco de México y luego a Puebla, es decir, a los pocos meses —o días— de que Olmos y Zumárraga entraran a la capital de la Nueva España. Hasta ahora, no hay ningún testimonio documental que nos permita sostener la afirmación de Meade sobre la visita de Olmos a Guatemala.
49. Oroz *et al. op. cit.*, p. 41; Mendieta, *op. cit.*, lib. III, caps. 5-6.
50. Zumárraga llegó a México con no pocas limitaciones: dado que el franciscano había partido de España con el nombramiento de obispo, pero sin la bula papal para su consagración —debido, al parecer, a las diferencias entre el emperador y el papa en aquellos años—, los oidores de la Primera Audiencia, encabezados por Guzmán, rechazaron su autoridad.
51. El primero cuando el obispo accedió a ayudar a los pobladores de Huexotzingo después de que estos buscaron amparo en el convento franciscano del que era custodio fray Toribio de Motolinía. El segundo se produjo en 1530, en el momento que intentó salvar a dos reos indígenas que fueron torturados por la Audiencia. Véase García Icazbalceta, *Fray Juan*, pp. 21, 41, 60-64.

biar a todos sus miembros. Se nombró entonces, en 1530, una Segunda Audiencia, presidida por Sebastián Ramírez de Fuenleal, antiguo alumno del Colegio de Santa Cruz de Valladolid y promotor de la mayor empresa educativa franciscana en la Nueva España: el Colegio de Santa Cruz de Tlatelolco. Sin embargo, las desavenencias con aquella Primera Audiencia tuvieron también un coste político para el propio obispado.[52]

Durante este tiempo, y hasta la fundación del Colegio de Tlatelolco en 1536, además de acompañar al obispo, Olmos comenzó su aprendizaje del náhuatl gracias al contacto continuo con los indígenas y a la ayuda de los frailes que ya dominaban la lengua mexicana, pero no resulta fácil trazar el recorrido de Olmos durante estos primeros años (1528-1535), por las discrepancias que ofrecen las fuentes. Aunque no está claro el recorrido de Olmos en este primer periodo, hay indicios de una ruta que se podría considerar expedicionaria y que comprendería al menos Tenochtitlan (1528), Acolman (1529), Tenochtitlan (1530-1532), Cuernavaca (1533), Tepeapulco (1534-1535) y Matatlán-Huytlalpan (1535).

Sabemos, por ejemplo, que hacia 1533 se hallaba en el convento de Cuernavaca persiguiendo unas "apariciones diabólicas";[53] ese mismo año, firmaba una "carta colectiva al emperador" desde la Ciudad de México.[54] Y entre los años de 1534-1535, o incluso antes, se encontraba supervisando obras en Tepeapulco, como se documenta en un testimonial posterior:

> Testimonial dado a petición del guardián del convento de Tepeapulco, fray Juan Bautista Ramírez, de unas partidas manuscritas halladas en dos libros del archivo del convento:

---

52. En 1531 Zumárraga fue llamado a la corte española para que rindiera cuentas ante el emperador y para salir al paso de las calumnias de Diego Delgadillo, ex oidor de la Primera Audiencia. Zumárraga no regresó a México hasta octubre de 1534, después de recoger las bulas papales y ser consagrado definitivamente obispo en San Francisco de Valladolid. El título de arzobispo le llegó poco antes de morir, en 1547, cerrándose así la época de mayor esplendor tras la conquista. Véase García Icazbalceta, *Fray Juan*, pp. 73 ss.

53. Baudot, *Utopía*, p. 138. Quauhnahuac (Cuernavaca, Morelos) era entonces un señorío importante que pertenecía al marquesado del Valle, con un convento y un hospital fundados ambos por los franciscanos en muy tempranas fechas y tenía a su cargo varios poblados (Mendieta, *op. cit.*, lib. III, cap. 29). Sobre las 'apariciones diabólicas', *cf.* Ríos Castaño, Victoria, "El tratado de hechicerías y sortilegios (1553) que 'avisa y no emponzoña' de fray Andrés de Olmos", *Revista de Historia de la Traducción* 8 (2014).

54. Meade, *La Huasteca*, p. 278.

Una es a favor de los caciques de Tepeapulco, firmada por el obispo fray Juan de Zumárraga, en la que se indica la entrega que se les hizo de unos libros para el monasterio de su pueblo; otra va signada por fray Andrés de Olmos mencionando el papel de los caciques de dicho pueblo en la construcción de 17 iglesias, incluida la de Tepeapulco, las que iniciaron en 1534 y concluyeron en 1535, por lo que se les autoriza a ser sepultados en la capilla mayor de la iglesia de su pueblo.[55]

En efecto, se podría pensar en una presencia de Olmos en Tepeapulco con anterioridad a 1534, pues la falta de evangelizadores obligaba a los pocos frailes a repartirse tareas y a viajar constantemente supervisando las zonas que no tenían todavía custodio o sacerdote. León-Portilla secunda esta opinión diciendo que "en muy temprana fecha comenzaron los franciscanos la edificación de una iglesia y un convento en Tepeapulco. De ello, da fe la fecha de 1530 labrada en el costado sur de la torre del campanario de la iglesia. Por ese tiempo trabajó allí fray Andrés de Olmos en su calidad de misionero".[56] Además, por los datos consignados en una carta a Zumárraga de 1540, el proceso de Matatlán, Olmos da a entender que antes y durante los años que estuvo en Tlatelolco viajó a los pueblos cercanos, en parte a recabar datos para su historia de las antiguallas y también para seleccionar jóvenes estudiantes para el colegio.[57]

Durante estos años, cuando ya era considerado "la mejor lengua mexicana que entonces había en esta tierra, hombre docto y discreto",[58]

---

55. Félix de Ribera, Nicolás, Juez receptor, 3 de septiembre de 1668, "Testimonial de unas partidas a favor de dos caciques del pueblo de Tepeapulco y de las visitas y haciendas sujetas al convento de dicho pueblo para la administración de los sacramentos", ms. 110/1504.4, BNE.

56. León-Portilla, Miguel, *Bernardino de Sahagún, pionero de la antropología*, Ciudad de México, UNAM/El Colegio Nacional, 1999, pp. 118-119.

57. Olmos, Andrés de, *Proceso* [AGN, Instituciones coloniales/Inquisición/11890/Vol. 40, primera parte]; consta de seis folios (recto y vuelto) dentro de dos guardas, que pensamos serían las primitivas y que se conservan en el legajo con otros procesos, de papel amate. La introducción la firman el capellán menor y Olmos. Las restantes páginas son la sección de preguntas hechas al reo, así como sus consiguientes respuestas, *cf.* González Obregón, Luis, *Procesos de indios idólatras y hechiceros*, Ciudad de México, Archivo General de la Nación, 1912 [edición facsímil AGN, 2012], pp. 205-215.

58. Esta cita proporcionada por Mendieta (*op. cit.*, lib. II, pról.) contrasta con la propia información ofrecida por Olmos en su *Arte* (*PAL* 63-67): "Finalmente, oso afirmar que cualquier que esta senda siguiere sentirá o sabrá más de esta lengua

Ramírez de Fuenleal y fray Martín de Valencia, encargaron oficialmente a Olmos una recopilación de las costumbres indígenas que más tarde serviría a los cronistas franciscanos y se conocería como "Historia de los indios de la Nueva España". Esta obra se comenzaría en 1533, pero no tenemos más noticia sobre los originales, pues ninguna de las obras que se han intentado identificar con la recopilación de Olmos se corresponde con el estilo lingüístico y narrativo de nuestro fraile.[59]

Con todo, esta estancia de 1530 a 1533 resulta fundamental para la misión evangelizadora de Olmos. Los estudios de las costumbres, los ritos y cosmología indígenas se habían iniciado ante la presunción, no infundada, de que bajo las nuevas costumbres cristianas de los recién evangelizados pervivían todavía ritos idólatras.

Y si bien no tenemos aquellas indagaciones, sí sabemos con precisión que Olmos aprovechó estas estancias para escribir una de las obras más tempranas de la evangelización novohispana: "*De Sacramento Communionis*",[60] que 30 años más tarde reelaboraría como "Doctrina que contiene las reglas de los que quieren dignamente llegarse a la Santa Comunión". Además, ahora sabemos con precisión que desde estas fechas comenzó a recopilar los *Uehuetlahtolli* que editaría en 1545 junto al *Arte*. Este tratado de la Comunión resulta de suma importancia entre otras cosas porque nos demuestra que sus

---

mexicana o texcocana en un año que *yo en veinte que ha que vine*, por no tener semejante centella de lumbre *ni haber puesto en ello la diligentia que de poco tiempo acá puse*".

59. Entre los manuscritos que se han querido relacionar con Olmos están la "Historia de los mexicanos por sus pinturas" o "Estas son leyes que tenían los indios de la Nueva España, Anáhuac o México, Andrés de Alcobiz, 1543" ([G58 ms. Texas University Library], en García Icazbalceta, Joaquín, ed., *Nueva colección de documentos para la Historia de México. Tomo tercero: Pomar y Zurita (siglo XVI)*, 5 vols., Ciudad de México, Francisco Díaz de León, 1891, vol. 3, pp. 228-263, 308-315, y la "Histoire du Mechique", André Thevet (ms. Français 19031, ca. 1545). También se ha pretendido que el *Códice Tudela* y los que conforman el "Grupo Magliabechiano" sean parte de las investigaciones de Olmos, lo que ya ha sido rechazado por los especialistas que han estudiado estos códices. *Cf.* Batalla, Juan José, "Nuevas hipótesis sobre la historia del *Códice Tudela* o *Códice del Museo de América*", *Revista Española de Antropología Americana* 31, (2001), pp. 131-163.

60. Andrés de Olmos, , ms. Biblioteca Capitular de Toledo, fols. 226-237. Ambos tratados, el primitivo y su reelaboración de 1563 están siendo editados y traducidos dentro del "Proyecto Filología bíblica en lenguas clásicas, ibero e indoamericanas".

Uehuetlatolli son plenamente cristianizados y contienen fragmentos de estos textos que escribió en 1533.

Una última consideración sobre este período: es de suponer, dadas las prerrogativas ya citadas que el papa y el emperador habían dado a los misioneros, que Olmos dispusiera de poderes y autoridad (otorgados sin duda por Zumárraga, sobre todo tras su vuelta precipitada a España) para poder fundar conventos, una prerrogativa que no estaba al alcance de un simple fraile. Por ello, siendo además un hombre con estudios, trabajador incansable y con gran afán misionero, sorprende que nunca ocupara un cargo religioso importante, al menos no tenemos constancia de ello, en la estructura eclesiástica de la Nueva España. Torquemada ofrece tal vez la clave cuando señala que más de una vez los frailes quisieron nombrarlo provincial y que para evitarlo fray Andrés se refugió en lejanas misiones.[61]

PROFESOR DEL COLEGIO DE TLATELOLCO (1536-1539)

(1) Surge, illuminare, Hierusalem: quia venit lumen tuum, et gloria Domini super te orta est (2) Quia ecce tenebrae operient terram, et caligo populus super te autem orietur Dominus, et gloria eius in te videbitur. (3) Et ambulabunt gentes in lumine tuo, et reges in splendore ortus tui (4) Leva in circuitu oculos tuos, et vide omnes istis congregati sunt, venerunt tibi, filii tui de longe venient, et filiae tuae de latere resurgent. (5) Tunc videbis, et afflues, et mirabitur et dilatabitur cor tuum quando conversa fuerit ad te multitudo maris fortitudo gentium venerit tibi. [Is. 60:1-5].

Con estas precisas palabras, complementadas con el evangelio del día (Mateo 2:2-12: "Cum natus esset Iesus in Bethlehem Juda in diebus Herodis regis, ecce magi ab oriente venerunt Jerosolymam...") para la festividad de la Epifanía o aparición de los Reyes Magos, fray Alonso de Herrera (†1565) celebraba el 6 de enero de 1536 la ceremonia litúrgica con que se inauguraba oficialmente el Imperial Colegio de la Santa Cruz en Santiago Tlatelolco. Horas antes, los promotores de la institución, Zumárraga, Ramírez de Fuenleal y el virrey Antonio de Mendoza, quien había edificado a su costa el colegio, así como los frailes y colegiales, habían partido en procesión desde San Francisco de

---

61. Torquemada *op. cit.*, lib. XX, cap. 39.

México, tras el sermón inaugural del doctor Cervantes,[62] que, a buen seguro, tuvo como motivo principal las palabras de Isaías.[63]

Es muy posible que aquella fuera en realidad la culminación de las celebraciones por la apertura del Colegio, que funcionaba desde 1535.[64] Si, como lo atestiguan las crónicas, Olmos escribió un auto sacramental titulado *Juicio final* en lengua náhuatl,[65] que se representó ante Ramírez de Fuenleal y el virrey De Mendoza en la Ciudad de México, este habría sido, de acuerdo con el calendario

---

62. García Icazbalceta, Joaquín, ed., "*Códice de Tlatelolco*" ["*Códice Mendieta*. Documentos franciscanos siglos XVI y XVII, 2 vols.*"], en *Nueva colección de documentos para la Historia de México*, vol. 5, Ciudad de México, Francisco Díaz de León, 1892, vol. II, pp. 255 ss.; Mendieta, *op. cit.*, lib. IV, cap. 15, lib. V, cap. 23; Torquemada, *op. cit.*, lib. XV, cap., 14; Vetancurt, "Cuarta parte", *Theatro*, p. 68; Ricard, *La conquista*, pp. 335 ss.; León-Portilla, "El Colegio Imperial", p. 38.

63. "(1) Levántate, esclarécete, Jerusalem: porque ha venido tu lumbre y la gloria del Señor ha nacido sobre ti. (2) Porque he aquí que las tinieblas cubrirán la tierra y la obscuridad de los pueblos: más sobre ti nacerá el Señor y su gloria se verá en ti. Y andarán las gentes a tu lumbre y los reyes al resplandor de tu nacimiento. (4) Alza tus ojos alrededor y mira: todos estos se han congregado, vinieron a ti: tus hijos vendrán de lejos y tus hijas del lado se levantarán" (tr. Felipe de Scio San Miguel).

64. Rosa Figueroa, Francisco Antonio de la, *Vindicias de la verdad* (ms. Bancroft Library), Ciudad de México, 1773, p. 121. Sobre detalles de la fundación y propósitos, *cf.* Téllez Nieto, "Latinidad, tradición clásica y *nova ratio*".

65. Horcasitas identifica el texto de Olmos con una copia tardía de 1678, ahora en la Biblioteca del Congreso de Washington [*Nexcuitilmachiotl motenehua juicio final*. BCW-DM]: "[Esta pieza] lleva el título de *Nexcuitilmachiotl motenehua juicio final* (El cuadro ejemplar que se llama el juicio final)… El asunto que trata el drama, como lo indica su nombre, es el fin del mundo y el juicio de los vivos y de los muertos. Los primeros dos cuadros se desarrollan en un lugar no determinado antes del último día. En ellos San Miguel, la Penitencia, el Tiempo, la Santa Iglesia y la Muerte exhortan a la humanidad a que viva una vida moral y anuncian la proximidad del fin del mundo. En el tercer cuadro la pecadora Lucía decide confesarse pero antes que pueda terminar se anuncia que ha llegado el fin. En el siguiente cuadro el Anticristo intenta seducir a la humanidad, pero no logra convencer a los buenos. Los cuadros quinto y sexto suceden en cielo. Cristo ordena a San Miguel que se prepare para el juicio final; San Miguel suena la trompeta y resucitan los muertos. En el séptimo cielo aparece brevemente el anticristo. En los dos cuadros siguientes es juzgada la humanidad y Lucía es condenada al infierno. En el último cuadro aparece un sacerdote ante los espectadores y los exhorta a estar siempre preparados para el juicio" (Horcasitas, Fernando, *Teatro náhuatl: épocas novohispana y moderna*, Ciudad de México, UNAM, 2 vols., 2004, vol. I, pp. 696-700).

litúrgico, el primer domingo de Adviento de 1535, día que tenía justamente como tema el *Die finalis judicii* (Luc. 21 "Erunt signa in sole, et luna, et stellis, et in terris...") y con él habría dado inicio no solo el periodo anual de Adviento, sino que también marcaría el inicio de una institución donde el trabajo de Olmos resultaba fundamental.

Esta estancia en Tlatelolco, sirve, además, para entender la génesis, composición y transmisión de su *Arte de la lengua mexicana*: durante estos años, a la vez que impartía la cátedra de latín y perfeccionaba su conocimiento de la lengua náhuatl, gracias al intenso contacto con los colegiales,[66] fray Andrés fue compilando y poniendo en práctica los materiales para la confección de una gramática que era, además de un instrumento didáctico, el resultado de una profunda reflexión sobre la lengua mexicana.

En esta labor de Olmos, conocida como lingüística y gramatical, así como en la etnográfica, influyó, sin duda, su relación con fray Bernardino de Sahagún,[67] con quien coincidía en numerosos aspectos: castellanos los dos, de la misma edad, formados en las universidades de Valladolid y Salamanca bajo la *ratio* humanística, compartieron además el interés por las antigüedades indianas. En Tlatelolco tuvieron tiempo y condiciones para desarrollar y compartir este trabajo, aprendiendo de sus propios alumnos los secretos de la lengua y de la cultura náhuatl. Es, por tanto, casi seguro que durante aquella estancia tanto Olmos como Sahagún iniciaran el primero la gramática y Sahagún el *Vocabulario trilingüe*, dos herramientas básicas para la enseñanza del náhuatl en un momento en el que los trabajos de fray Alonso Molina no estaban ni siquiera esbozados.[68]

Este periodo académico de Olmos en Tlatelolco también le habría permitido producir obras de carácter teórico, en específico la

---

66. León-Portilla en Olmos, *Arte*, p. 78.
67. Garibay, Ángel M., *Historia de la literatura náhuatl*, Ciudad de México, Porrúa, 1953-1954 [2007], pp. 528, 570 ss.
68. A la postre, Molina será el compilador de los diccionarios (castellano-mexicano y mexicano-castellano) más reconocidos hasta el siglo xix. Su primer *Vocabulario* —dictaminado por el propio Sahagún— se imprimió en 1555 y una versión aumentada en 1571, el mismo año que se publicó también su *Arte de la lengua mexicana*. Sobre el *Vocabulario trilingüe*, cf. Téllez Nieto, Heréndira, *Vocabulario trilingüe en español, latín y náhuatl, atribuido a fray Bernardino de Sahagún*, Ciudad de México, INAH, 2010.

traducción en verso castellano de la obra *Adversus omnes haereses, libri XIIII*, de Alfonso de Castro († 1558),[69] tal como señala Mendieta: "tradujo del latín en metro castellano el libro *De haeresibus* del padre fray Alonso de Castro, con gran curiosidad y artificio y con mucha erudición y doctrina".[70] Un trabajo en el que, por cierto, se trasluce la ortodoxia de Olmos, pues esta obra era una refutación a las ideas luteranas.[71] No sabemos si fue durante este tiempo o desde antes cuando también realizó la traducción de "dos *Epístolas* de dos judíos rabíes, una de las cuales anda inserta en las *Partes Teologales* de S. Antonino Florencia".[72]

Este periodo acabó en 1539, tras el capítulo celebrado en San Francisco de México, cuando fray Andrés abandonó Tlatelolco y partió hacia lejanas tierras en el noreste.

En la Huasteca y el Pánuco (1540-1571)

La década de 1540: Totonacapan

Aunque las noticias que tenemos al respecto son pocas y confusas, a partir de 1539 podemos ya situar a Olmos en poblaciones como Huexotzingo, Tlalmanalco y Matatlán. Huexotzingo había sido durante los primeros años uno de los grandes centros religiosos del cen-

---

69. Esta obra de Castro, desde la primera edición parisina de 1534 y sus numerosas reimpresiones, tendría importantes implicaciones para los colegiales, pues sería tomada como base por sus detractores para negar el derecho de los indígenas a conocer las Sagradas Escrituras en su idioma y profundizar en los estudios de latinidad. *Cf.* Nesvig, Martin A., *Forgotten Franciscans: Works from an Inquisitional Theorist, a Heretic, and Inquisitional Deputy*, University Park, Penn State Press, 2011.

70. Mendieta, *op. cit.*, lib. v, cap. 34.

71. Al respecto, Baudot señala que "no deben extrañarnos estas preocupaciones de Olmos, velando por la perfecta catolicidad de sus fieles" y recuerda los diversos procesos inquisitoriales en los que participó: las bujas de Vizcaya en 1527, la actuación en Matatlán de 1540 y su posterior obra contra las herejías de 1553 (Baudot, Georges, "Fray Andrés de Olmos y la penetración del luteranismo en México. Nuevos datos y documentos", *NRFH* XL-1, (1992), pp. 223-232).

72. Mendieta (*op. cit.*, lib. v, cap. 34) solo señala que realizó esta traducción, pero no en qué época. Si bien podemos datar con relativa precisión la obra de Castro, forzosamente posterior a 1534, con la de Florencia no sucede lo mismo, pues hubo numerosos manuscritos e impresiones.

tro del país, junto a Texcoco y Tlaxcala;[73] de esta cabecera dependían las provincias de Cholula, Tepeaca y Tecamachalco, entre otras.[74]

Por su parte, Tlalmanalco,[75] aunque menos importante, tenía un valor simbólico porque el primero de los franciscanos, Martín de Valencia, había sido el custodio de este lugar desde su fundación hasta su muerte en 1534.[76] En cambio, Matatlán era apenas una villa, que Olmos tuvo que visitar al ser encargado del proceso inquisitorial contra el cacique Juan. En la carta enviada a Zumárraga en 1540, Olmos nos dice que ya había visitado estos pueblos cuatro o cinco años antes y que desde entonces había tratado de que el cacique corrigiera el rumbo de su idolatría.[77]

Es posible que durante estos años fray Andrés residiera en el convento de Hueytlalpan, y de ahí se desplazara a otras poblaciones. Se cree que fue durante esta época cuando aprendió el totonaco, la lengua regional, aunque probablemente ya conocía los rudimentos desde los tiempos del Colegio de Tlatelolco por su contacto con los jóvenes colegiales que la hablaban.[78] Sea como fuere, en 1541 encontramos a Olmos junto a fray Francisco Toral y Alonso de Talavera, encargados del convento de Tecamachalco de Nuestra Señora de la Anunciación, 'sacando ídolos' prehispánicos;[79] de este convento Olmos fue nom-

---

73. Mendieta, *op. cit.*, lib. iii, cap. 14.

74. Por cierto, es casi seguro que, de nuevo, coincidiera aquí con fray Bernardino de Sahagún, quien había sido nombrado sacerdote del convento de Huexotzingo. Véase León-Portilla, *Fray Bernardino*, p. 90.

75. Mendieta (*op. cit.*, lib. ii, cap. 2) no señala en qué momento se encontraba Olmos en Tlalmanalco: "Refiere el mismo padre fray Andrés de Olmos que él halló en Tlalmanalco uno de estos ídolos envueltos en muchas mantas, aunque ya medio podridas de tenerlo escondido". Meade, en *La evangelización de la Huasteca Tamaulipeca y la historia eclesiástica de la región* (Ciudad de México, s. e., 1955), asegura que en 1534 se encontraba en Hueytlalpan.

76. Oroz *et al.*, *op. cit.*, pp. 103 ss.; Mendieta, *op. cit.*, lib. v, cap. 12.

77. Olmos, *Proceso de Matatlán*, fols. 1-2.

78. Este hecho queda de manifiesto en el manuscrito de *Cantares mexicanos*, donde encontramos himnos de los antiguos otomíes puestos en lengua náhuatl. La convivencia en el Colegio de Tlatelolco debió de facilitar a los frailes y también a los alumnos el conocimiento de otras lenguas indígenas. Este fenómeno ha sido ya advertido por Miguel León-Portilla (ed., *Cantares mexicanos*, Ciudad de México, UNAM, 2011, vol. 2-1): "Este y otros cantos... se atribuyen también a los otomíes, lo que supondría que fueron traducidos al náhuatl".

79. Baudot, *Utopía*, 139-146. El 14 de enero de 1530 se dio la Real Cédula que ordenaba a Alonso Valiente, encomendero de Tecamachalco, la creación de casas para franciscanos: ES.41091.AGI/22.13.1103//Mex, 1088,L.1, fol. 148r-148v.

brado segundo guardián en 1543.[80] Meade considera que durante esta
estancia aprendió, además, las lenguas huasteca, totonaca y tepehua
(lenguas de familias lingüísticas diferentes), y que hacia 1543 y 1544 se
encontraba evangelizando diversos poblados.[81]

Pero la estancia más importante de este período es la que realiza
Olmos en Hueytlalpan entre 1545-1546 y hasta 1551. En este período
escribe la gramática náhuatl, según un colofón añadido a un manus-
crito: "Arte de la lengua mexicana: concluida en el convento de San
Andrés de Ueytlapan en la provincia de la Totonacapan, que es en la
Nueva España, el 1 de enero de 1547".[82]

La década de 1550: el Pánuco

Desde Hueytlalpan, donde se encontraba todavía en 1551, fray Andrés pasará un año más tarde a Papantla, hacia el Golfo de México,
donde acabó de redactar los *Sermones sobre los siete pecados* que había
iniciado un par de años antes, tal como señala en el Prólogo al lector
de dicha obra:

> Después de XXIII años, amantíssimo lector, que plugó al Señor traer-
> me a estas partes con el primer obispo de México, de buena memoria,
> acordándome de la cuenta que del talento recibido cada uno ha de dar y
> que de cada día se acerca el tiempo y hora,[83] parecióme escribir en mexi-
> cano siete sermones principales sobre los VII pecados mortales, poniendo
> las circunstancias en parte en manera de pláticas, ya que no lleven la traça
> de sermones... Comencé estos sermones en Ueytlalpa, con el parecer de
> mi padre guardián, que al presente era fray Diego de la Peña, en el mes de
> octubre, año de 1551, y acabélos en Papantla, vigilia de Nuestra Señora de
> la Candelaria, año de 1552.[84]

---

80. Chauvet en Oroz *et al.*, *op. cit.*, p. 169, n. 192; Mendieta, *op. cit.*, lib. II, cap. 2.
81. Meade, *Fray Andrés*, p. 397.
82. En la carta que acompaña el proceso de don Juan, Olmos escribe "un día después
    de la Circuncisión" (o tal vez Concepción, pues está sobre escrito), es decir, el
    día dos de enero, pero de 1540. Cabe la posibilidad de que alguna de estas fechas
    tuviera error, o bien, Olmos pasó varios años escribiendo desde este poblado.
83. Este pasaje, Mat. 25:14-30, se encuentra documentado en náhuatl "Auh inaxcan
    xiccuilica yn centlatemantli, auh yexicmacaca inmatlactlatemantli quipia. Ca in
    aquin ye unca yaxcan çan occequi macoz, iccenca mocuiltonoz, auh in aquin atle
    unca iaxca, maciui inoc ytlaquipia cuililoz" (*Evangeliario*, ms. Toledo fol. 205).
84. Olmos, *Tratado sobre los siete pecados*, fol. 312r.

Por otra obra posterior, el *Tratado de los sacrilegios* (que George Baudot tituló *Tratado de hechicerías y sortilegios*), escrito en 1553, sabemos que había regresado temporalmente a la Ciudad de México antes de iniciar en 1554 un nuevo viaje hacia el norte, concretamente al Pánuco.

En realidad, las primeras expediciones de Olmos a dicha región se habían iniciado algunos años antes, a comienzos de la década de los cincuenta, por lo que resultan poco probable las pretendidas fechas de 1530 o 1532 para la fundación en esta región del convento de Tampico, al norte de Papantla.[85] El propio testimonio de Vetancurt, que data la fundación en 1530, presenta datos contradictorios:

> De la custodia del Salvador de Tampico.
>
> Desde los principios de la fundación de la provincia, el año de 1530, se fundó en los términos del arçobispado mexicano y términos del obispado de la custodia del Salvador que dista de México más de cien leguas azia el norte en la región de la huasteca, cíñela el río Pánuco, de donde tomó el nombre de provincia de Pánuco...
>
> El V. P. fr. Andrés de Olmos, primer apóstol de la Huasteca, truxo de los campos que están entre la Florida y Tampico una nación que por ser donde se crían olivos les llaman los olivas y pueblo de *tama*, que quiere decir pueblo *olipa* (*sic*) de los olivas, y assí son de lenguaje diferente de los huastecas. Fundóse al pie de unas cercanías, donde viven bárbaros chichimecas, para ir conquistando aquella gente indómita, que por estar entre espesas cercanías, y tan siagosos (sic) riscos y barrancas no han podido llegar los españoles...[86]

En efecto, Vetancurt incurre al menos en un error, pues en 1530 no había arzobispado en México, ya que Zumárraga no fue nombrado ar-

---

85. Oroz *et al.* (*op. cit.*, p. 45) y Meade (*Fray Andrés*, p. 380) también coinciden en que la fundación de Tampico fue en el año de 1532, siendo la fecha más probable para la iniciación de su tarea en esta región la que da en su *Relación* don Pedro Martínez de Loaysa: "fundó este convento el P. fray Andrés de Olmos, de la orden del Señor San Francisco, que fue el primer doctrinero que vino a esta villa. Fundóse el año del mil y quinientos y treinta y dos". Sin embargo, en los mapas se puede observar que la ruta de Olmos es lineal y ascendente, un camino lógico en épocas en que las carreteras se iban construyendo al paso, entre abundantes malezas y escasos recursos naturales y menores suministros de alimentos. Por ello, es poco probable que llegara tan lejos en sus primeros años de evangelizador, cuando esas tierras no están ni siquiera colonizadas.

86. Vetancurt, Agustín de, "Tratado tercero", *Teatro mexicano*, Ciudad de México, María de Benavides, 1968, pp. 91-92.

zobispo hasta 1546, cuando Paulo III, a instancias del emperador, separó la Iglesia de México de la sevillana, a la que pertenecía.[87] Por otra parte, conviene recordar que tras aquellos problemas entre la Primera Audiencia y el obispo Zumárraga, Nuño de Guzmán, se dedicó, hacia 1530, a conquistar las tierras de la Huasteca y llegó a obtener una real cédula para que se le permitiera gobernar todas la tierras "de los teules chichimecas" que conquistará y que se consolidó hacia 1534 o 1535.[88] Ante estos abusos, Zumárraga escribió al virrey denunciando los hechos en un documento doblemente interesante: por los argumentos progresistas que esgrime en defensa de los indígenas y por los datos que aporta para la biografía de Olmos. En efecto, dice que en esa fecha (1536) solo fray Jacobo de Testera y el italiano fray Francisco de Fabencia habían llegado hasta las comunidades chichimecas —y habían intentado después expediciones a tierras más lejanas— con tan buena suerte que "les predicaron y no los comieron", pero nada se dice de que fray Andrés participara en aquellas expediciones precisamente porque en esa época inicia su estancia en el colegio de Tlatelolco.[89]

Más problemática resultó para los conquistadores la región del Pánuco, y todo hace pensar que no se hicieron las primeras fundaciones hasta mitad del siglo. Así, hacia 1554 el virrey don Luis de Velasco dio la orden de fundar una casa monasterio de franciscanos "donde los religiosos que en él estuvieran puedan enseñar a los indios [...] y administrarles los sacramentos porque a causa de no haber religiosos en la dicha comarca han carecido los naturales della [...]".[90] Pues bien, es en ese mismo año cuando se fundó, a petición de fray Andrés, la villa de San Luis de Tampico. El virrey Luis de Velasco concedió la licencia el 26 de abril, y Tampico se consolidará como villa hacia 1560 sin que por entonces Nuño de Guzmán hubiera logrado conquistar las poblaciones próximas a Tampico, colindantes con el río Pánuco.[91]

---

87. Incluso la propuesta misma de fundar un arzobispado en México se data, como pronto, en 1533. Véase García Icazbalceta, *Don fray Juan*, p. 5.

88. AGI, Real Audiencia, Mex, 1088, L.1BIS,F.10R-11R. Cabe aclarar que Nuño de Guzmán no solo dominaba todo el territorio concedido, sino que había impuesto duros tributos a los indios, a los que esclavizaba abiertamente.

89. AGI, Patronato, 184, R.26-4; *cf.*, García Icazbalceta, *Don fray Juan*, "apéndice documental", p. 151.

90. Meade, *Fray Andrés*, p. 413.

91. Esta colonización se produjo a partir de 1569, cuando el adelantado Pero Menéndez obtuvo el permiso de la Audiencia para poblar la "Florida", según un testi-

Por una carta del Archivo Histórico Nacional de España sabemos que, poco después de su fundación, en noviembre de 1556, fray Andrés viajó a la Ciudad de México desde Tampico, porque en julio había recibido las provisiones para enviar más misioneros. Cuenta también que dos años antes había estado ya en aquellas tierras chichimecas, cerca de Tamaulipas, y que los indígenas habían recibido el bautismo:

> También, sepa V.M. que gracias a Dios está ya de paz un esquadrón de chichimecas que anda çerca de dicho pueblo de Tamaulipa, que abrá 2 años los fui a ver y me dieron un hijo que enseñé la doctrina christiana y les enseña allá y en este año se baptizaron los principales de ellos y los demás esperan baptismo y lo mismo otros muchos pueblos hazia la sierra, çerca del dicho Tanchipa, esperan doctrina y baptismo...[92]

Últimos días (1571)

Más allá de viajes puntuales a la Ciudad de México, fray Andrés permanecerá ya en Tampico hasta su muerte. El duro clima y lo insalubre de la región fueron poco a poco quebrantando su salud, pero no su afán misionero:

> Vino a México y viéndole tan enfermo de las tierras destempladas le aconsejaban que descanzara (sic) del trabajo y lo que respondía era: hermanos de

---

monio encontrado en el AGI (Patronato, 19r. 25, fol. 1 y Patronato, 182, R.34-1): "Adelantado Pero Menéndez, nuestro governador y capitán general de las provincias de la Florida, avemos visto lo que nos aviere escripto y suplicado çerca de que os hagáis (n.l.) de os dar liçencia y facultad para que podáis poblar en el río de Pánuco a la parte del norte que es en la Florida y está ochenta leguas de nuestro distrito para poder abastecer la dicha Florida y fuertes della y acabar de descubrir el camino dello hasta la Nueva España, como más largamente se contiene en la relaçión que hazéis... El rey. La qual Cédula fue obedeçida por los dichos señores oydores...". A esta cédula respondía el auditor de la Real Audiencia que lo que pedía el adelantado era imposible, ya que, en primer lugar, no había las ochenta leguas de las que hablaba el adelantado, sino seiscientas; en segundo lugar, porque los caminos, llenos de honduras y pantanos, hacían muy dificultoso el tránsito para los ejércitos que se necesitaban. En ningún momento el auditor señala que algún misionero hubiera llegado hasta aquellos extremos de la Florida, es decir, no se había atravesado el río Pánuco. Si en algún momento Olmos había atravesado esos caminos, seguro que no fue en 1530, sino por la fecha en que el adelantado pretendía poblar una región cuya geografía se ignoraba.

92. AHN /5.1.14// diversos-colecciones, 24,N.24.

la cruz de Christo por delante... en esta ocasión se lebantaron los chichimecas y con estar tan enfermo fue a las serranías donde se havían fortalecido y predicóles con tan fervoroso espíritu, que los bolvió a reducir y después de algunos días se despidió desde ellos para no verlos más, y con muchas lágrimas quedaron unos y le acompañaron otros; fuesse a Tampico, donde estando un día anunciando su muerte de repente le cubrió un globo de fuego.[93]

Es precisamente durante estos últimos años, cuando fray Andrés terminaría de escribir un tratado aún desconocido, una "Declaración de los diez mandamientos de Dios en lengua mexicana, hecha en este año de 1565, lo más copiosa en lengua y sentencia que se hasta aquí se ha escripto",[94] y corregiría su *Tratado de la Comunión* de 1533.

Estos trabajos, probablemente empeoraron su salud. Oroz y sus coautores relatan los sufrimientos que acabaron con su vida, afectado en sus últimos años posiblemente por la enfermedad de la malaria,[95] que se le complicó además con otras infecciones: "Vínose luego a Tampico, pueblo de españoles, donde le fatigó la enfermedad hasta que murió. Habíasele hecho al siervo de Dios una apostema de sus muchos y continuos trabajos, la cual se le reventó cuando quiso expirar".[96]

Como con su nacimiento, hay también divergencias sobre la fecha de su muerte. Así, Sobremonte la sitúa hacia 1571,[97] pues dice: "Conviviendo en aquel Nuebo Mundo, para lograr sus estudios, los dedicó a la combersión de las almas de los indios en que se ocupó cuarenta

---

93. Vetancurt, "Menologio", p. 83.
94. Este manuscrito, al igual que otros textos religiosos ha recibido nula atención hasta ahora. Actualmente estamos trabajando en él dentro del Proyecto "Filología bíblica en lenguas clásicas, ibero e indoamericanas".
95. Esa es la opinión de los doctores Ángeles Baños y Luis Carlos Domínguez al analizar la etiología descrita por los cronistas (comunicación personal, 12/28/2010): "Es probable que [Olmos] padeciera paludismo, que se manifiesta habitualmente con episodios de fiebre intensa cada tres o cuatro días... pudiendo presentarse durante muchos años sin provocar necesariamente la muerte. Pero el texto hace referencia a un brote de fiebre aparentemente nuevo. Es evidente que los enfermos de paludismo son presas fáciles para las infecciones por otros gérmenes sobre todo bacterias, por ello, pudo ser que Olmos sufriera un proceso infeccioso (fiebre = "una llama de fuego muy grande entre sus pies que le fue cercando y subiendo hasta la cabeza") debido a un absceso ("puesto que antes de que muriera era grave de sufrir el mal olor": los abscesos por bacterias anaerobias huelen muy mal) de localización no determinada que le condicionó una infección generalizada (septicemia) abocando al fracaso de todos los órganos del cuerpo y a la muerte".
96. Oroz *et al.*, *op. cit.*, p. 178.
97. Sobremonte, *op. cit.*, fol. 82v.

y tres años". Mendieta,[98] más preciso, señala el 8 de octubre de 1571, fecha que Vetancurt adelanta dos meses, al 8 de agosto de 1571.[99] En cambio, para Chauvet,[100] siguiendo la *Descripción de la Doctrina de Pánuco*, la muerte de Olmos debió acontecer el 8 de octubre de 1568. También Meade apunta los años 1568 o 1569, pues considera más creíbles las palabras del "cura y vicario de Pánuco, P. Juan Gil", quien en un informe señalaba que en octubre de 1570 "ya había fallecido fray Andrés".[101]

Sea como fuere, fray Andrés de Olmos fue enterrado en la Custodia de San Salvador, en el convento de la Villa de Tampico, cerca de la actual Ciudad Cuauhtémoc.

---

98. Mendieta, *op. cit.*, lib. v, cap. 35; Oroz *et al.*, *op. cit.*, p. 179; León-Portilla en Olmos, *Arte*, p. XXIV.
99. Vetancurt, "Menologio", p. 83.
100. Chauvet en Oroz *et al.*, *op. cit.*, p. 179, n. 202.
101. Meade, *Fray Andrés*, p. 446.

Capítulo II
El *Arte de la lengua mexicana*

La descripción de la lengua náhuatl en el momento que fue escrita esta gramática significaba una labor casi sin precedentes en el mundo: por un lado, todavía no habían fructificado los intentos por sistematizar el estudio de las lenguas regionales en Europa; por otro, no existían aún estudios comparativos de varias lenguas y solo existía una tradición gramatical que pudiera servir de modelo a aquellos que describían nuevas lenguas: la tradición grecolatina y la humanística renacentista.

Para valorar en su justo término la originalidad de la gramática de Olmos en la descripción de una lengua tipológicamente muy distinta al latín o al castellano es necesario delimitar previamente la deuda con la tradición gramatical europea. La obra de Nebrija resulta en este sentido fundamental,[1] no solo porque el propio Olmos hace diversas referencias explícitas a ella, sino porque aquella es la fuente primaria, cuando no única, de las gramáticas amerindias.[2] En las siguientes pági-

---

1. Algunos estudios fundamentales sobre Nebrija: Codoñer, Carmen y González Iglesias, Juan Antonio (eds.), *Antonio de Nebrija. Edad Media y Renacimiento*, Salamanca, Universidad, 1992; Calvo Fernández, Vicente y Esparza Torres, Miguel Ángel, "Una interpretación de la *Gramática Castellana* de Nebrija a la luz de la tradición escolar", en *Cuadernos de Filología Clásica. Estudios Latinos* 5 (1993), pp. 149-180; Alvar Ezquerra, Manuel, *Nebrija y estudios sobre la Edad de oro*, Madrid, Consejo Superior de Investigaciones Científicas, 1997; Cordero Rivera, Juan, *Elio Antonio de Nebrija y su obra*, Lebrija, Ayuntamiento de Lebrija, 2007.

2. Alvar Ezquerra, Manuel, "Nebrija y tres gramáticas de las lenguas americanas (náhuatl, quechua y chibcha)", en *Estudios Nebrisenses*, Madrid, Instituto de Cooperación Iberoamericana, 1992, pp. 313-339; Hernández de León-Portilla, Ascensión, "Nebrija y el inicio de la lingüística mesoamericana", en *Anuario de Letras* 31 (1993), pp. 205-223; Koerner, E. F. K., "*Gramática de la lengua castellana* de Antonio de Nebrija y el estudio de las lenguas indígenas de las Américas; o, hacia una historia de la lingüística amerindia", R. Escavy *et al.*, *Actas del Congreso Internacional de Historiografía Lingüística. Nebrija V centenario*, Murcia,

nas se analizará el *Arte* tanto desde la perspectiva de la historiografía lingüística como de la descripción gramatical.

Estructura del *Arte*

La estructura y organización del *Arte de la lengua mexicana* fue explicada por el propio Olmos en el "Prólogo al lector", donde se puede advertir el contenido:

> Divídese, pues, esta *Arte* en tres partes: la primera trata de los nombres y pronombres y de lo que a ellos pertenece; la segunda contiene la conjugación, formación y pretéritos y diversidad de los verbos; en la tercera se ponen las partes indeclinables y algo de ortografía, con una plática por los naturales compuesta, provechosa y de buena doctrina, con otras maneras de hablar, así para que vean los nuevos cómo han de escribir y distinguir las partes como para saber más en breve hablar al natural (Olmos, *Arte*, PAL, 68-75).

Las partes que han llegado hasta nosotros en los seis manuscritos conocidos son las siguientes: (i) Tres prólogos: 1ª "Epístola nuncupatoria" (EN); 2ª "Prólogo al lector" (PAL); 3ª "Prólogo al benigno lector" (PABL).[3] (ii) Tres libros sobre gramática del náhuatl: el primero, de trece capítulos, sobre el nombre; el segundo, también de trece capítulos, sobre el verbo; el tercero, de ocho capítulos, sobre partes invariables y sintaxis. (iii) Diversos apéndices.

Olmos organiza de esta manera su *Arte*, de modo cualitativamente distinto a las gramáticas latinas clásicas, aunque siguiendo las *Introductiones latinae* de Nebrija, tal como él mismo señalará de forma explícita:

Universidad de Murcia, 1994, vol. II, pp. 17-36; Esparza Torres, Miguel Ángel, "Nebrija y los modelos de los misioneros lingüistas del náhuatl", en O. Zwartjes y E. Hovdhaugen (eds.), *Missionary linguistics III*, Amsterdam/Philadelphia, John Benjamins, 2007, pp. 3-40.

3.   No todos los ejemplares presentan estas partes: así, por ejemplo, la "Epístola nuncupatoria" está ausente en los manuscritos americanos (*WBT*), mientras que el "Prólogo al benigno lector" y los *Uehuetlahtolli* solo aparecen completos en el manuscrito de Washington, e incompletos en el de París (*P*); a su vez, el "Vocabulario" se incluye únicamente en el manuscrito de Tulane (*T*).

En el arte de la lengua latina creo que la mejor manera y orden que se ha tenido es la que Antonio de Nebrija sigue en la suya. Pero porque en esta lengua no cuadrará la orden que él lleva porque faltan muchas cosas de las cuales en el arte de gramática se hace gran caudal, como son declinaciones, supinos y las especies de los verbos para denotar la diversidad de ellos, y lo que en el quinto libro se trata de acentos y otras materias que en esta lengua no se tocan, no seré, por tanto, reprehendido si en todo no siguiere la orden de la *Arte* de Antonio (Olmos, *Arte*, I: I, 8-16).

Sin embargo, la existencia misma de las sucesivas redacciones de las *Introductiones* de Nebrija,[4] con sus múltiples cambios y añadidos, han dificultado en no pocas ocasiones la comprensión cabal de la deuda que tienen las gramáticas amerindias con el filólogo sevillano. Y es que en ocasiones solo se tiene en cuenta la primera redacción de las *Introductiones* (1481), con lo que se olvida la evolución misma de las ideas nebrisences y se considera, a veces erróneamente, que las modificaciones de estas gramáticas respecto al modelo inicial de 1481 son auténticas innovaciones de los misioneros. En el caso concreto del *Arte de la lengua mexicana*, la coincidencia de su estructura en tres libros con los tres libros de la primera versión de las *Introducctiones* podría hacer pensar que es esa primera versión de Nebrija la que constituye el modelo del de Olmos.[5] Sin embargo, un análisis más detenido muestra más bien que nuestro franciscano tuvo presente una edición más bien tardía de las *Introductiones* y que, además, la *Gramática castellana* no ejerció influencia alguna en el *Arte*, como se verá.[6]

---

4.   Sobre las diversas ediciones y reediciones nebrisenses, *cf.*: Esparza Torres, Miguel Ángel y Hans-Josef Niederehe, *Bibliografía nebrisense: las obras completas del humanista Antonio de Nebrija desde 1481 hasta nuestros días*, Amsterdam/Philadelphia, John Benjamins, 1999; Martín Baños, Pedro, *Repertorio Bibliográfico de las* Introductiones Latinae *de Antonio de Nebrija (1481-1599) o Hilo de Ariadna para el Teseo perdido en el laberinto de la gramática latina nebrisense*, Vigo, Editorial Academia del Hispanismo, 2014.

5.   Así lo señalan, por ejemplo, Manrique Castañeda, Leonardo, "La estructura del *Arte* para aprender la lengua mexicana de fray Andrés de Olmos", en I. Guzmán Betancourt y Eréndira Nánsen (coords.), *Memoria del coloquio "La Obra de Antonio de Nebrija y su recepción en la Nueva España, quince estudios nebrisenses (1492-1992)"*, Ciudad de México, INAH, pp. 97-106.

6.   *Cf.* Baños Baños, José Miguel y Heréndira Téllez Nieto, "El modelo nebrisense del *Arte de la lengua mexicana* (1547) de fray Andrés de Olmos", en *Historiographia Linguistica* 42:2/3 (2015), pp. 233-260.

Análisis del *Arte*

El pronombre

El libro primero supone una doble novedad respecto a la tradición gramatical clásica de la que es consciente el propio Olmos: por un lado, lo habitual en las *Introductiones* de Nebrija (*IL* 1508, I: 2) era iniciar la gramática con el paradigma morfológico de los verbos; por otro, Olmos da especial relevancia en este libro al pronombre, que precede además al nombre en su descripción, precisamente por su importancia en una lengua de incorporación como el náhuatl ya que es imprescindible en la construcción de los verbos.[7]

El capítulo segundo del libro primero, posterior a la explicación de las partes de la oración del capítulo inicial, y los cinco siguientes, constituyen una de las grandes innovaciones del *Arte* de Olmos: para explicar una de las singularidades de la lengua mexicana que el autor denomina "pronombres o partículas" (I: 3, 22), se rompe con el orden tradicional en la presentación de los contenidos gramaticales.[8]

El pronombre, como es sabido, constituye una categoría con características morfológicas, sintácticas y semánticas especiales,[9] por lo que no resulta fácil una definición con validez interlingüística. Los gramáticos griegos y latinos acotaron la categoría en términos morfológicos (son formas con flexión) y semánticos (sustitutos del nombre),[10] pero esta definición clásica resulta insatisfactoria para la tipología lingüística, ya que existen lenguas que no se adaptan fácilmente al esquema morfosintáctico del griego o del latín.

---

7. Sobre el pronombre en Olmos, *cf.* León Portilla en Olmos, *Arte*, pp. l-lii; León-Portilla, Miguel y Hernández de León-Portilla, Ascensión, *Las primeras gramáticas del Nuevo Mundo*, Ciudad de México, FCE, 2009, pp. 35-41; Manrique, "La estructura del Arte", p. 102.

8. En efecto, hasta Nebrija, los gramáticos latinos, junto con los paradigmas verbales, habían abordado en primer lugar la descripción del nombre, mientras que Olmos, consciente de la singularidad estructural de una lengua de incorporación como el náhuatl, entiende, con razón, que, desde un punto de vista didáctico, no se puede explicar el verbo sin tener previamente asumidas las características de las formas pronominales, formas que en determinados casos van también necesariamente unidas al nombre.

9. Bhat, Shankara, *Pronouns*, Oxford, Oxford University Press, 2004.

10. Ramajo Caño, Antonio, *Las gramáticas de la lengua castellana desde Nebrija a Correas*, Salamanca, Universidad de Salamanca, 1987, p. 121.

Una de estas lenguas es justamente el náhuatl: las formas que Olmos va a caracterizar como "partículas" en náhuatl muestran, en último término, que el significado de esta categoría, más gramatical que léxico,[11] está próximo al de los morfemas.[12] En este punto, la pregunta formulada por Nebrija "Quid est pronomen?", y la respuesta clásica "Pars orationis declinabilis, quae pro nomine proprio cuiusque accipit..." (Neb., *IL* 1508: III, 6),[13] no explican satisfactoriamente la riqueza y complejidad del náhuatl: baste, como muestra de esta dificultad, la propia descripción de Olmos al comienzo del capítulo tercero: "Hay unos pronombres que se anteponen a nombres y verbos y *tienen el mismo significado que los primeros, aunque más parecen partículas* que denotan las primeras y segundas personas en el verbo" (*Arte*, I: 3, 4-7).

En realidad, Olmos, en una obra como el *Arte*, con una finalidad claramente didáctica, no plantea reflexiones teóricas, ni parte siquiera de una definición de la categoría, dando sin duda por asumida la de Nebrija, sino que directamente establece una diferencia básica entre pronombres primitivos y derivados.[14]

En esta clasificación, la primera cuestión a destacar es la deuda terminológica con la tradición gramatical: la división entre "primitivos" y "derivados" es un lugar común desde Dionisio Tracio hasta la época de Olmos. Con el término 'primitivos' los autores latinos se referían específicamente a los pronombres personales, y con el de 'derivados', a los posesivos. Humanistas como Perotti o Nebrija mantienen inalterable esta clasificación.[15] Desde un punto de vista estructural, esta

---

11. Álvarez Huerta, Olga, "Pronombres", en Baños Baños, José Miguel (ed.), *Sintaxis del latín clásico*, Madrid, Liceus E-Excellence, 2009, pp. 273-298.
12. Hjelmslev, Louis, "La naturaleza del pronombre", en *Ensayos Lingüísticos*. Madrid, Gredos, [1937] 1972, p. 255.
13. Definición que recuerda, por ejemplo, a la de Donato (*gramm.* IV 379): "Pronomen est pars orationis quae pro nomine posita tantundem paene significat personamque interdum recipit... ".
14. "Los pronombres son en dos maneras: unos primitivos y otros derivativos posesivos. Los primitivos unos están absolutos y otros se juntan con nombres, verbos y preposiciones" (Olmos, *Arte*, I: 2, 3-5).
15. "De possessivis: possessiva autem a primitivis derivata octo" (Neb., *IL* 1481: sp). El paralelismo entre Perotti y Nebrija es, como en otros casos, evidente, lo que hace pensar en la influencia del primero sobre el segundo, como también la ejerció, sin duda, el gramático bizantino Láscaris. Los términos empleados por Olmos ("unos primitivos y otros derivativos") parecen una traducción literal de los términos empleados en latín (primitiva, derivativa) por Nebrija en la tercera (1487), cuarta

división clásica sirve para organizar el contenido de los capítulos referidos a la categoría pronominal en náhuatl: los capítulos 2-3 del *Arte* se centran en los pronombres personales y los capítulos 4-6, en los posesivos, y, dado que aunque el latín, como tantas otras lenguas, "sólo posee pronombres personales de primera y segunda persona",[16] desde Prisciano (*gramm.* II 577) se entendía que la casilla del pronombre personal de tercera persona la ocupaban formas demostrativas: "tertia vero persona modo demonstrativa est... ut ille".

Olmos hará, pues, lo mismo para el náhuatl. Y, así, presenta como formas absolutas de los pronombres personales las siguientes: "Singular: 1ª *nehuatl* 'yo'; 2ª *tehuatl* 'tú'; 3ª *yehuatl* 'aquel'. Plural: 1ª *tehuantin*; 2ª *amehuantin*; 3ª *yehuautin* 'nosotros' 'vosotros' 'aquellos'" (I: 2, 7-10).[17]

Con evidente intuición lingüística, Olmos pondrá en relación estas formas pronominales enfáticas con las formas *ni–, ti– an–*,[18] formas que, en sus propias palabras, "más parecen partículas" que pronombres, ya que se unen directamente a los verbos, a modo de prefijos, como marca de persona: "[singular] 1ª *nitetlazotla* "yo amo"; 2ª *titetlazotla* "tú amas"; [plural] 1ª *titetlazotla* "nosotros amamos"; 2ª *antetlazotla* "vosotros amáis". Olmos, al presentar estas últimas formas, señala que "se usan en la conjugación con los verbos y no sirven más de para las primeras y segundas personas, del singular y plural" (I: 3, 5-16), pero no extrae de ello la conclusión de que, si no existen prefijos o partículas de tercera persona, es porque tampoco existen pronombres de tercera persona como tales.[19]

(1495) y quinta (1508) redacciones de su gramática latina, una definición que coincide en gran medida con el término "derivativos posesivos" que emplea Olmos.

16. Álvarez Huerta, *op. cit.*, p. 285.

17. *Cf.* León, *Arte*, pp. l-li.

18. Y ello, a pesar de que Olmos no contaba con herramientas descriptivas para señalar, por ejemplo, la evidente relación morfológica entre dichas partículas y los pronombres personales, tal como queda de manifiesto en el estudio del protonáhuatl: "El *–ne* es el demarcador de primera persona del singular. Esta forma es cognada con el prefijo **ni* del protonáhuatl". Dakin, Karen, *La evolución fonológica del protonáhuatl*, Ciudad de México, UNAM, 1982, p. 18.

19. Esta distinción entre pronombres personales absolutos (cap. 2) y formas pronominales prefijadas (cap. 3) se justifica por el valor enfático de los primeros, "sin relación inmediata con el nombre" (Garibay, *op. cit.*, p. 3), un valor enfático que, sin explicitarlo Olmos, se hace evidente al asociar estos pronombres "absolutos" con forma reverenciales o con el "adverbio *velh*", con el que "quieren decir 'yo mismo'" (Olmos, *Arte*, I: 2, 23-24).

Las formas pronominales prefijadas o partículas constituyen, a su vez, el contenido del capítulo tercero, fundamental para entender la singularidad del náhuatl. Y es que, mientras que en latín el pronombre era una categoría declinable, en náhuatl no.[20] Olmos es consciente de la singularidad de estas "partículas" que, colocadas a modo de afijos,[21] sirven para indicar el sujeto (como prefijo verbal) o el objeto (como infijo colocado entre el sujeto y el verbo).[22]

De ahí también que considere pronombres distintos aquellos "que solamente se juntan con verbos" y que "son como pasivos, los cuales denotan que la acción del verbo pasa de una persona a otra distinta". En esta caracterización de lo que actualmente se llama "prefijo objeto", Olmos está sirviéndose de la definición tradicional del verbo transitivo ("los que pasan en otra cosa... transitivos", Nebrija [*GC* 1492: IV, 1]), como lo hará también, cuando acuda al concepto de "reflexivos" para dar cuenta de un tercer tipo de partículas o infijos pronominales: "Hay otros pronombres que ayuntados con los verbos se pueden decir reflexivos porque la acción del verbo se queda en la misma persona que hace": estos infijos en ocasiones se asocian a verbos que "no denotan reflexión, sino que el mismo verbo los tiene de su cosecha. Ejemplo: 1ª *ninozaua*, yo ayuno; 2ª *timozaua*, tú ayunas, etc." (Olmos, *Arte*, I: 3, 43-75).

Los tres capítulos referidos a los "pronombres posesivos derivativos" (*no–* "mío", *mo–* "tuyo, *i–* "de aquel" / *to–*, nuestro, *amo–* "vuestro, *in–* "de aquellos, *–te* "de algunos o de algunos") están dedicados

---

20. Olmos no parece ser consciente o, en todo caso, no llama la atención sobre la relación formal entre las formas pronominales absolutas (por ejemplo, *nehua, tehuan, tehua, amehuam*), con los prefijos de sujeto (*ni– ti– ti– an–*), los infijos de objeto (*–nech–, –tech–, –mitç–, –amech–*), las formas reflexivas o los posesivos (*no– to–, mo– amo–*), variaciones formales, asociadas a funciones distintas, y que bien podrían haberse asimilado a las desinencias causales de los pronombres latinos.

21. Garibay, *op. cit.*, p. 34; León-Portilla en Olmos, *Arte*, p. li.

22. En el primer caso, Olmos establece una distinción según estas partículas se junten con verbos y nombres, cuando en realidad su función en ambos casos es la misma: ser marca gramatical del sujeto, con independencia de que el predicado sea verbal (*nitetlazotla* "yo amo") o nominal (*nicualli* "yo soy bueno"). De ahí la necesidad de acudir a paráfrasis o paralelos con el latín para explicar la aparente singularidad este segundo contexto: "Y cuando estos pronombres o partículas se ayuntan a nombres se entiende el presente de *sum, es, fui*" (Olmos, *Arte*, I: 3, 22-23).

fundamentalmente a señalar las variaciones formales que presentan dichos pronombres según que el sustantivo al que se unen comience por vocal o por consonante, con toda su casuística: en determinados casos "perderá el pronombre [*no–*, *mo–*, *to– amo–*] la *–o,* y la consonante del pronombre herirá la vocal del nombre", en otros será el sustantivo el que "pierda" su fonema inicial, y en otros, en fin, "ni el nombre perderá la vocal en que comienza, ni tampoco se perderá la *–i* o la *–e* del *–te*" (I: 4, 37-72). Precisamente, el capítulo sexto estará dedicado, exclusivamente, a formular, en cinco reglas "lo que los pronombres *no–*, *mo– i–*, etc. hacen perder a los nombres cuando se juntan con ellos" (Olmos, *Arte*, I: 6, 2-3).[23]

Desde el punto de vista de la tradición gramatical, tal vez lo más destacable en estos capítulos sobre el pronombre es que Olmos, al servirse de nuevo de una categoría del latín (los "pronombres posesivos derivativos") para caracterizar unas formas gramaticales del náhuatl, es consciente de que dicha definición "según gramática" deja fuera determinados empleos de la lengua descrita. Así, comienza el capítulo señalando expresamente que "los pronombres posesivos, que, según gramática, se suelen decir derivativos, no se pueden según esta significación juntar sino con solo nombres", para reconocer pocas líneas después que las formas que Olmos considera en náhuatl pronombre posesivos "también se juntan con preposiciones y entonces son primitivos y no tienen significado de posesivos" (Olmos, *Arte*, I: 4, 5-18).

---

23. Desde esta perspectiva, el capítulo quinto supone una ruptura expositiva con esta casuística, porque Olmos se detiene en dos hechos puntuales de naturaleza distinta: por un lado, llama la atención sobre la posibilidad de que estas formas posesivas (por naturaleza adnominales) puedan aparecer junto con los prefijos de sujeto *ni–*, *ti– an–*, en predicados nominales (*nimopilhtçin*, "yo [soy] tu hijo"), ya que —de nuevo la paráfrasis en latín— "juntados con el nombre harán oración perfecta del presente de *sum, es, fui*" (I: 5, 9-10). Por otro, acierta al distinguir dos tipos de nombres en relación con estos pronombres: aquellos "que no pueden [bien] estar sin los pronombres *no–*, *mo–*, *i–*, etc.", como si se concibieran en náhuatl inherentemente asociados a un poseedor, "como son algunos nombres de parentesco", del tipo *nomach* ("mi sobrino), o *nopilpo* ("mi primera mujer"); frente a aquellos nombres, en cambio, "a los cuales no se pueden juntar los pronombres *no–*, *mo–*, *–i*" (I: 5, 46-75), porque se entienden como entidades que no tienen dueño, como son los elementos y fenómenos naturales: *acueyutl*, 'ola de la mar', *cemanauatl*, 'mundo', *cuacualactli* 'trueno', etc.

El nombre

Desde los primeros testimonios de los gramáticos antiguos, el nombre constituye una de las dos partes fundamentales de la oración: ὄνομα *vs.* ῥῆμα. Esta definición de la categoría mezcla rasgos morfológicos y semánticos, y se mantiene casi sin cambios desde Dionisio Tracio hasta Nebrija.[24]

Nombres adjetivos y sustantivos: una categoría no declinable en náhuatl.[25] En el caso del *Arte* de Olmos no hay, en realidad, una definición inicial de esta clase de palabras, como no la habrá tampoco cuando en el libro segundo hable del verbo, aunque las características, morfológicas y semánticas que recoge la tradición gramatical clásica están muy presentes en la descripción que Olmos ofrece del nombre en náhuatl y, como veremos, condicionan la estructura del resto de los capítulos del libro primero del *Arte*. Así, en el párrafo inicial con el que "comienza la materia de los nombres" hay ya una comparación expresa entre los nombres en náhuatl y "los nombres que en la *gramática* llamamos sustantivos".[26] La *gramática* por excelencia, sin necesidad de calificativo, es obviamente la gramática latina.

La primera consideración que habría que hacer es que bajo la categoría de "nombres" se incluyen en realidad dos clases de palabras, "sustantivos y adjetivos" (I: 7, 5), una división que tiene su reflejo en

---

24. Este, por cierto, completará la definición que ofrece en la edición inicial (1481) de las *Introductiones* añadiendo el adjetivo *"declinabilis"* al sintagma *pars orationis* en la versión de 1508, para recoger así la especificación (*cum casu*) presente desde Donato a Perotti: *Nomen quid est?: pars orationis cum casu corpus aut rem proprie communiterque significans...* (Don. gramm. IV 355) 147; *Quid est nomen?: est pars orationis cum casu corpus aut rem proprie communiterque significans...* (Per. *rud. gramm.* par. 53); *nomen est pars orationis, corpus aut rem proprie communiterque significans corpus ut* lignum, *rem ut* grammatica; *proprie ut* Antonius, *communiter ut* homo... (Neb. *IL* 1481: s. p.); *nomen est pars orationis declinabilis corpus aut rem proprie communiterue significans corpus ut* lignum, *rem ut* grammatica; *proprie ut* Antonius, *communiter ut* homo... (Neb. *IL* 1508: III, 5). Despauterio (*Rud.* 1514 [1537]: 12) se limita a transcribir sin ningún cambio esta definición de Donato.

25. Sobre el nombre en náhuatl, *cf.*, León-Portilla en Olmos, *Arte*, pp. lii-lviii.

26. No es casual que el término con el que Olmos ilustra en náhuatl la categoría del sustantivo sea *oquchtli* ("hombre"), sea el mismo con el que Nebrija lo había ilustrado para el latín: *"communiter ut* homo..." (Neb., *IL* 1471: s. p.).

la organización del resto del libro primero: a los sustantivos se dedicaran los capítulos 7-9 y a los adjetivos, los capítulos 10 y 11, y en parte (diminutivos, comparativos, superlativos) también los dos capítulos finales.

La puntualización que hacía Nebrija al recordar, desde la edición de 1488, que el nombre era una de las partes declinable de la oración no es trivial, porque esta característica de los nombres latinos supone la primera y más importante diferencia con el nombre en náhuatl, tal como se encargará Olmos de recordar desde el primer momento: "Cuanto a los sustantivos primitivos es de notar que no tienen declinaciones, pero hacen diferencia entre el singular y el plural, añadiendo o mudando en el plural alguna letra o sílaba" (I: 7, 17-19).

La expresión del plural en náhuatl. Esta diferencia condiciona el tratamiento mismo de la categoría nominal en náhuatl. Así, a falta de casos y declinaciones, el capítulo séptimo estará dedicado a la única categoría nominal que en náhuatl se podría considerar "flexiva": la categoría de número y, más específicamente, la expresión del plural, ya que, como término caracterizado en la oposición del número en todas las lenguas, el plural se distingue por añadir "alguna letra o sílaba" al singular (I: 7, 19).

En el resto del capítulo séptimo, por tanto, Olmos se detendrá a señalar estas diferencias morfológicas, con especial atención a la distribución de los sufijos de pluralidad –*tin* y –*me*, que, según los sustantivos, se superponen o son complementarios con otro procedimiento más icónico de marcar la pluralidad (distintivo del náhuatl frente al latín),[27] como es la reduplicación, es decir, "redoblar la primera o segunda sílaba" del sustantivo (I: 7, 64).

En esta descripción del *Arte* hay algunos aspectos, sin duda, destacables: por un lado, como ya había hecho en el capítulo quinto al señalar que determinados nombres del náhuatl no tienen prefijos posesivos, Olmos llama la atención sobre el hecho de que los nombres "que significan cosas inanimadas" a veces no presentan plural, una peculiaridad que al parecer implica diferencias dialectales, ya

---

27. Desde un punto de vista tipológico, las formas de expresión de la categoría gramatical del número son básicamente tres (Moreno Cabrera, Juan Carlos, *Curso*

que "en algunas [provincias] se le dan y en otras no" (Olmos, *Arte*, I: 7, 24-25).[28]

La derivación nominal. Como en el caso de los pronombres, la distinción clásica entre nombres "primitivos" y "derivados"[29] condiciona de nuevo la estructura del *Arte de la lengua mexicana*. Así, los capítulos octavo y noveno del libro primero están dedicados íntegramente a los "sustantivos derivativos".[30] A estos últimos, es decir, a los nombres derivados de verbos, fundamentalmente formaciones de nombres abstractos deverbativos (*tetlazotlaliztli* "amor"; *miquiliztli* o *miquiztli* "muerte") y de nombres de agente (*motlaloani* "corredor"), de instrumento (*tlateconi* "hacha o instrumento para cortar") e incluso locativos (*temachtiloyan* "el lugar donde todos ensenan"), mediante distintas "partículas" y afijos (*–tla*, *–te*, *–ne*, *–liztli*, *–lli*, *–ni*, *–qui*, *–ya*, *–ca*), se dedica específicamente el capítulo noveno, mientras que, previamente, el contenido del octavo se había repartido fundamentalmente (i) entre los derivados "que salen solamente de nombres" (I: 8, 8-52) y que, sobre todo, con el sufijo *–ca(tl)* en sus distintas variantes, expresan patronímicos (*mexicatl*, "hombre de *Mexico*; plural, *mexica*); y (ii) los "derivativos posesivos" en sentido amplio (I: 8, 53-159), que "descienden" tanto de sustantivos como de verbos y que "fenecen" en "terminaciones" como *–e*, *–ua* o *–yutl*, según distintas reglas.

---

universitario de lingüística general. Tomo 1: Teoría de la gramática y sintaxis general, Madrid, Síntesis, 2 vols., 2000, p. 186): (i) mediante una palabra especial (un numeral que modifica al sustantivo); (ii) mediante un morfema o flexión concreta; y (iii) "mediante la repetición de todo o parte de un sustantivo". El náhuatl ilustra, pues, esta tercera posibilidad.

28. Por otro, para señalar esta y otras peculiaridades del plural en náhuatl, Olmos ofrece listas de sustantivos con sus plurales, de forma didáctica, con lo que la explicación de la morfológica se convierte a la vez en una forma de enseñar vocabulario.

29. "species pronominum duae sunt: primigenia et derivativa" (Neb. *IL* 1481: s. p.); "Primogenita et derivada" (Neb., *IL* 1495 ss: III, 3), o "las especies del pronombre son dos, como diximos del nombre: primogenita y derivada" (Neb., *GC* 1492: III, 8).

30. "Los nombres sustantivos unos son primitivos y otros derivativos. Hemos dicho de los primitivos, digamos ahora de los derivativos. Para lo cual, es de notar que los sustantivos unos derivan solamente de nombres y otros indiferentemente de nombres y adverbios y otros de solos verbos" (Olmos, *Arte*, I: 8, 3-7).

Los adjetivos en náhuatl. De nuevo la dicotomía de la gramática clásica va a servir para estructurar los capítulos dedicados a los adjetivos en náhuatl.[31] Así, el capítulo decimo está dedicado íntegramente a ofrecer un listado de los adjetivos primitivos más importantes en náhuatl, "pocos y algunos de ellos en la variación dificultosos" en palabras de Olmos, por lo que, para parafrasear o explicar su significado, acude con frecuencia a su equivalente latino. Así, *aucac* ("no está aquí, aunque había estado"), "está en lugar de *nullus*", *atlei*, 'ninguna cosa' o '*nihil* vel *nullus*', "*yuhqui* o *yuh* quiere decir *talis et tale*" (I: 10, 7-40), entre otros.

En realidad, da la impresión de que Olmos tiene muy presente en su memoria el listado de adjetivos primitivos latinos (indefinidos, calificativos, numerales, etc.) e intenta en cada caso buscar su expresión paralela en náhuatl. El mejor ejemplo, sin duda, es el final del capítulo, que se titula "De *quis* vel *qui* y sus compuestos" (I: 10, 104) y que recoge, en paralelo al latín, la expresión en náhuatl de los pronombres interrogativos e indefinidos.

También en paralelo con la descripción de los nombres sustantivos (I: 8/9), el capítulo undécimo trata "de los derivativos adjetivos", que, según "se derivan de nombres acaban en... *–yo, –llo*", y que, cuando "se derivan de verbos... fenecen en diversas terminaciones" (I: 11, 2-29), lo que justifica que la mayor parte de este capítulo esté dedicado a los "verbales adjetivos", formados con distintos sufijos: (i) *–c*, que se asocia a "verbos neutros" acabados en *–ua, –ui, –tia, –ti, –ni*; (ii) *–lli*, cuyo significado "es el del participio del pretérito de la voz pasiva", *–ni, –qui* o *–tli*" (I: 11, 27-164).

La expresión del reverencial en los nombres. Mención especial merece el capítulo duodécimo,[32] ya que presenta la expresión en la categoría nominal del "reverencial", una de las características distintivas del náhuatl respecto al latín ya adelantada por Olmos en el capítulo inicial del *Arte*.[33]

---

31. "Los adjetivos son en dos maneras: unos son primitivos y otros derivativos. Y entre los derivativos, unos se derivan de nombres y otros de verbos. Trataremos primero de los primitivos y después de los derivativos" (Olmos, *Arte*, I: 10, 3-6).
32. *Cf.* León-Portilla en Olmos, *Arte*, pp. lvi-lvii.
33. "En esta lengua hay siete partículas que por sí no significan nada y compuestas con los nombres o pronombres denotan reverencia o pequeñez, diminución, ternura de amor, o menosprecio. Y son las siguientes: *–tçin, –tçintli, –ton, –tontli, –pilh, –pulh, –zulli*" (Olmos, *Arte*, I: 12, 4-7).

El resto del capítulo está dedicado a explicar, con claridad y de manera muy didáctica, aprovechando de nuevo la descripción gramatical para la enseñanza del léxico, el valor de cada una de esas partículas, el tipo de sustantivos con el que se asocian y las variaciones que sufren al construirse con pronombres posesivos o expresarse en plural.[34]

La exposición de Olmos en este capítulo es, sin duda, muy clara y didáctica, aprovechando de nuevo la descripción gramatical para la enseñanza del léxico del náhuatl. Pero el hecho de dedicar un capítulo monográfico al uso de las formas reverenciales en náhuatl supone, además de un contenido diferencial respecto al tratamiento del nombre en latín, un reconocimiento explícito de la existencia en la lengua mexicana de dos modalidades lingüísticas con expresión gramatical diferenciada según la persona a la que el hablante se dirige: "profundamente respetuoso, el indígena de habla náhuatl de la época prehispánica sabe diferenciar entre quienes deben ser tratados con gran cortesía y quienes pueden ser tratados con un lenguaje que podríamos llamar común",[35] una diferencia que, como veremos, se refleja también con mucha más complejidad en la morfología verbal.

La composición nominal. Frente a la unidad temática de este capítulo, el que cierra el libro primero presenta un contenido menos unitario, pero condicionado de nuevo por la tradición gramatical. Así, Olmos, que ha organizado en gran medida el contenido de los capítulos precedentes del nombre y del adjetivo a partir de la división clásica entre "primitivos" y "derivados", va a dedicar ahora un capítulo a los nombres "compuestos", teniendo de nuevo presente, como paradigma expositivo, lo que se dice en la gramática latina.[36]

Sorprende, de todos modos, la brevedad (I: 13, 4-37) con que se trata en el *Arte* la composición nominal en náhuatl, siendo como es una lengua muy rica en este aspecto. Así, Olmos se limita a ilustrar

---

34. El final del capítulo está dedicado específicamente a explicar cómo se asocian "las dichas partículas" a "los nombres verbales, así adjetivos como sustantivos" (I: 12, 81-104).

35. Silva Galeana, Librado, "El uso de la forma reverencial en náhuatl de Santa Ana Tlacotenco, en el sureste del Distrito Federal", en *Estudios de Cultura Náhuatl* 23 (1993), pp. 127-142.

36. "es necesario saber que así como en la gramática [latina] decimos que el compuesto ha de seguir la regla del simple, lo mismo se entiende en esta lengua", (I: 13, 58-60).

con un ejemplo las distintas posibilidades de composición ("sustantivos con sustantivos", "sustantivos con adjetivos", "sustantivos con adjetivos", "nombres y verbos",[37] "nombres con adverbios" e, incluso, "con algunas partículas que por sí no significan nada, mas juntando las con los nombres denotan menosprecio, reverencia o pequeñez", con lo que analiza determinadas formas reverenciales como formaciones compuestas, y a enunciar las reglas por las que, según sus terminaciones (*–tl, –tli, –lli*), "cuando un nombre se compone con otros... ha de perder algo", mientras que en otros casos "no perderán nada" (Olmos, *Arte*, I: 13, 24-52).

Comparativos y superlativos. También como una deuda con la tradición gramatical latina hay que entender las breves líneas que se dedican en el *Arte* al comparativo y al superlativo. Frente a su gramaticalización en latín con distintos sufijos y su rica expresión sintáctica, en el caso del náhuatl, Olmos se limita a constatar que "los comparativos y superlativos en esta lengua no los tienen proprios, sino usan de rodeos para lo que se ha de hablar" (Olmos, *Arte*, I: 13, 69-71).

El verbo

Estructurado también en trece capítulos, el libro segundo del *Arte de la lengua mexicana* está dedicado íntegramente al verbo.[38] Olmos, como prólogo a esta segunda parte, justifica este tratamiento exhaustivo por la centralidad del verbo en la estructura gramatical de todas las lenguas, empezando, como no, por el latín, pero también por la dificultad que entraña su descripción en una lengua como el náhuatl.[39]

---

37. Resulta muy interesante esta posibilidad, ya que, en los términos en que la describe Olmos, está ya adelantado (incluido el término mismo) el concepto lingüístico de incorporación (Moreno Cabrera, *op. cit.*, p. 518): "se compone nombres y verbos, *incorporando* del nombre con el verbo. Ejemplo: *petlatl* 'estera' o 'petate', *nicchiua* 'hacer': *nipetlachiua*, 'yo hago petates'" (Olmos, *Arte*, I: 13, 13-16).

38. *Cf.* León-Portilla en Olmos, *Arte*, pp. lviii-lxvi.

39. "En todas las lenguas, así la latina como las demás, lo que tiene mayor dificultad es la materia de los verbos, porque en ellos consiste principalmente toda la armadura del bien hablar; y lo mismo es en esta, que, aunque a algunos parece bárbara, tiene orden y concierto en muchas cosas, ni carece de algunos primores y buen artificio, si con consideración y pía afección quieren entender en ella" (Olmos, *Arte*, II: *Pról.* 4-10).

Al igual que en el caso del nombre, no hay, de entrada, una definición del verbo como parte de la oración, ni una descripción previa de sus categorías y accidentes, tal como se recoge en las gramáticas clásicas, sin apenas variaciones, desde Dionisio Tracio a Nebrija.[40] Así ocurre en las *Introductiones* de Nebrija, quien, más tarde, en la *Gramática castellana*, insistirá en la idea del verbo como elemento central de la frase.[41] La ausencia de una definición de la categoría no impide que el peso de la tradición gramatical clásica determine en gran medida la estructura del libro segundo del *Arte* en su conjunto y la manera de presentar los contenidos en no pocos de sus capítulos. A este respecto, conviene recordar, y comentar brevemente, las palabras del propio Olmos, quien adelanta y justifica la estructura del libro segundo en estos términos:

> Primeramente, se pondrá la conjugación, no como en la gramática, sino como la lengua lo pide y demanda, *porque algunas maneras de decir que nosotros tenemos en nuestra lengua o en la latina, esta no las tiene.* Y paréceme que será confusión, por no salir de la conjugación del latín, poner algunos romances en tiempos que no les pueden cuadrar, como parecerá en la conjugación de los verbos; por tanto, a ninguno le parezca novedad sin provecho, pues se dará en la formación la causa de ello. Después de la conjugación regular, se pondrá su formación, dejando la del pretérito y de la pasiva para tratarla después, por ser prolija y muy varia; y luego se

---

40. En efecto, Donato y Prisciano no añaden ni cambian nada sustancial de la definición que diera Dionisio Tracio, "El verbo es una palabra sin casos que admite tiempos, personas y números, y que expresa acción o pasión", (*gramm.* I 46-47 [tr. de V. Bécares, 65]), sino que se limitan a traducirla al latín: "Verbum est pars orationis cum tempore et persona sine casu aut agere aliquid aut pati aut neutrum significans" (Don. *gramm.* IV 381). No muy distinta es la definición que ofrecen Carisio (*gramm.* I 164): "verbum est pars orationis administrationem rei significans cum tempore et persona numerisque, carens casu" y Diomedes (*gramm.* I 334): "verbum est pars orationis praecipua sine casu", una definición —y una traducción— que se mantienen inalterables en las gramáticas humanistas, por ejemplo, Perotti (*rud. gramm.* parg. 265): "Verbum quod est? Est pars orationis declinabilis cum modis et temporibus sine casu agendi vel patiendi significativa...". Despauterio (*rud.* 1514 [1537]: 16) toma literal la cita de Donato.
41. "Quid es verbum? Pars orationis declinabilis cum modis et temporibus, sine casu agendi vel patiendi significativa" (Neb. *IL* 1508: III, 7). La impresión de Brocar (Logroño 1508) presenta aquí una evidente errata, pues se trata del capítulo séptimo del libro tercero, no del capítulo quinto, como erróneamente se presenta en el encabezado de esta edición. Para más detalles de la edición de 1508, *cf.* Baños y Téllez, *op. cit.*, p. 239.

pondrán los verbos irregulares; y después de esta generalidad se hablará en particular de las diferencias que hay de verbos (Olmos, *Arte*, II: *Iñr*, 14-26).

Obsérvese cómo Olmos da a entender que la estructura del libro segundo no se va a acomodar enteramente a la exposición del verbo en las gramáticas latinas con el argumento, ya adelantado al comienzo del *Arte* (I: 1, 10-13), de que las características del verbo en náhuatl así lo exigen.[42] Basta comparar el orden y el contenido de estos seis capítulos iniciales del *Arte* con los dedicados al verbo latino en las *Introductiones* —en la edición de 1508, que es la que con toda probabilidad sigue Olmos como modelo—, para constatar la incuestionable dependencia estructural del *Arte de la lengua mexicana* respecto a la gramática latina de Nebrija.

En realidad, es en la segunda parte del libro segundo del *Arte* donde más se va a apartar Olmos de la tradición gramatical latina, sobre todo para explicar características específicas del verbo en náhuatl como, por ejemplo, las partículas o pronombres que se juntan con determinados verbos (caps. 7-9),[43] o para comentar algo tan propio de la lengua mexicana como son "los verbos reverenciales" (II: 13, 2). De todos modos, conviene no olvidar que, aun en esta segunda parte, y por supuesto en el conjunto del libro segundo, la organización de los contenidos y la descripción de la morfología están lógicamente condicionadas por el concepto mismo de "accidentes del verbo", es decir, por todas aquellas variantes que lo afectan en latín morfológica y sintácticamente.

---

42. Y, sin embargo, la primera parte del libro segundo del *Arte* (caps. 1-6) está, sin lugar a dudas, condicionada enteramente por la tradición gramatical previa y, más concretamente, por Nebrija: desde la presentación del paradigma de la conjugación regular de los verbos en náhuatl (cap. 1), que se ilustra con el verbo *tlapia* ('guardar'), a la explicación de la formación de los verbos regulares, en la que subyace la distinción básica de la gramática latina entre las formaciones de *infectum* (cap. 2) y de *perfectum* (cap. 3) en activa, seguido de un capítulo específico para "la formación de la pasiva e impersonal" (cap. 4). Se cierra esta primera parte con dos capítulos dedicados específicamente a los verbos irregulares del náhuatl, tomando siempre como referente y paralelo el verbo latino: desde "el verbo *sum, es, fui*", que "no hay en esta lengua" (II: 5, 5), a "otros dos verbos irregulares que son *eo, is*, por 'ir', y *venio, is*, por 'venir'" (II: 6, 2-3).

43. "porque en la lengua latina no se hallan partículas así incorporadas o juntas con el verbo" (Olmos, *Arte*, II: 7, 16-17).

Como es sabido, el número de accidentes del verbo latino era para Donato siete,[44] y ocho para Prisciano[45] Diomedes y Carisio,[46] según que se considere el *modus* incluido o no en la *qualitas*[47] y la persona y el número como dos accidentes distintos. De todos ellos, los conceptos de *genus*, *species* y *figura* resultan determinantes para entender el contenido de no pocos capítulos del libro segundo del *Arte*. En efecto, cuando Olmos, al comienzo del capítulo séptimo, señala para el náhuatl que "los verbos son en muchas maneras: unos son activos y otros neutros; unos primitivos y otros derivativos; unos simples y otros compuestos" (II: 7, 4-6), está pensando sin duda en los accidentes gramaticales latinos.

Así, en cuanto al *genus* (o *significatio*) y su relación con los conceptos de voz, diátesis y transitividad, la distinción de la gramática latina entre verbos activos y neutros resulta capital para entender no pocas explicaciones puntuales y muy especialmente los contenidos de los capítulos 7-10 de este libro segundo. Por otra parte, los accidentes de *species* (con la distinción entre primitivos y derivados) y *figura* (con la dicotomía simples / compuestos) determinan en gran medida los capítulos 11 ("de los verbos derivativos") y 12 ("de los verbos compuestos") del *Arte*.

---

44. "verbo accidunt septem: qualitas, coniugatio, genus, numerus, figura, tempus, persona", Don. *gramm.* IV 381.

45. "verbo accidunt octo: significatio sive genus, tempus, modus, species, figura, conjugatio, et persona cum numero", Prisc. *gramm.* II 369. Este número se mantiene en gramáticas humanísticas como la de Perotti (*rud. gramm.* parg. 267): "Verbo quot accidunt? Octo: genus, tempus, modus, species, figura, conjugatio, persona et numerus". Y, por supuesto, en Nebrija, tanto en las *Introductiones* de 1508 (III, 7): "Verbo quot accidunt?: Octo: genus, modus, tempus, numerus, persona, species, figura, coniugatio", como en la *Gramática castellana* (1492: III, 10): "Los accidentes del verbo son ocho: especie, figura, género, modo, tiempo, número, persona y conjugación". Despauterio (*rud.* 1514 [1537]: 16), en cambio, ofrece las dos posibilidades: "Verbo quot accidunt? Septem: qualitas, coniugatio, etc., aut octo, si pro qualitate modum formamque ponas".

46. Carisio (*gramm.* I 164): "Qualitas verborum aut finita est, aut infinita... finita est quae notat certum numero, certum modo, certum tempus, certam personam... infinita est quae nihil certum habet". Diomedes (*gramm.*, I: 334): "admittit quoque verborum praeter personas et tempora, numerum, figuram, qualitatem, significationem sive genus, modum sive inclinationem, coniugationem...".

47. García de Paso, María Dolores, "El verbo en algunos gramáticos latinos: sus accidentes", en *Cuadernos de Filología Clásico. Estudios latinos* 10 (1996), pp. 45-63.

Presentación del paradigma de la conjugación regular de los verbos en náhuatl. Olmos presenta en el capítulo inicial de este libro los paradigmas de la conjugación verbal regular en náhuatl, en todos sus modos y tiempos, de activa, de pasiva y "de la voz impersonal" (II: 1, 207), teniendo como modelo de nuevo, más que a los autores clásicos, a Antonio de Nebrija.

Y es que en las primeras gramáticas griegas, ni Dionisio Tracio, ni Apolonio Díscolo presentaban un paradigma morfológico de los verbos. Es Donato, en el caso del latín, el que por primera vez, y de forma sintética, ofrece un esquema parecido al de un paradigma morfológico, aunque sin una presentación completa de los verbos en todos sus tiempos, modos y personas:[48] únicamente aparece completo el paradigma del verbo *lego*, seguido de una sucinta explicación de tres de las cuatro conjugaciones regulares, en su afán más por ofrecer un "méthode d'analyse" que por presentar unos paradigmas regulares.[49] Serán, en realidad, Diomedes (*gramm.* I: 346-357) y Carisio (*gramm.* I: 169-173) los que proporcionen ya los paradigmas de las conjugaciones regulares y las indicaciones para obtener las formas sistemáticamente, aunque Diomedes solo distingue tres conjugaciones (*–o, –eo, –io*), y es Carisio el que presenta las cuatro. Pero son los gramáticos humanistas (Perotti, Guarino, Láscaris) quienes sistematizan las nuevas formas de presentación, mucho más completas, de los verbos y su morfología. Así, por ejemplo, a modo de *examinatio*, Perotti ofrece un modelo de cada conjugación (*amo, doceo, lego, audio*), en todos sus tiempos y modos, así como de los verbos irregulares (*sum, volo, fero* o *edo*), una forma de presentación (y unos modelos de conjugación) que va a perdurar durante siglos.[50]

---

48. Prisciano, aunque más explícito en cuanto a las cualidades del verbo y más exhaustivo en su definición, funciones y usos sintácticos, tampoco ofrece un cuadro completo con los paradigmas morfológicos.

49. Bernard Colombat, *La Grammaire latine en France à la Renaissance et à l'Âge classique. Théories et pédagogie*, Grenoble, Ellug, 1999, p. 340.

50. De los gramáticos medievales, en el siglo xiii, el *Doctrinale* de Alexander Villa Dei ([Kehrbach 1893] caps. V-VII), aunque sin los paradigmas verbales completos, presentaba, en verso, algunas formas de composición para perfectos, supinos, verbos irregulares y compuestos. El *Catholicon* (1286 [1494]), por su parte, señalaba las maneras de formar los tiempos y modos verbales, pero sin los paradigmas. En la gramática bilingüe griega y latina de Constantino Láscaris, *De octo partibus orationis* (ms. 1473, 4), se ofrece ya un primer esbozo de los paradigmas completos, de esta manera: "verbum indicativum activuum coniugationis primae varytonorum: verbero, –ras, –rat, verberatis, verberant, verberamus, verberatis, –rant. Praeteritum imperfectum: verberabam, –bas, –bat, verberabatis, –bant, verberamus, –tis, –bant...".

Siguiendo esta tradición, Nebrija presenta el paradigma de los verbos regulares en sus *Introductiones*, aunque con pequeñas variaciones de unas ediciones a otras. Así, la primera edición de 1481 contenía únicamente un par de columnas con la conjugación completa del paradigma de *amo*, en primera persona, y su traducción al castellano, y desarrollaba después la conjugación en todas las personas. El orden de este esquema se repetía en los otros paradigmas (*doceo, lego, audio*), esquema al que seguía una lista de los verbos irregulares más comunes, aunque sin traducción. Pero, a partir de la segunda edición, de 1485, y en las posteriores, Nebrija ofrece ya una tabla ordenada con las cuatro conjugaciones latinas regulares y otra con los verbos irregulares en todos sus modos y tiempos, tanto en la voz activa como en pasiva e impersonal.[51] Es este el modelo que va a seguir Olmos en el capítulo inicial del libro segundo del *Arte*, aunque con algunas particularidades. De ahí que resulte que la presentación, en voz activa de los paradigmas verbales latinos en las *Introductiones* (1495, 1508), sea prácticamente igual a la conjugación regular del náhuatl en el *Arte* de Olmos.

La primera conclusión que se extrae es evidente: Olmos, al ofrecer "la conjugación regular de los verbos" en náhuatl, sigue el mismo orden y las mismas categorías que Nebrija en sus *Introductiones*, tanto en la presentación de los modos (indicativo / imperativo / optativo / subjuntivo),[52] seguidos de las formas nominales (infinitivo / gerundio / participio), como de los tiempos correspondientes a dichos modos. Hasta el punto de que se ve en la necesidad, por ejemplo, de comentar para el náhuatl formas nominales del paradigma verbal latino como el infinitivo, el participio o el gerundio que en algunos casos la lengua mexicana no ha gramaticalizado.[53]

---

51. Colombat, *op. cit.*, pp. 344, 356.
52. Desde Dionisio Tracio, la ordenación clásica de los modos era la siguiente: indicativo, subjuntivo, optativo, imperativo e infinitivo. Véase Hummel, Pascale, *De lingua Graeca, Histoire de l'histoire de la langue grecque*, Bern, Peter Lang, 2007, p. 479.
53. Es el caso también de determinados tiempos verbales que se incluyen en la conjugación regular del náhuatl para señalar a continuación que la lengua mexicana no los tiene, como el futuro perfecto de indicativo ("No le tiene; súplenle por el pretérito perfecto"), el pretérito perfecto de subjuntivo ("Parece que no lo tiene"), el futuro perfecto de subjuntivo ("dícenle por el pretérito perfecto de indicativo"), el infinitivo de futuro ("Tampoco lo tienen"), etc.

El resultado último de esta presentación, tan prolija, del paradigma regular no resulta muy práctico desde el punto de vista del aprendizaje del náhuatl. A pesar de que Olmos (*Arte*, II: *Pról.*, 14-17) había dicho al comienzo del libro que "primeramente se pondrá la conjugación, *no como en la gramática, sino como la lengua lo pide y demanda*, porque algunas maneras de decir que nosotros tenemos en nuestra lengua o en la latina, esta no las tiene", lo cierto es que en este capítulo la dependencia respecto a la gramática latina es tal que Olmos se ve en la necesidad, para cerrar el capítulo, de llamar la atención al lector de que no hay necesidad de aprenderse todas esas formas que acaba de presentar a imagen y semejanza del latín, aunque la realidad morfología verbal del náhuatl sea diferente a la del latín.

La formación de los verbos regulares e irregulares. Una vez presentado el paradigma del verbo regular, los tres capítulos siguientes están dedicados a explicar la construcción de cada una de las formas verbales en sus modos y tiempos correspondientes, a imitación, de nuevo, de la gramática latina. Pues bien, si en latín había cuatro conjugaciones, estas en náhuatl se reducen a tres.[54] Sobre esta base se irá explicando la formación, primero del indicativo, en sus distintos tiempos, y después, del imperativo, negativo avisativo, optativo, subjuntivo, infinitivo, gerundio (de genitivo, de dativo y de acusativo) y participios (de presente y de futuro). El capítulo segundo se dedica a las formas de *infectum*, el tercero "a la formación del pretérito" y el cuarto trata "de la voz pasiva e impersonal y de su formación".

Es el mismo orden que veíamos en la gramática latina, y lo que varía, lógicamente, es el detalle de la descripción y explicación puntual de cada formación. Así, puesto que en náhuatl la categoría de persona se expresa anteponiendo al lexema verbal los pronombres o partículas *ni–*, *ti–*, *an–*, y para la distinción de formas homónimas en singular y plural "poner se ha, en la que estuviere en el plural, una *h* para diferenciarla del singular" (II: 2, 11-12), lo que al final Olmos señala, en cada tiempo, es el morfema que le es distintivo, la forma verbal sobre la que se configura y las variaciones fonéticas que se producen según la terminación (es decir, la conjugación) de cada verbo: así, por ejemplo, en

---

54. "es de notar que todos los verbos acaban en una de tres vocales, a saber: *a, i, o*", (Olmos, *Arte*, II: 2, 4-5).

indicativo, tanto el pretérito imperfecto como el pretérito perfecto y el futuro imperfecto se forman a partir del presente añadiendo distintas terminaciones (*–ya*, *–x*, *–z*), que pueden variar del singular al plural, dependiendo además de la vocal en que acabe el verbo, mientras que el pluscuamperfecto "se forma del pretérito añadiendo *–ca*… Y es de notar que antes de los pronombres *ni–*, *ti–*, *an–*, tomarán una *o–*, pero algunas veces se hallan estos pretéritos sin la *o–*" (II: 2, 39-45). Y así, sucesivamente.

Las formas nominales del verbo. Otra diferencia del *Arte* respecto a las *Introductiones* en la presentación del paradigma regular de los verbos es el tratamiento de las formas nominales: infinitivo, gerundio y participio.

En el caso de los infinitivos, se admite de entrada su no existencia en náhuatl y lo que se buscan son contextos paralelos a los empleos latinos. Así, el infinitivo de presente en náhuatl es, en realidad, la forma de futuro de un verbo regular (*nitlapiaz*) a la que se añade en composición el verbo modal *nequi* ('querer'), bien pospuesto (*nitlapiaz nequi*, 'quiero guardar', II: 1, 58-60), bien antepuesto al verbo (*nicnequi nitlacuaz*, 'quiero comer', II: 2, 219). La explicación de Olmos, el paralelo latino (*uolo amare*) que se ofrece a la formación del náhuatl y el análisis final ("pero no por eso será infinitivo el futuro con el *nequi*") no tienen desperdicio:

> El infinitivo no le tiene propio, pero súplenle en dos maneras: la primera por el futuro del indicativo, añadiendo este verbo *nequi*, que quiere decir 'querer'. Ejemplo: *nitetlazohtlaz nequi*, 'quiero amar'. Y este verbo *nequi* es el que varía por todos modos y tiempos. Y el futuro a quien se ayunta en singular y plural de los dichos tiempos y modos no se varía. Y puesto caso que esté en plática que el infinitivo se suple por este verbo *nequi*, lo que yo siento es que lo que suple la voz del infinitivo no es el futuro con el *nequi*, sino sólo el futuro como en el latín: no diremos que es el infinitivo "*volo amare*", sino el "*amare*", puesto caso que el infinitivo no puede estar sin otro verbo, como acaece también en esta lengua, pero no por eso será infinitivo el futuro con el *nequi* (II: 2, 199-207).

En el caso de los gerundios, mientras que Nebrija se limita a recordar los *gerundia sustantiva* (*IL* 1508: *amandi*, *amando*, *amandum*) y *supina verba* (*amatum*, *amatu*), Olmos, en el *Arte*, aunque admite su inexistencia en náhuatl, busca con todo la forma de expresar en la lengua mexicana los contextos típicos de empleo en latín,[55] en sus distintos casos. Así, además de las formas del náhuatl correspondientes al gerundio "de genitivo" y "de dativo", para el gerundio "de acusativo" distingue en el *Arte* dos formaciones distintas, una con el verbo *eo*, *is*, y otra con el verbo *venio*, *venis*, y en ambos casos señala con detalle sus posibilidades de expresión en indicativo, imperativo y vetativo, con sus tiempos correspondientes. Puesto que el náhuatl no ha gramaticalizado un gerundio, la inclusión de nuevo de estos tipos tan precisos solo se puede explicar a partir del modelo latino o plantilla expositiva que Olmos parece tener presente.

Lo mismo ocurre, en fin, con los participios en náhuatl: "participios no los tienen" (II: 1, 126), reconoce Olmos; y, sin embargo, para ofrecer un paralelo al paradigma latino, se presentan en el *Arte* las distintas posibilidades de expresión tanto del participio de presente latino como del "participio de futuro '*in –rus*' (II: 1, 130).

Sobre los verbos irregulares. Los capítulos quinto y sexto del libro segundo del *Arte* están dedicados a los verbos irregulares en náhuatl: en concreto, el capítulo quinto se ocupa "de este verbo *sum*, *es*, *fui*, y de sus compuestos: *nicah*, 'ser o estar'", y el sexto, "de otros dos verbos irregulares, que son *eo*, *is*, por 'ir', y *venio*, *–is*, por 'venir'" (II: 6, 3).

Sin duda, el aspecto más relevante de esta comparación explícita con el latín es la constatación de que el náhuatl carece de un verbo copulativo paralelo al *sum* latino: "El verbo *sum*, *es*, *fui*, no lo hay en esta lengua, pero suplen lo por este verbo *nicah*, que propiamente quiere decir 'estar'" (II: 5, 5-6). En cambio, para el segundo marco predicativo de *sum* ('estar'), la lengua mexicana dispone de una amplísima gama de verbos (*nicah*, *nicac*, *nonoc*, *mani*, *temi*, *neuaticah*, *ticoaunoque*, etc.) que expresan distintos tipos de estado, unos más neutros y otros más específicos: 'estar enhiesto', 'estar echado', 'estar asentado', etc.

Para los empleos copulativos de *sum*, ya Olmos, en el libro primero, había advertido que bastaba con que un sustantivo o un adjetivo fuera precedido de los pronombres personales *ni–*, *ti–*, *an–*, para convertirse en una frase copulativa, una idea que vuelve a recordar ahora:

---

55. "Estos gerundios los suplen de dos maneras", (Olmos, *Arte*, II: 2, 241).

Y cuando estos pronombres o partículas se ayuntan a nombres se entiende el presente de *sum, es, fui*. Ejemplo: *nicualli*, 'yo soy bueno' (I: 3, 22-23). Y siempre el *sum, es, fui* se pone sub intelecto en el presente del indicativo, cuando está en lugar de 'ser'. Y es cuando estos pronombres *ni–, ti–, an–* se juntan a nombres, como se dijo en la primera parte. Ejemplo: *nitlatoani*, 'soy señor' (Olmos, *Arte*, II: 5, 9-12).

Los verbos reverenciales. El último de los capítulos de este libro segundo es el que más ajeno resulta a la influencia de la tradición gramatical clásica y humanística porque en él Olmos aborda una de las características más exclusiva de la lengua náhuatl, no solo en comparación con las lenguas indoeuropeas, sino con las propias amerindias: la expresión morfológica del reverencial.

Ya en el libro primero, Olmos había dedicado el capítulo 12 casi exclusivamente a explicar el valor de las distintas partículas para la expresión del reverencial en los nombres. Pues bien, lo mismo va a hacer en este capítulo final del libro segundo en el caso de la gramaticalización de este contenido pragmático en los verbos.[56] Dos son los rasgos formales que caracterizan un verbo reverencial en náhuatl: ha de construirse como reflexivo y ha de presentar unos sufijos determinados:

es de saber que, para hacer que un verbo que en sí no importa cortesía ni reverencia se haga reverencial, son menester dos cosas: lo primero, que se antepongan al verbo simple los pronombres reflexivos *nino–, timo–, mo–*, etc. Lo segundo, es menester que al fin del verbo simple se añada alguna partícula. Y con estas dos cosas el verbo simple se hace reverencial (Olmos, *Arte*, II: 13, 5-11).[57]

---

56. Como se advierte al comienzo del capítulo, "esta materia de los verbos reverenciales es muy necesaria y muy usada. Y por esso se debe de notar" (II: 13, 3-4).

57. Entre estas consideraciones previas y las cinco especificaciones "notables" que cierran el capítulo (II: 13, 189-255), la parte fundamentalmente del mismo está dedicada a describir mediante "reglas" las modificaciones formales que afectan a los verbos cuando se les añaden "una de estas partículas: *–lia, –ltia, –huia, –tçinoa*; porque los verbos para hacer se reverenciales no pueden estar sin una destas cinco partículas" (II: 13, 46-49). En realidad, la adición de uno u otro sufijo reverencial está en gran medida condicionado por la morfología del verbo, según la vocal final. Así, por ejemplo, "los verbos activos acabados en *–a*, si tienen *i* antes de la *–a*, perdiendo la *–a* toman *–lia*" (II, 13, 54-55), mientras que "los acabados en *–i* toman *–lia* y también *–ltia*" (II, 13, 110), etc., pero el criterio de exposición va a ser semántico (una deuda, de nuevo, con la tradición gramatical latina), ya que lo

Las partes invariables de la oración

Por último, el libro tercero de Olmos, de solamente ocho capítulos, se ocupa de aquellas partículas o palabras que en la gramática tradicional se consideraban invariables, al final, se incluyen dos capítulos sobre sintaxis, "algunas maneras de hablar comunes" (III: 7) y otras "maneras de hablar que tenían los viejos en sus pláticas antiguas" (III: 8), como apéndices, dependiendo de los manuscritos, una "plática que hace el padre al hijo" y su respuesta, es decir, los llamados *Uehuetlahtolli*, dedicados a ofrecer algunos ejemplos del discurso nahua, y unas notas sobre el verbo y un vocabulario.

En la gramática antigua un principio fundamental en la organización de las ocho partes de la oración fue la distinción entre formas variables e invariables. Para los griegos, desde Dionisio Tracio (*gramm.* I 53), las tres formas indeclinables eran la preposición, el adverbio (incluían como formas adverbiales algunas clases de interjecciones como '*evoe*') y la conjunción. Los latinos, por su parte, para mantener también las ocho partes de la oración, a falta del artículo griego, añadieron una categoría más, pero indeclinable, no diferenciada por los gramáticos griegos: la interjección. De esa forma, de las ocho partes de la oración latina, cuatro eran declinables y cuatro indeclinables.[58]

Como ya señalamos en su momento y hemos ido viendo a lo largo de este comentario, Olmos, siguiendo el modelo de las *Introductiones* y no de la *Gramática castellana*,[59] no solo hace extensibles al náhuatl las

---

que parece relevante es si los verbos, cuando se asocian a estos sufijos reverenciales, son activos (II: 13, 52-124) o neutros (II: 13, 125-188), por más que, como hemos visto, la categoría de los verbos neutros no resulte equivalente en latín y en náhuatl.

58. A explicar las partes indeclinables dedica Prisciano los capítulos XIV a XVI de su *Ars*, el mismo lugar que ocuparán en las gramáticas humanistas. Nebrija, por ejemplo, deudor de esta tradición, ya en su primera versión de la *Introducciones* (1481: s. p.), además de señalar claramente la diferencia entre partes flexivas y no flexivas, aborda el tratamiento de estas últimas después de la conjugación de los verbos y por este orden: *de praepositione, de adverbio, de interiectione, de coniunctione*.

59. Recuérdese que Nebrija, en cambio, en su *Gramática castellana* (1492: III: 1), señalaba la necesidad de elevar a diez las partes de la oración castellana. Así, retomando a Dionisio Tracio, suprimía la interjección para sustituirla por el artículo, además de añadir otras dos categorías no recogidas por los gramáticos anteriores: el gerundio y el nombre participial.

ocho partes de la oración latina y la oposición básica entre formas variables e invariables, sino que, además, en la exposición de estas últimas (a continuación del verbo) sigue también el mismo orden: las preposiciones ocuparan el capítulo inicial del libro tercero del *Arte*, dedicará a los adverbios los tres capítulos siguientes distinguiendo entre adverbios en general (cap. 2), locales, temporales (cap. 3) y numerales (cap. 4), para cerrar con un capítulo conjunto para conjunciones e interjecciones (cap. 5).

Aunque nos detendremos brevemente en el comentario de cada una de estas categorías, es esta la deuda fundamental del *Arte* respecto a la tradición gramatical clásica: como en otros casos, Olmos no va a definir cada categoría porque entiende que el lector ya las conoce en latín, pero sí se va a servir en ocasiones de las diversas tipologías o de formas paralelas del latín (o del castellano en su caso) para ilustrar los valores o correspondencia de las formas del náhuatl.

Por último, se trata de capítulos fundamentalmente descriptivos, ya que los significados o valores de estas categorías están a medio camino entre el léxico y la gramática. De ahí que, sobre todo en el caso de los adverbios, Olmos remita por dos veces, para más detalles, a un vocabulario que debería completar la gramática misma.[60]

Preposiciones. Esta categoría gramatical, desde Dionisio Tracio a Prisciano[61] se define de manera casi idéntica, y sin apenas cambios se mantiene en gramáticos humanistas como Perotti.[62] Olmos, deudor de esta tradición, aunque no define las preposiciones, sí siente la ne-

---

60. "Y porque sería prolijidad ponerlos aquí todos [los adverbios], notar se han algunos *remitiendo los demás al vocabulario*" III: 2, 6-7; "Ítem, es de saber que, presupuesta la cuenta general, para contar otras diversas cosas tienen diversas cuentas, aunque todas se arman sobre la general, *como más a la larga se verá en el vocabulario*", (Olmos, *Arte*, III: 4, 36-39).

61. Ramajo, *op. cit.*, p. 193; Villalba Álvarez, Joaquín, "Julio César Escalígero, precursor del estructuralismo: su concepto de preposición", en *Humanismo y Pervivencia del Mundo Clásico* IV, 2 (2008), pp. 867-880.

62. "Pars orationis indeclinabilis, quae praeponitur aliis partibus vel appositione vel compositione" (Prisc. *gramm* III 24). "[...] quid est praepositio? Est pars orationis indeclinabilis quae aliis partibus orationis in appositione vel compositione praeponitur" (Per. *rud. gramm.* parg. 528). En cambio, la definición de Nebrija (1508) puntualiza e ilustra los conceptos de aposición y composición, poniendo así en relación preposiciones y preverbios: "quid est praepositio? Est pars orationis indeclinabilis, quae aliis partibus orationis praeponitur, aut per compositionem aut per appositionem" (Neb. *IL* 1508: III, IX); "Praepositio est quae praeponit nomini per appositionem et aliis etiam partibus per compositionem, ut adeo, ad eum" (Neb. *IL* 1508: I, VIII).

cesidad de hacer, al inicio del capítulo, dos puntualizaciones importantes:

> Las preposiciones *no se hallan por sí solas en esta lengua*, sino ayuntadas a los pronombres o nombres. Y *algunas de ellas se anteponen y posponen a los nombres*, y las que se juntan solamente a los pronombres *no–*, *mo–*, *y–*, etc., siempre se pospondrán a los tales pronombres... Y es de notar que cuando en el discurso de esta materia se dijere que tal preposición tiene dos o tres o más romances, ha se de entender que será en diversas oraciones, y siempre en una... (III: 1, 3-15).

En todas las definiciones de los gramáticos latinos, junto a su carácter indeclinable, el primer criterio de caracterización de las preposiciones "es de orden sintáctico, por la posición que ocupa en la frase";[63] además, "el termino *preposición* pone de relieve un rasgo sintagmático característico de esta clase de palabras tanto en griego como en latín...: las preposiciones preceden por lo general al término con el que se asocian".[64]

Pues bien, Olmos, aunque sí advierte una diferencia formal importante, apoyándose en esta doble posibilidad del latín, no insiste en exceso en que la realidad del náhuatl es muy distinta al latín: "algunas dellas se anteponen y posponen a los nombres" parece dar a entender una situación similar al latín, cuando lo cierto es que, como la descripción después confirma, más que preposiciones, lo que el náhuatl tiene son posposiciones o partícula pospositivas;[65] es decir, lo que es excepción en latín (*mecum*, *tecum*...) se convierte en norma en náhuatl, y viceversa.

Por otra parte, Olmos es consciente sin duda de que "una de las mayores dificultades en el estudio y aprendizaje de las preposiciones de cualquier lengua reside en intentar sistematizar las listas —interminables en muchos casos— de significados o acepciones".[66] Por eso, advier-

---

63. Villaba, *op. cit.*, 868-869.
64. Baños Baños, José Miguel, "Preposiciones", en Baños Baños, José Miguel, *Sintaxis del latín clásico*, Madrid, Liceus E-Excellence, 2009, pp. 299-347. Una caracterización que lleva a los gramáticos a explicar de inmediato las excepciones: cuando la preposición se pospone a su régimen (*mecum*, *tecum*, etc., *tenus*, ejemplos de anástrofe) y cuando, con nombres de ciudades (*Romae*, *Athenis*), las preposiciones supuestamente se eliden.
65. Garibay, *op. cit.*, p. 65; Wright, *op. cit.*, p. 85; León-Portilla en Olmos, *Arte*, pp. lxvi-lxviii.
66. Baños, *op. cit.*, p. 312.

te, ya de entrada, la polisemia de no pocas de las preposiciones (o mejor dicho, posposiciones) del náhuatl, una polisemia que se ilustra, en un ejercicio muy positivo de síntesis y claridad, señalando la correspondencia, en cada caso, con las preposiciones del castellano o del latín.[67]

Adverbios. Al igual que en el caso de la preposición, el adverbio, a pesar de que "se suelen incluir en dicha categoría elementos muy dispares morfológica, semántica e incluso sintácticamente, para los cuales es difícil encontrar una definición unificadora",[68] no sufrió apenas modificaciones en su caracterización desde Dionisio Tracio hasta Nebrija.[69]

Pues bien, Olmos, que va a dedicar tres capítulos del libro tercero a la descripción de los adverbios en náhuatl, tiene presente, por un lado, la definición de esta categoría en Nebrija y en los gramáticos latinos, y, por otro, los distintos tipos formales y semánticos establecidos. Olmos señala que también en náhuatl los adverbios están asociados prototípicamente a los verbos, a veces con incorporación morfológica y mantiene, formalmente, la distinción entre adverbios simples y compuestos.[70]

---

67. "*–ca*, por sí sola, está en lugar de cuatro preposiciones: 'en', 'de', 'a', 'por'"; "Este *–ica* o *–tica* vale por cinco preposiciones, a saber: 'con', 'en', 'de', 'por', '*propter*'... Y 'quando' en el lugar de '*cum*' no se usa sino en la tercera del singular"; "estas están en lugar de 'de', '*ad*'", (Olmos, *Arte*, III: 1, 21-54).

68. Tarriño Ruiz, Eusebia: "Adverbios y partículas", en Baños Baños, José Miguel, *Sintaxis del latín clásico*, Madrid, Liceus E-Excellence, 2009, pp. 349-374.

69. Este, por ejemplo, en la edición de 1508 ofrece la siguiente definición: "Adverbium est quod additum verbo, nomini aut participio significationem eius auget, aut minuit, aut mutat, ut valde amat, minus amat, non amat, satis doctus" (Neb. *IL* 1508: I, 8). Y poco después, en el capítulo decimo del libro tercero (*De erotematis adverbiorum*) explica su denominación como parte de la oración ("Unde dicitur adverbium?: quasi adverbum: quoniam verbo fere semper adiungi desiderat") y señala sus especies ("primitiva ut nuper; derivativa, ut nuperrime") y *figurae* ("simplex ut ecce, composita ut eccum"). En cuanto a sus significaciones, comienza recordando los numerales (*semel*, *bis*, *ter*, etc.), seguidos por los temporales (*hodie*, *cras*, *perendie*, etc.) y locales (*hic*, *isthic*, etc.), para continuar con una amplísima lista de significados muy variados: adverbios negativos (*non*, *haud*, etc.), afirmativos (*etiam*, *profecto*, *nimirum*), demostrativos (*en*, *ecce*), optativos (*o*, *si*, *utinam*), ordenativos (*continuo*, *deinde*), interrogativos (*cur? quare?*), dubitativos (*fors*, *fortasse*), entre otros.

70. "Cuanto a los adverbios, es de notar que *algunos son propios y otros derivados* de verbos o nombre. *Algunos* se hallan por sí solos *antepuestos* por la mayor parte a los verbos, *y otros injertos* con los verbos... A *cuatro diferencias* se pueden reducir los adverbios, a *equívocos o de diferentes significaciones*, y a *locales, temporales y*

También en la clasificación semántica de los adverbios hay una deuda evidente con la tradición gramatical aunque con una novedad al menos respecto al orden de las *Introductiones*. En efecto, además de agrupar las *inumerae significationes* de los adverbios en cuatro "diferencias" fundamentales, el orden en que se presentan es distinto. En las *Introductiones* de 1508, el primer tipo que se ilustraba es, como vimos, el de los numerales, seguido de temporales, locales y de significados varios (negativos, afirmativos, demostrativos, etc., etc.). Olmos, en cambio, va a invertir ese orden: dedicará el capítulo segundo a los adverbios "comunes y equívocos" (es decir, a las muy diversas categorías que en el listado de Nebrija siguen a temporales y locales), para dedicar el capítulo tercero a las dos categorías más concretas de tiempo y lugar, y concluir con los numerales en el capítulo cuarto.

Conjunciones e interjecciones. El capítulo que Olmos dedica a las conjunciones e interjecciones es muy breve, limitándose a ofrecer un listado de los tipos semánticos o "diferencias" más importantes en cada caso. Más allá de invertir el orden de presentación de ambas categorías, ya que en las *IL* de 1508 Nebrija habla primero de las interjecciones (*De erotematis interiectonum*, III, 11) y después, de las conjunciones (*ibid.* III, 12), los tipos de conjunciones e interjecciones del náhuatl que se ofrecen en el *Arte* son un calco de las latinas manteniendo incluso el orden básico de las *Introductiones*, y ofreciendo a veces como traducción de las formas del náhuatl (en el caso de las interjecciones) su correspondiente latina. Así, en el caso de las conjunciones, Olmos las reduce en náhuatl a siete tipos fundamentales, simplificando, por tanto, la descripción que Nebrija ofrece para el latín, pero manteniendo las mismas denominaciones y casi en el mismo orden en que aparecen en latín.[71] En el caso de las interjecciones, la deuda con las *Introductiones* es mayor si cabe, ya que se presentan en ambos casos los mismo tipos y en el mismo orden.

---

numerales. De los primeros se pondrán algunos y de los otros los más necesarios", (Olmos, *Arte*, III: 2, 3-11).

71. El orden en Nebrija (*IL* 1508: III, 9) es: *copulativa, disiunctiva, subdisiunctiva, causalis, collectiva, duvitativa, adversativa, approbativa, completiva*, mientras que en Despauterio (*rud.* 1514 [1537]: 19): *gaudentis, dolentis, admirantis, espavescentis, deridentis, satiati, exclamantis*.

La ortografía

En el capítulo sexto del libro tercero,[72] Olmos ofrece algunas reglas sobre la escritura y pronunciación de la lengua náhuatl. Es realmente el último capítulo del *Arte* de contenido estrictamente gramatical, siguiendo, también en este punto, la ordenación de la gramática de Nebrija. Así, en su primera edición de las *Introductiones* (1481), inmediatamente después de conjunciones, adverbios, preposiciones e interjecciones, se iniciaba la tercera parte (fols. 31v-49r) con un apartado sobre la ortografía, con las letras de que consta el alfabeto latino, sus características, la distinción entre vocales y consonantes, los tipos de consonantes, etc. En cambio, desde la tercera edición (por ejemplo, en la de 1508), es al comienzo del libro III, en el capítulo segundo, cuando se aborda *De erotematis ortographiae*.

Si la inclusión de un capítulo sobre la ortografía al final del *Arte* se justifica como una deuda más con la tradición gramatical, su contenido, en cambio, está lógicamente condicionado por la realidad misma del náhuatl. En este sentido, son muy reveladoras las palabras con que se inicia el capítulo:

> La ortografía y la manera de escribir y pronunciar suélese tomar de las escrituras de los sabios y antiguos, donde las hay. Pero en esta lengua que no tenían escritura, falta esta lumbre; y así, en ella hemos de andar adivinando, pero pondré aquí lo que me parecerá acerca de la ortografía y pronunciación. Y si cuadrare, podráse poner en uso, para que en todos haya conformidad en el escribir y pronunciar de aquí en adelante; y si no cuadrare lo que aquí pusiere, perderé mi opinión, pues no estoy tan casado con mi parecer que no me sujetare al de otros siendo mejor (Olmos, *Arte*, III: 6, 3-11).

En efecto, dado que el náhuatl, hasta la llegada de los conquistadores, carecía de documentos escritos alfabéticamente y de obras, por tanto, que presenten un modelo,[73] la tarea de Olmos es ciertamente

---

72. Sobre la "descripción de los fonemas y grafemas del náhuatl" de Olmos, *cf.* León-Portilla en Olmos, *Arte*, pp. xlii-xlviii.

73. En realidad, la escritura alfabética del náhuatl comenzó en Texcoco y fue fruto de un esfuerzo colectivo, tal como señala Mendieta, *op. cit.*, lib. III, cap. 16: "Y así fue que dejando a ratos la gravedad de sus personas [los frailes] se ponían a jugar con ellos con pajuelas o pedrezuelas... para quitarles el empacho de la comuni-

compleja: por un lado, a partir de la pronunciación de los hablantes de la época, intenta reconstruir el sistema fonológico del náhuatl tomando como punto de referencia el latín y el castellano; por otro, al ser una lengua no escrita, se ve obligado a utilizar los grafemas latinos para representar por primera vez por escrito esos sonidos y esos fonemas.[74]

De ahí que Olmos, que aspira a ofrecer unos principios generales "para que en todos haya conformidad en el escribir y pronunciar de aquí en adelante" (III: 6, 8-9), entienda con todo su descripción y sus propuestas como provisionales, a falta de otras mejores.

En este intento por presentar el sistema fonológico del náhuatl y explicar la manera correcta de pronunciar y escribir esta lengua, es constante, como punto de referencia, la comparación con el castellano y el latín. Así, desde el punto de vista de su sistema fonológico, el náhuatl carece de determinadas "dicciones" "de nuestro romance o del latín". En concreto, "las letras que les faltan son las siguientes: *b, d, f, g, r, s, v* consonante" (III: 6, 16-17): el náhuatl carece, por tanto, de oclusivas sonoras, líquidas y sibilantes presentes en el sistema fonológico latino.

A su vez, este intento de regularizar la pronunciación y escritura choca con la existencia de variedades dialectales, e incluso de género, en la pronunciación del náhuatl. Así, los hablantes de la región de México y "tetçcucanos", a juicio de Olmos, no son un modelo "en la pronunciación": por un lado, no pronuncian la *m* ni la *p*, pero, por otro, sí pronuncian la *v*, que no tienen "otras provincias"; la *h*

---

cación. Y tenían siempre papel y tinta en las manos, y en oyendo el vocablo al indio, escribíanlo y al propósito que lo dijo. Y a la tarde juntábanse los religiosos y comunicábanse los unos a los otros sus escriptos, y lo mejor que podían conformaban a aquellos vocablos el romance que les parecía más convenir".

74. Se trata de una cuestión que debió de provocar lógicas discusiones entre los misioneros reconvertidos en lingüistas. Hay que recordar en este sentido que antes de Olmos otros frailes habían escrito gramáticas rudimentarias o transcrito textos del náhuatl, obras en las que se pusieron de manifiesto sin duda diferencias y discrepancias en una cuestión tan difícil de sistematizar como la ortografía y en las que se confunde muchas veces grafía con sonido o con fonema: el término mismo de "letra" es en Olmos ambiguo, ya que parece identificar el hecho gráfico con la realidad fonética, guiado, sin duda, por un principio que Nebrija recoge tanto en su *Gramática castellana* (1492) como en la segunda de sus *Reglas de ortographía de la lengua castellana* (1517): "avemos aquí de presuponer lo que todos los que escriven de ortographía presuponen: que assí tenemos de escribir como pronunciamos, y pronunciar como escrivimos", Neb. *GC* 1492: I, 10.

"parece que la comen y otras veces la pronuncian mucho" e incluso fonemas que acaba de decir que no tiene el náhuatl, como la gutural sonora, *g*, en estas variedades regionales sí parecen pronunciarse (III: 6, 18-39).

Dejando de lado otras cuestiones puntuales de la pronunciación, como la "poca diferencia en la pronunciación y escritura" entre las vocales *o* y *u* (III: 6, 55-60), la elisión de *–tl* final, o el cambio silábico en combinación de palabras, es a la explicación de la escritura y pronunciación de la *h* a la que Olmos dedica más atención, ya que, "aunque en la pronunciación no haya diferencia, porque todos casi la pronuncian de una manera, hayla, empero en la escritura, porque unos la escriben antes de la vocal, y otros después de ella" (III: 6, 72-132). En este punto, sin duda, además de la importancia de la *h* por su rendimiento morfológico (por ejemplo, en la distinción entre singular y plural), Olmos tenía muy presente su distinta realidad en latín y en castellano.[75] Y, por supuesto, su pronunciación: "hiriendo en la garganta" es la misma imagen que utiliza Olmos para la *h* en náhuatl: "en la pronunciación parece que la *h* hiere de reflejo; y lo mismo es en esta lengua" (Olmos, *Arte*, III: 6, 83-84).[76]

---

75. "la cual letra aunque en el latín no tenga fuerça de letra es cierto que como nos otros la pronunciamos hiriendo en la garganta...", Neb. *GC* 1492: I, 5.

76. Todas estas cuestiones sobre la pronunciación del náhuatl y la ausencia de unas reglas que sistematicen la escritura de esta lengua van a tener su reflejo, como veremos, en las particularidades ortográficas de los manuscritos del *Arte*, en su falta de uniformidad, con notables diferencias en la escritura de palabras nahuas, lo que constituye un criterio más para datar los propios manuscritos. En efecto, los seis manuscritos presentan diferentes formas gráficas que reflejan tanto el estado de la lengua en el momento en que fueron copiados, como las propias variedades dialectales de los copistas. Baste recordar el caso de *tz*, que en algunos casos está escrito como *tç*, la confusión en el uso de *v/u/o*, el uso ambiguo de la regla etimológica de *h* (*hombre* vs. *ombre*), o la vacilación entre *b* y *v*, entre otras cuestiones de ortografía.

La presente edición del *Arte*

Actualmente se conocen seis copias del *Arte de la lengua mexicana* de Andrés de Olmos. Dos de ellas se encuentran en la Biblioteca Nacional de Francia, París (*P, S*) y el resto en las siguientes bibliotecas: Nacional de España, Madrid (*M*); Biblioteca del Congreso de Estados Unidos, Washington (*W*); Bancroft Library, Berkeley, California (*B*); y Middle Research Institute, Universidad de Tulane (*T*).[1]

Para la presente edición se han cotejado los seis manuscritos, a los cuales se les ha asignado una letra, de acuerdo con su ubicación; además de todos los originales, se han tenido muy presente las ediciones previas del *Arte*:

[R]   1. *Grammaire de la langue nahuatl au mexicane*, por Rémi Siméon, Paris, Imprimerie Nationale, 1875. *Arte para aprender la lengua mexicana* (reimpresiones de la edición francesa de Rémi Siméon), Ciudad de México, Anales del Museo Nacional de Arqueología, Historia y Etnografía, 1885, 1904, 1972.

[A]   2. *Arte de la lengua mexicana y vocabulario*, edición de Thelma Sullivan y René Acuña, Ciudad de México, UNAM, 1985.

[L]   3. *Arte de la lengua mexicana*, edición facsimilar, edición, estudio introductorio, transliteración y notas de Miguel León-Portilla y Ascensión Hernández de León-Portilla. Primera edición en España: Ediciones de Cultura Hispánica, Instituto de Cooperación Iberoamericana, 1993. Reedición: Ciudad de México, Universidad Nacional Autónoma de México-Instituto de Investigaciones Históricas. Facsímiles de Filología nahuas núm. 9, 2002. Reimpresión: Biblioteca Nacional de España, 2003.

---

1.   Además de los seis manuscritos, unos folios de la *Epistula nuncupatoria* del manuscrito de Bancroft [Banc m-m 454], se encuentran en la Colección Especial de la Biblioteca de la Universidad de Virginia, caja 1 #761 [V].

La relación de fuentes será, por tanto, la siguiente:

B   Biblioteca Bancroft
L   Miguel y Ascensión León-Portilla
M   Biblioteca Nacional de Madrid
P   París, Fondo Mexicano
R   Rémi Siméon
S   París, Fondo español
T   Biblioteca Tulane
V   Biblioteca de la Universidad de Virginia
W   Biblioteca del Congreso

En aparato crítico se anotan las lecciones divergentes entre los seis testimonios. A pesar de que diversos manuscritos tienen, después de la gramática, un conjunto de *Uehuetlahtolli*,[2] estos no se han incluido en esta edición, pues se ha planeado como una obra diferente que se publicará próximamente.

El manuscrito que sirvió como *textus receptus* fue *W*. De acuerdo con las características de esta colección, la ortografía y puntuación del texto se ha modernizado en español y se realizaron algunos cambios en náhuatl: las grafías 'qua', 'quo', se cambiaron por 'cua', 'cuo'; 'ç' por 'z'; 'y' por 'i'. En cambio, he preferido conservar el digafo 'tç', que originalmente aparecía en varios ejemplares, por 'tz'. Las expresiones en latín, 'vel', 'scil.' y otras usuales, se han traducido.

---

2.   *Cf.* Téllez Nieto, Heréndira y Baños Baños, José Miguel, "Los *Uehuetlahtolli* de fray Andrés de Olmos: linguae mexicanae exercitatio", *Revista de Letras*, São Paulo (2019) 59:1, pp. 83-95.

Bibliografía

Alcobiz, Andrés de, "Estas son leyes que tenían los indios de la Nueva España, Anáhuac o México, 1543", ms. G58, Biblioteca de la Universidad de Texas.

Alvar Ezquerra, Manuel, "Nebrija y tres gramáticas de las lenguas americanas (náhuatl, quechua y chibcha)", en *Estudios Nebrisenses*, Madrid, Instituto de Cooperación Iberoamericana, 1992, pp. 313-339.

Alvar Ezquerra, Manuel, *Nebrija y estudios sobre la Edad de oro*, Madrid, Consejo Superior de Investigaciones Científicas, 1997.

Álvarez Huerta, Olga, "Pronombres", en Baños Baños, José Miguel (ed.), *Sintaxis del latín clásico*, Madrid, Liceus E-Excellence, 2009, pp. 273-298.

Baños Baños, José Miguel, "Preposiciones", en Baños Baños, José Miguel, *Sintaxis del latín clásico*, Madrid, Liceus E-Excellence, 2009, pp. 299-347.

Baños Baños, José Miguel; Téllez Nieto, Heréndira, "El modelo nebrisense del *Arte de la lengua mexicana* (1547) de fray Andrés de Olmos", en *Historiographia Linguistica* 42:2/3 (2015), pp. 233-260.

Batalla, Juan José, "Nuevas hipótesis sobre la historia del *Códice Tudela* o *Códice del Museo de América*", en *Revista Española de Antropología Americana* 31, (2001), pp. 131-163.

Baudot, Georges, "Fray Andrés de Olmos y la penetración del luteranismo en México. Nuevos datos y documentos", *NRFH* XL-1 (1992), pp. 223-232.

Baudot, Georges, *Utopía e historia en México*, Madrid, Espasa-Calpe, 1977 [1983].

Becerro de la Behetrías de Castilla, ms., AGS, PTR, Leg, 93, doc. 18.

BHAT, Shankara, *Pronouns*, Oxford, Oxford University Press, 2004.

BUSTAMANTE GARCÍA, Jesús, *Fray Bernardino de Sahagún: una revisión crítica de los manuscritos y su proceso de composición*, Ciudad de México, UNAM, 1990.

CALVO FERNÁNDEZ, Vicente y ESPARZA TORRES, Miguel Ángel, "Una interpretación de la *Gramática castellana* de Nebrija a la luz de la tradición escolar", en *Cuadernos de Filología Clásica. Estudios latinos* 5 (1993), pp. 149-180.

CARISIO, Flavio Sosipatro, *Grammatici latini vol. 1: Flavii Sosipatri Charisii Artis Grammaticae libri V*, ed. Henrich Keil, Hildesheim, Olms, 1857 [1981].

CÁSEDA TERESA, Jesús Fernando, "El Renacimiento en Calahorra: brujas e Inquisición en la primera mitad del siglo XVI", en *Kalakorikos*, (1998), pp. 49-57.

CODOÑER, Carmen y GONZÁLEZ IGLESIAS, Juan Antonio (eds.), *Antonio de Nebrija. Edad Media y Renacimiento*, Salamanca, Universidad de Salamanca, 1992.

COLOMBAT, Bernard, *La grammaire latine en France á la Renaissance et á l'âge classique: théories et pedagogie*, Grenoble, Ellug, 1999.

CORDERO RIVERA, Juan, *Elio Antonio de Nebrija y su obra*, Lebrija, Ayuntamiento de Lebrija, 2007.

DAÇA, Antonio, *Excelencias de la ciudad de Valladolid con la vida y milagros del Santo Fr. Pedro Regalado... de la Regular obseruancia de la Orden de nuestro seráfico Padre S. Francisco*, Valladolid, en Casa de Juan Lasso de las Peñas, 1627.

DAKIN, Karen, *La evolución fonológica del protonáhuatl*, Ciudad de México, UNAM, 1982.

GRACIANO, *Decretum Gratiani*, ed. Andrés Alciati, Venezia, Socios Aquilae Renovantis, 1605.

LÁSCARIS, Constantino, *De octo partibus orationis*, ms. Biblioteca Nacional de España, 1473.

DESPAUTERIO, Juan, *Rudimenta*, Paris, S. I., 1514 [1537].

DIÓMEDES, *Grammatici latini vol. 1: Diomedis Artis Grammaticae libri III ex Charisii Arte Grammaticae excerpta*, ed. Henrich Keil, Hildesheim, Olms, 1857 [1981].

DIONISIO TRACIO, *Grammatici Graeci. Recogniti et apparatum critico instructi. Pars primae volumen primum et tertium. Dionysii Thracis Ars Grammatica et Scholia in Dionysii Thracis Artem Grammaticam*, Hildesheim, Olms, 1901 [1979].

Donato, Elio, *Grammatici latini vol. 4: Probi Donati Servii quae feruntur De arte grammatica libri*, ed. Henri Keil, Hildesheim, Olms, 1864 [1981].

Eguiara y Eguren, Juan José de, *Bibliotheca mexicana*, Ciudad de México, el autor, 1755 [ed. facsimilar, Ciudad de México, UNAM, 1985].

Esparza Torres, Miguel Ángel, "Nebrija y los modelos de los misioneros lingüistas del náhuatl", en O. Zwartjes y E. Hovdhaugen (eds.), *Missionary linguistics III*, Amsterdam/Philadelphia, John Benjamins, 2007, 3-40.

Esparza Torres, Miguel Ángel; Niederehe, Hans-Josef, *Bibliografía nebrisense: las obras completas del humanista Antonio de Nebrija desde 1481 hasta nuestros días*, Amsterdam/Philadelphia, John Benjamins, 1999.

Evangeliario en lengua mexicana, Biblioteca Capitular de Toledo, ms. 35-22.

Fuente, Vicente de la, *Historia de las universidades, colegios y demás establecimientos de enseñanza en España*, 4 vols., Madrid, Imprenta de la viuda e hija de Fuentenebro, 1884-1889.

García de Paso, María Dolores, "El verbo en algunos gramáticos latinos: sus accidentes", en *Cuadernos de Filología Clásico. Estudios Latinos* 10 (1996), pp. 45-63.

García Icazbalceta, Joaquín, *Don Fray Juan de Zumárraga, primer Obispo y Arzobispo de México*, Ciudad de México, Andrade y Morales, 1881.

García Icazbalceta, Joaquín, ed. *Nueva colección de documentos para la historia de México. Tomo tercero: Pomar y Zurita (siglo XVI)*, 5 vols., Ciudad de México, Francisco Díaz de León, 1891,

García Icazbalceta, Joaquín (ed.), *"Códice de Tlatelolco"* [*"Códice Mendieta*. Documentos franciscanos siglos XVI y XVII", 2 vols.], en *Nueva colección de documentos para la historia de México*, vol. 5, Ciudad de México: Francisco Díaz de León, 1892,

Garibay, Ángel M., *Historia de la literatura náhuatl*, Ciudad de México, Porrúa, 1953-1954 [2007].

Gil Fernández, Luis, *Estudios de humanismo y tradición clásica*, Madrid, Universidad Complutense, 1984.

Gil Fernández, Luis, *Nuevos estudios de humanismo y tradición clásica*, Madrid, Dykinson, 2011.

González Dávila, Gil, *Teatro eclesiástico de la primitiva Iglesia de las Indias Occidentales, vidas de sus arzobispos, obispos, y cosas memorables de sus sedes*, Madrid, Diego Díaz de la Carrera, 1649.

González Obregón, Luis, *Procesos de indios idólatras y hechiceros*, Ciudad de México, Archivo General de la Nación, 1912 [Edición facsímil AGN, 2012].

Hernández de León-Portilla, Ascensión, "Nebrija y el inicio de la lingüística mesoamericana", en *Anuario de Letras* 31 (1993), pp. 205-223.

Hjelmslev, Louis, "La naturaleza del pronombre", en *Ensayos lingüísticos*, Madrid, Gredos, [1937] 1972.

Horcasitas, Fernando, *Teatro náhuatl: épocas novohispana y moderna*, Ciudad de México, UNAM. 2 vols., 2004.

Hummel, Pascale, *De lingua Graeca, Histoire de l'histoire de la langue grecque*, Bern, Peter Lang, 2007.

Maxwell, Judith M.; Hanson, Craig A., *Of the manners of speaking that the old ones had: the metaphors of Andres de Olmos in the Tulal manuscript: Arte para aprender la lengua mexicana, 1547*, Salt Lake, Utah University Press, 1992.

Koerner, E. F. K., "*Gramática de la lengua castellana* de Antonio de Nebrija y el estudio de las lenguas indígenas de las Américas; o, hacia una historia de la lingüística amerindia", en R. Escavy *et al.*, *Actas del Congreso Internacional de Historiografía Lingüística. Nebrija V Centenario*, Murcia, Universidad de Murcia, 1994, vol. II, pp. 17-36.

León-Portilla, Miguel, "Ramírez de Fuenleal y las antigüedades mexicanas", en *Estudios de Cultura Náhuatl* 8 (1969), pp. 9-49.

León-Portilla, Miguel, *Bernardino de Sahagún, pionero de la antropología*, Ciudad de México, UNAM/El Colegio Nacional, 1999.

León-Portilla, Miguel (ed.), *Cantares mexicanos*, Ciudad de México, UNAM, 2011.

Manrique Castañeda, Leonardo, "La estructura del Arte para aprender la lengua mexicana de fray Andrés de Olmos", en I. Guzmán Betancourt y Eréndira Nánsen (coords.), *Memoria del Coloquio "La obra de Antonio de Nebrija y su recepción en la Nueva España, quince estudios nebrisenses (1492-1992)"*, Ciudad de México, INAH, pp. 97-106.

Martín Baños, Pedro, *Repertorio Bibliográfico de las* Introductiones Latinae *de Antonio de Nebrija (1481-1599) o Hilo de Ariadna para el Teseo perdido en el laberinto de la gramática latina nebrisense*, Vigo, Editorial Academia del Hispanismo, 2014.

Martínez Martínez, María del Carmen, "Los colegiales de Santa Cruz de Valladolid y su proyección en América", en *Estudios de Historia Social y Económica de América* 5 (1989), pp. 90-104.

MEADE, Joaquín, *Fray Andrés de Olmos*, Ciudad de México, Imprenta Aldina, 1950.

— *La evangelización de la Huasteca Tamaulipeca y la historia eclesiástica de la región*, Ciudad de México, s. e., 1955.

MENDIETA, Jerónimo de, *Historia eclesiástica indiana* (ms. México, 1596), ed. Joaquín García Icazbalceta, Ciudad de México, F. Díaz de León y Santiago White, 1870.

MOLINA, Alonso de, *Aquí comiença un vocabulario en la lengua castellana y mexicana*, Ciudad de México, Juan Pablos, 1555.

MORENO CABRERA, Juan Carlos, *Curso universitario de lingüística general. Tomo 1: Teoría de la gramática y sintaxis general*, Madrid, Síntesis, 2 vols., 2000.

NEBRIJA, Antonio de, *Gramática de la lengua castellana*, Salamanca, Tipografía Nebrisense 1492.

NEBRIJA, Antonio de: *Intoductionum latinarum ultima recognitio*, Burgos, Fadrique de Basilea, 1496.

NEBRIJA, Antonio de, *Introductiones in latinam grammaticen (sic) cum longoribus glossematis*, Logroño, Arnaldo Guillem de Brocar, 1508.

NEBRIJA, Antonio de, *Reglas de ortographía en la lengua castellana*, Alcalá de Henares, Arnao Guillén de Brocar, 1517.

NEBRIJA, Antonio, *Introduciones latinas contrapuesto el romance al latín*, M. A. Esparza y V. Calvo, eds., Münster: Nodus, 1488 [1996].

NESVIG, Martin A., *Forgotten Franciscans: Works from an Inquisitional Theorist, a Heretic, and Inquisitional Deputy. Pennsylvania*, University Park, Penn State University Press, 2011.

OLMOS, Andrés de, *Arte de la lengua mexicana*, ed. Ascensión Hernández de León-Portilla y Miguel León-Portilla, Ciudad de México, UNAM, 2003.

OLMOS, Andrés de, *Arte y vocabulario de la lengua mexicana*, ed. de Thelma Sullivan y René Acuña, Ciudad de México, UNAM, 1985.

OLMOS, Andrés de, *Grammaire de la Langue Nahuatl au Mexicaine*, ed. de Rémi Siméon, Paris, Imprenta Nacional, 1875.

OLMOS, Andrés de, *Tratado de Hechicerías y Sortilegios*, ed. facsim., paleogr., ed. y notas G. Baudot, Ciudad de México, UNAM, 1990.

OLMOS, Andrés de, *Tratado de los siete pecados*, fol. 312 [ed. facsimilar, transcr. y trad. de Georges Baudot], Ciudad de México, UNAM, 1996.

OROZ, Pedro; Jerónimo DE MENDIETA y Francisco SUÁREZ, *Relación de la Descripción de la Provincia del Santo Evangelio que es en las*

Indias Occidentales que llaman la Nueva España, ed. de Fidel de J. Chauvet, Ciudad de México, Imprenta Mexicana, 1949.

PEROTTI, Niccòlo, *Rudimenta Grammatices*, 1471 [ed. electrónica de K. Percivall, Center for Digital Scolarships, Universidad de Kansas, 2010].

PESET, Mariano, "La corporación en sus primeros siglos", en L. E. Rodríguez-San Pedro Bezares, *Historia de la Universidad de Salamanca, volumen II: Estructuras y flujos*, Salamanca, Universidad de Salamanca, 2002.

PILLING, James C., "The Writings of Padre Andres de Olmos in the Languages of Mexico", en *American Anthropologist* vol. 8-1 (1895), pp. 43-60.

PORRO GUTIÉRREZ, Jesús María, "La Universidad, la Chancillería y el Colegio de Santa Cruz: algunos juristas señalados del Valladolid del siglo XVI", en *Estudios de Historia Social y Económica de América* 5, (1989), pp. 105-112.

PRISCIANO de Cesarea, *Prisciani Institutionum Grammaticarum libri xvii*, ed. de H. Keil. Hildesheim, s. iv [1961].

RAMAJO Caño, Antonio, *Las gramáticas de la lengua castellana desde Nebrija a Correas*, Salamanca, Universidad de Salamanca, 1987.

REGUERA, Iñaki, "La Inquisición en el País Vasco. El periodo fundacional", en *Clio & Crimen* 2 (2005), pp. 237-255.

RÍOS CASTAÑO, Victoria, "El tratado de hechicerías y sortilegios (1553) que 'avisa y no emponzoña' de fray Andrés de Olmos", en *Revista de Historia de la Traducción* 8 (2014).

ROSA FIGUEROA, Francisco Antonio de la, *Vindicias de la verdad* (ms. Bancroft Library), Ciudad de México, 1773

RUIZ GÓMEZ, Francisco, *Las aldeas castellanas en la Edad Media: Oña en los siglos XIV y XVI*, Madrid/Cuenca, CSIC/Universidad de Castilla La Mancha, 1990.

SAN ANTONIO, Juan, *Bibliotheca universa franciscana*, Madrid, Matris de Agreda San Antonio, 1732.

SANDOVAL, Prudencio de, *Primera parte de la vida y hechos del emperador Carlos V*, Valladolid, Sebastián de Cañas, 1604.

SILVA GALEANA, Librado, "El uso de la forma reverencial en náhuatl de Santa Ana Tlacotenco, en el sureste del Distrito Federal", en *Estudios de Cultura Náhuatl* 23 (1993), pp. 127-142.

SMITH STARK, Thomas C., *Arte de la lengua mexicana. Ms. Parisino 364: estudio y transcripción paleográfica*, ed. electrónica, Ciudad de México, Ciesas, 2009.

SOBREMONTE, Mathías de, *Noticias chronográphicas y topográphicas del Real y religiosissimo Convento de los Frailes Menores observantes de San Francisco de Valladolid, Cabeza de la Provincia de la Inmaculada Concepción* [mss/19351, BNE].

SOBRÓN, Félix C., "Los idiomas de la América Latina: reseña biográfico-bibliográfica", en *Revista Europea* 141 (1876), pp. 605-608.

TARRIÑO RUIZ, Eusebia, "Adverbios y partículas", en José Miguel Baños Baños, *Sintaxis del latín clásico*, Madrid, Liceus E-Excellence, 2009, pp. 349-374.

TELLEZ NIETO, Heréndira, "Latinidad, tradición clásica y *nova ratio* en el Imperial Colegio de la Santa Cruz de Tlatelolco, en *JOLCEL* 2 (2019), pp. 30-55.

TÉLLEZ NIETO, Heréndira, *Vocabulario trilingüe en español, latín y náhuatl, atribuido a fray Bernardino de Sahagún*, Ciudad de México, INAH, 2010.

TELLEZ NIETO, Heréndira y BAÑOS BAÑOS, José Miguel, "Los *Uehuetlahtolli* de fray Andrés de Olmos: *linguae mexicanae exercitatio*", *Revista de Letras*, São Paulo 59:1 (2019), pp. 83-95.

THEVET, André, "Histoire du Mechique" (ms. Français 19031, ca. 1545).

TORQUEMADA Juan de, *De los veintiún libros rituales y monarchía indiana*, Madrid, Nicolás Rodríguez, 1615 [1723].

TOVAR, Antonio y Enrique OTTE, "Nuevo y más extenso texto arcaico vasco: de una carta del primer obispo de México, fray Juan de Zumárraga", *Actas de la Real Academia de la lengua Vasca* 26-1 (1980), pp. 5-14.

VERDE-MORO, Francisco, *Anales del Colegio Mayor de Santa Cruz de Valladolid* (BNE, MSS/9746), 1761.

VETANCURT, Agustín de, "Menologio franciscano", en *Chrónica de la Provincia del Santo Evangelio*, Ciudad de México, María de Benavides, 1697.

VILLA DEI, Alexander, *Das doctrinale*, ed. Karl Kehrbach, Berlin, A. Hofmann & co., Kehrbach, 1893.

VILLALBA ÁLVAREZ, Joaquín, "Julio César Escalígero, precursor del estructuralismo: su concepto de preposición", en *Humanismo y pervivencia del Mundo Clásico* IV, 2 (2008), pp. 867-880.

VISEO, Juan Bautista, *Sermonario*, Ciudad de México: Diego López Dávalos, 1606.

ZALDÍVAR, Jon Igelmo, "Fray Andrés de Olmos (1485-1571): de Oña a la Huasteca mexicana", en *Actas de las Cursos de Verano*, Madrid, Universidad Complutense de Madrid, 2009.

Arte de la lengua mexicana,
compuesta por el padre fray Andrés
de Olmos

Comienza el Arte de la lengua
mexicana, compuesta por el padre
fray Andrés de Olmos, de la orden
de los frailes menores.
Dirigida al muy reverendo padre
fray Martín de Hojacastro,
comisario general de la dicha orden
en todas la Indias y, al presente,
obispo de Tlaxcala.

Epistula nuncupatoria

*Admodum reverendo ac meritissimo præsuli, fratri Martino de
Hojacastro, omnium Indiarum Generali Commissario, frater
Andreas de Olmos subditorum minimus salutem do.*

 *Non possumus non fateri, pater integerrime, magnum fuis-
se proelium quod inter illos celestes ac beatissimos spiritus hinc
inde gestum est, quippe quod magnum Sacra Pagina appellavit
ac magnitudinis nomine annotavit. Sed, si vim rationis exqui-
rimus, liquido comperiemus ex eo magnum fuisse prælium, quia
ibi non armorum violentia, sed voluntatum contra pugnantium
acrimonia atque impulsu certatum est.*

 *Sed quorsum isthæc ob oculos proponam paucis aperiam. Im-
posueras sæpe, præsul dignissime, ut Artem in lingua mexicana
ad neothericorum ac tyronum utilitatem in lucem proderem.
Sed hæc impostura non minoris in me fuit occasio discriminis et
pugnæ, quam inter illos angelicos choros contraria voluntas belli
seminarium extitit. Nam si desidium illud magnum hac ra-*

---

2 mexicana] mexica *M*   8-9 y... tlaxacalla] *add. W*   10-75 epistula... factum] *abs.
WBT* ‖ nuncupatoria] nunccupatoria *M*   12 commisario] comisario *P*   13 salutem
do] S. *MSP ego em.*   14 posumus] posimus *M*   16 inde gestum est] in del gestum
este *M*   18 comperiemus] comperimus *S* ‖ magnum ... prælium] *Apoc.* 12, 7   21
sed quorsum] Neb. (1513) *Ep. a Escobar*   24 impostura] impostara *M*   26 extitit]
exstitit *S*

CARTA DEDICATORIA

Yo, fray Andrés de Olmos, el menor de sus súbditos, saludo al reverendísimo e ilustrísimo obispo, fray Martín de Hojacastro, comisario general de todas la Indias.

No podemos dejar de reconocer, muy intachable padre, que fue muy grande el combate que se entabló entre aquellos celestiales y beatíficos espíritus, de uno y otro bando, pues la Sagrada Escritura lo llamó "grande" y con ese nombre lo denominó. Pero si examinamos de cerca su justificación, descubriremos, sin duda, que el combate fue grande por esta razón, porque allí se combatió no con la violencia de las armas sino con la fuerza y el ímpetu de unas voluntades enfrentadas.

Con todo, explicaré brevemente por qué pongo ante tus ojos esta imagen. Me habías pedido muchas veces, dignísimo prelado, que sacara a la luz un arte de la lengua mexicana para provecho de estudiantes y principiantes. Pero este encargo para mí fue ocasión de zozobra y combate no menor que el motivo de guerra que provocó la voluntad enfrentada entre aquellos coros angelicales. Pues, si creemos que aquel enfrentamiento debe ser llamado "grande" por esta razón, porque cada uno buscaba sus propios intereses,

tione appellandum censemus, quia velle suum unicuique fuit,
licet diversos ac dividuos sortiti fuerint spiritus, quid refferam
ac commemorem de intestino bello quod me, ut aiunt, utroque
30 *latere infestat?*

Profecto, non modo magnum verum maximum nominandum
arbitror, siquidem in uno eodemque homine, in una eaque ipsa
voluntate, tam diverso Marte contra pugnantes rationes, ani-
mum meum impetunt atque impellunt.

35 *Hinc susceptio muneris, quo tibi multis nominibus et titulis*
sum obstrictus, quippe qui de te maxime bene meritus ut tibi
sim obsequentissimus hortatur atque incitat. Ad hoc accedit ob
rem meritum: nam quid, o bone Deus, obedientiae non debetur
cum assertor noster atque salvator Iesuschristus, usque adeo Pa-
40 *tri obediens factus fuerit, ut non quovis improperio aut quovis*
morte fuerit contentus, sed cum esset opprobriis saturatus nec
dum animus quievit donec crucis patibulum expertus fuit? Sed
ex alio latere non me parum operis magnitudo, linguæ varietas,
ingeniolli imbecillitas, curta suppelex et non integra valetudo
45 *vexat et calamo obsistit atque ab opere magnum et animum re-*
trahit. Sed vincat commune bonum singulare incommodum.

Scio, et certo scio, quam plurima me scripturum nota et cen-
sura digna, siquidem non cum materno lacte linguam istam suxi
nec ab in incunabulis didici, sed quod potui ex Indorum officina
50 *ac fonte, magno cum dispendio et labore hausi. Nam sunt adeo*
in loquendo parci et in hoc docendi genere inexperti, ut magnis
ambagibus et maxima adhuc verborum multiplicitate huius lin-
gue secreta rimantes atque ab illis exquirentes, vix vi, ut aiunt,
verbulum quantumvis parvum extorquere posimus. Quaprop-
55 *ter casi allucinantes, quid sentiant, aut sentire vellint olfacimus*
vel certe divinamus.

Sed quia divina functione, obedientiæ merito atque ex chari-
tatis impulsu spero aliquid utilitatis successurum, improbitatem

---

27 ratione] rationem *M* || velle … fuit] Pers. *Sat.* 5, 53   **31** magnum … maximum] Cic. *Verr.* II. 2,59   **33** diverso marte] Liv. 1. 33, 4; Tac. *Hist.* 4, 35 || marte] in arte *M*   **34** impetunt] impetut *M*   **40** patri … factus] *Phil.* 2, 8-11   **41** opprobriis saturatus] *Lam.* 3, 30 || opprobriis] oppropriis *M*   **42** donec … patibulum] Crys. *Ser.* 142   **44** curta suppellex] Pers. *Sat.* 4, 52   **48** linguam] lingua *M*   **49** didici] didisci *MS*   **54** quapropter] ea propter *P* tam propter *M*   **56** divinamus] devinamus *S*

aunque les tocaran en suerte espíritus distintos y divergentes, ¿qué podré decir y mencionar de una guerra intestina que, como se dice, me es hostil por ambos bandos?

Realmente, creo que este combate ha de ser llamado no sólo grande sino el más grande, puesto que en una sola y en la misma persona, en una sola y en la misma voluntad, razones enfrentadas, en direcciones opuestas, atacan y agitan mi espíritu.

He asumido este deber por los muchos cargos y títulos con que me siento obligado a ti, pues el servicio extraordinario prestado me anima y me mueve a ser contigo lo más complaciente que pueda. A ello se añade el mérito de la obra: pues ¿a qué, buen Dios, no debe uno obligarse por obediencia cuando nuestro protector y salvador Jesucristo a tal punto se hizo obediente al Padre que no sólo se mostró conforme con cualquier oprobio o muerte, sino que, cuando ya estaba colmado de oprobios, no descansó su alma hasta sufrir el martirio de la cruz? Pero, por otro lado, la magnitud de la empresa, la diversidad de la lengua, la debilidad de mi pobre ingenio, mis limitados recursos y una salud quebradiza me impiden escribir y hacen que se retraiga también mi ánimo ante semejante empresa. Pero prevalezca el bien común sobre un perjuicio particular.

Sé, y de cierto lo sé, que mucho de lo que voy a escribir es conocido y merecedor de crítica, pues no he bebido esta lengua con la leche materna ni la he aprendido desde la cuna, sino que lo que pude lo saqué de la escuela y de boca de los indianos con mucho trabajo y esfuerzo. Pues, hasta tal punto son parcos a la hora de hablar e inexpertos en este tipo de enseñanza, que, cuando intentamos descubrir los secretos de esta lengua y les preguntamos al respecto, con muchos rodeos y la mayor variedad de palabras, a duras penas y a la fuerza, como se dice, les conseguimos arrancar unas pocas palabrillas. Por ello, casi como si lo imagináramos, deducimos y, a decir verdad, adivinamos qué piensan o qué quieren decir.

Pero, ya que espero que la obra, por su servicio sagrado, por cumplir con la obediencia y por el deseo de hacer el bien, resulte de algún provecho, dejaré de lado mi atrevimiento y mi propia opinión y, aunque con muchos defectos, para mí será suficiente si, al menos, sirviera mínimamente a los principiantes o si realmente a los que

meam aut propriam sententiam sepeliam et, licet in multis defi-
60 *ciam, sat mihi erit si in minimo tyronibus fuero satis aut certe*
aliis me doctioribus et maiori ingenii pondere ac subtilitate po-
llentibus ex parte occasionem dedero ut inventis addant. Multo,
enim, facilius errata annotantur quam aliquid nulla censura aut
nota dignum excudatur. Nam, facile alienis vulneribus mede-
65 *mus, sed non facile propria, cum tempus est, sentimus, commico*
refferente: "omnes, cum valemus, recta consilia ægrotis damus".
Multi fateor sunt censores qui, si calamo manum apposuissent, et
adpresens opusculum accincti fuissent, in aliquibus ne dicam in
multis forsan allucinati fuissent.

70   *Sed, omnibus hiis post tergum habitis, non posum non tibi in*
omnibus obsecundare licet audentiam meam, quam plurimi vi-
tuperent atque incusent. Accipe igitur, moderator meritissime,
lucubratiunculas meas et labores quam exiguos: quos si benig-
ne suscceperis et gratos habueris, hoc solo munere et premio erit
75 *mihi plus debito satis factum.*

---

60 deficiam] defiçiam *P* defficiam *M* ‖ fuero satis] profuero *M* satisfero *P*   **63** enim]
n. *MS* non *RL* ‖ facilius] façilius *P* ficillius *M* ‖ aliquid] alliquid *M* ‖ ra aut] *inc. V*   **65**
facile] façile *P* ‖ comico] commico *MP*   **66** refferente] referente *SP* ‖ omnes… damus]
Ter. *And.* 309   **70** hiis] iis *S*   **71** audentiam] audaciam *P* audatiam *MS*   **72** accipe igi-
tur] ac cipe igitor *M* accipeigitur *P*   **74** susceperis] succeperis *M* ‖ munere] muere *M*

son más sabios que yo y que sobresalen por la autoridad y agudeza de su ingenio les diera, en parte, la ocasión de completarla.

Y es que es mucho más fácil señalar los errores que componer algo digno, sin crítica ni nota alguna. Pues remediamos las heridas a otros fácilmente, pero no las propias; cuando llega el momento, pensamos, como dice el cómico: "cuando estamos bien de salud todos damos buenos consejos a los enfermos". Reconozco que hay muchos censores que, si se hubiesen puesto a escribir o se hubiesen mostrado dispuestos a acometer una obrita como la presente, en algunos casos, por no decir en muchos, habrían quedado alucinados.

Pero, dejando a un lado todos estos inconvenientes, no puedo dejar de obedecerte en todo por más que muchos censuren y critiquen mi audacia. Acepta, pues, muy apreciado maestro, mis humildes elucubraciones y mis trabajos, por muy insignificantes que sean: si los acoges con benevolencia y te resultan gratos, con este solo presente y recompensa me daré más que por satisfecho.

Prólogo al lector

Dos cosas, muy amado lector, me compelieron a poner mano en esta pequeña obra, que fueron la caridad y obediencia de mi prelado; por lo cual, no con menos temor que osadía, cumplí este mandamiento, deseando, a gloria y honra de Nuestro Señor Jesucristo y salud de las ánimas de estos naturales indios: abrir a sus siervos siquiera una senda, la cual otro, cuando él fuere servido darle más lumbre, haga camino.

Conociendo a la primera que hice faltarle mucho en el corte, aunque casi tocase lo principal que esta segunda, a la cual, después de mucho se lo encomendar a Dios, pareció darle la orden y traza que lleva, considerando y mirando sobre la misma materia algo de lo que otros hermanos habían escrito, por guardar la costumbre de los escritores, añadiendo y quitando, según que mejor pareció convenir y Dios fue servido alumbrar, por no ir contra aquel sacro aviso que dice: *ne inniteris prudentiæ tuæ: quia priuatus spiritus nimis quam pernitiosus est*, lo cual nos da bien a entender San Pablo, que, con haber sido transportado al tercer cielo, siéndole cometida la predicación por Jesucristo Nuestro Señor y confirmada con milagros, después de los catorce años de su predicación santa, fue a Jerusalén, según la revelación, con Barnaba y Tito a comunicar y conferir con los santos Apóstoles el divino Evangelio que predicaba entre los gentiles. En lo cual no menos da a entenderlo del sabio que dice *nil facias sine consilio*, mayormente en cosa tan ardua como esta: que es querer poner cimiento sin fundamento de escritura en una tan extraña lengua y tan abundosa, en su manera, e intrincada. Pues, si el santo Apóstol, divinamente alumbrado y lleno de gracia, acudió a los vivos y divinos libros, que son sus santos compañeros, cuánto más debe acudir doquier que aprovecharse pudiere, el que tal obra, aunque pequeñita parezca, quiere fundar sin el dicho cimiento de escritura y libros de que

---

7 cuando] quen *M* quien *P*   13 hermanos] hombres *S*   16 ne inniteris … tuæ] *Prov.* 3, 5 || inniteris] initeris *SPW* emiteris *RJL* || prudentiæ] prudencie *M*   19 tercer] *om. M*   20 milagros] miraglos *MS*   25 nil … consilio] *Eccl.* 32, 24 || facias] façias *P*   **26-27** que es.... scriptura] ques querer poner cimiento sin cimi de... *MS* poner sin çimjento de *P* ques querer poner çimiento de escriptura en una... *V*   30 compañeros] acompañantes *M*

estos carecían, a cuya causa, con gran dificultad se colige y percibe, de lo cual abundan otros escritores, mayormente en el latín,
35 donde aún cada día no dejan de hablar, añadir y descubrir cosas etc., ni se dejan de aprovechar de los sudores de otros: no queriéndolos privar de su loor y galardón, sabiendo y creyendo que cada cual será según sus obras remunerado.

Dije, pues, senda ¡o lector! y no camino, porque para tan
40 gran lengua no me atrevo a decir que baste del todo lo mucho que a algunos parecerá ir aquí, ni se maravillen si algo quedare para que adelante otro añada: *quia facile est inuentis addere*. Mas querer yo decir en breve lo que para los nuevos y sin maestro largo tiempo y plática requiere: sería satisfacerme, casi
45 como queriendo de lejos enseñar a alguno un camino fragoso, sin medianamente especificarle los inconvenientes, circunstancias y trabajos de él.

Notorio es del primer corte ningún maestro cortar bien un sayo y del segundo, apenas; por lo cual, ruego al devoto lector
50 que, con la caridad que esto se le ofrece, supla los defectos que en ello hallare, pues que, *teste Mercurio Trismegisto, maxima pars eorum, quæ scimus, est minima eorum quæ ignoramus*, trayendo también a la memoria al apostólico siervo de Dios, que con santo fervor a estas indianas partes pasare, por la salud del
55 próximo tan necesitado.

Dos cosas, las cuales a mi ver le deben mucho convidar y animar al estudio de esta senda. La prima que, con esta pequeña luz, a menos costa y trabajo podrá saber, hacer y ejercitarse en lo que desea. La segunda, que orando y trabajando fielmente
60 y con tiento y discreción conversando, *ut sit dilectus Deo et hominibus*, sin duda al fin se verá en el cielo acompañado de sus espirituales hijos y de grados de gloria coronado.

Finalmente, oso afirmar que cualquier que esta senda siguiere sentirá o sabrá más de esta lengua mexicana o texcocana en un

33 a cuya... percibe] *om. M*   **35** hablar] hallar *MSP* || añadir] añade *RL*   **36** etc.] *om. RL*   **37** creyendo] greyendo *M*   **42** quia… addere] Arist. *De anim.* IV, 10, 686b   **44** satisfacerme] satsfacer me *P* satisfacerme *S*   **46** medianamente] medianate *M*   **49** segundo] 2º *MP* || ruego] suplico *M*   **51** Trismegisto] *om. V*   **51-52** pues... *ignoramus*] *om. MS*   **52** maxima… ignoramus] Arist. *De anim.* III, 427b, 1-13   **57** prima] primera *LV*   **58** exercitarse en lo] exerçitar lo *P*   **59** la segunda] 2ª *MP*   **60** ut… hominibus] *Eccl.* 45, 1

65 año, que yo en veinte que ha que vine, por no tener semejante
centella de lumbre ni haber puesto en ello la diligencia que de
poco tiempo acá puse.

Divídese, pues, esta *Arte* en tres partes: la prima trata de los
nombres y pronombres y de lo que a ellos pertenece; la segun-
70 da contiene la conjugación, formación y pretéritos y diversidad
de los verbos; en la tercera se ponen las partes indeclinables y
algo de ortografía, con una plática por los naturales compuesta,
provechosa y de buena doctrina, con otras maneras de hablar,
así para que vean los nuevos cómo han de escribir y distinguir
75 las partes como para saber más en breve hablar al natural. No
hablo en el acento por ser muy vario y no estar ni dejar siempre
las dicciones enteras sino compuestas, y porque algunos vocablos parecen tener algunas veces dos acentos; por lo cual, dejo
a quien Dios fuere servido darle más ánimo para ello, o al uso,
80 que lo descubra.

Y así como no oso decir que no haya falta en esta obra, así
tampoco oso afirmar, en alguna de las reglas generales que aquí
van, dejar de haber por ventura alguna excepción, que al presente no alcanzo, o no me ocurre a la memoria.

85 Y si esta *Arte* pareciere larga, deben de considerar que los
nuevos no a cada paso hallarán maestro y, como dice san Pablo,
omnibus debitores sumus. Por lo cual, el que no sabe algo de
esta lengua, y aún el que algo alcanza, por ventura hallará alguna
cosa a su propósito de que aprovecharse pueda, porque breve-
90 dad y claridad en una tal lengua no caben.

Pocos vocablos pondré que no sean mexicanos o texcocanos,
y algunos de Tlaxcala.

Vale.

65 veinte] XX *MS*   68 prima] primera *SP*   70 conjugación] la conjunction digo con-
jugaçion *add. V*   70-71 preteritos... verbos] *om. V*   75 al natural] con otras maneras
de hablar al nautral *trans. V*   87 omnibus ... sumus] *Rom.* 8, 12   91 pocos... texcoca-
nos] *om. MS*   92 y algunos de Tlaxcala] *add. W* ‖ vale] *om. W*

Prólogo al benigno lector

Muchas obras, cristiano lector, dejan de salir a luz y ser impresas, no porque en ellas haya alguna cosa que reprender o menospreciar, sino que, o el autor de ellas, por algún inconveniente, las
5   dejó por acabar o perfeccionar, o porque después de acabadas les faltó el favor y solicitud que se requiere para ser impresas.

De suerte que lo que su utilidad y provecho les concede, la negligencia o poca ventura lo obscurece y oculta. Y de ser esto así, no menos lástima y compasión causa el celo y trabajo de el
10   autor perdido que el aprovechamiento de que los lectores son defraudados.

Cor. 1 Mas, el que en verdadera caridad está, ha de sufrir cualquie-
cap. XIII ra pesado y recio trabajo por evitar que el sudor y estudio del próximo, por este defecto, no sea perdido. Pues esa misma cari-
15   dad "que todo lo sufre" le dará virtud y esfuerzo para salir con
Deut. ello al cabo. Y si en el Deuteronomio se mandaba y permitía que
Cap. el hermano levantase la generación del hermano que moría sin
XXV hijos, con justa razón los que por caridad y amor estamos coadunados en hermandad, hemos de procurar de restaurar la honra
20   y bien de nuestro hermano, como a generación caída y muerta.

Vino a mis manos este *Arte*, útil y necesaria para aprender la lengua de los indios, el cual, por mucha falta que había de arte por la cual esta lengua se pudiere aprender, compuso un padre de la orden de nuestro seráfico padre San Francisco, llamado
25   fray Andrés de Olmos, fraile cierto de muy buenas prendas y partes.

Y fue le cometido y mandado, a este dicho padre, la edición de este libro por el reverendo padre fray Martín de Hoja Castro, que entonces era Comisario General en aquellas partes y des-
30   pués sucede en obispo de Tlaxcala, llamando para este parecer a otros muy esenciales frailes de la misma orden.

1-61 prólogo… francisco] *add. W*   12 cor. 1, cap. xiii] *add. mg. W* ‖ dor] *n.l. W*   13 por evitar] porque *R*   14 próximo] *n.l. W*   16 deut. cap xxv] *add. mg. W*   25 llamado… olmos] *add. mg. W*   29 entonces] estonces *W*

Compuesto, pues, este libro con mucha fidelidad y cuidado, por falta de imprentas que hay allá y porque murió a aquella conjuntura el impresor, se dejó de imprimir.

35   Sucedió luego en Provincial y después en Comisario el muy reverendo padre fray Francisco de Bustamante, grandísimo teólogo y lector de teología en España e Indias, y no menos erudito en lengua indiana.

Visto por este padre este libro, muy bueno y necesario, pro-
40   curó con grande deseo de la hacer imprimir. Y, ofreciéndosele negocios que tratar con su Majestad, pasó en España y trajo consigo esta arte y un vocabulario de la misma lengua, escrito por otro padre de nuestra sagrada religión. Y estando tratando sus negocios murió, cuya muerte fue causa para que la impresión de
45   los dichos libros no se solicitase.

Después la hube yo, no sin pequeña ventura, lo cual me ha engendrado ser Nuestro Señor servido que salgan a luz, que no poco contento me daría. Y lo que yo puedo decir, si mi parecer merece ser admitido, es que será cosa muy necesaria se imprima
50   y corra porque, como persona que lo he visto en algunos años que en las Indias he gastado, muchos predicadores venían a decir disparates y errores no con malicia, sino con ignorancia y pobreza de esta lengua y, pues es negocio que tanto importa y modo con que fácilmente se aprenderá aquella lengua. Digno de
55   reprehensión sería quien no pusiese calor y estudio para que su utilidad de todos fuese participada, teniendo por blanco a Nuestro Señor, el cual como a obra suya favorezca y a todos nos de su gracia para que en todas las cosas que hiciéremos sean nuestro fin y remunerador.

60   Hoy yo quedo a la corrección de todos, como hijo humilde de Nuestro Seráfico Padre San Francisco.

32 compuesto] *n.l. W*   34 conjuntura] ju *n.l. W*

Libro I

Dᴠisión de la primera parte

Esta primera parte tendrá 13 capítulos.

El primero será de las partes de la oración en general.

5   2°. De las diferencias que hay de pronombres.

3°. De los pronombres que se juntan a los verbos y nombres, etc.

4°. De los pronombres posesivos.

5°. De la combinación que hacen algunos pronombres entre sí.

6°. De lo que pierden los nombres juntándose con los pronom-

10   bres *no–*, *mo–*, *i–*, etc.

7°. De los nombres en general y de cómo les dan plural.

8°. De los nombres sustantivos derivativos.

9°. De los derivativos sustantivos que vienen de verbos.

10°. De los nombres adjetivos primitivos.

15   11°. De los derivativos adjetivos.

12°. De algunas partículas que se juntan a los nombres.

13°. De los nombres compuestos comparativos y superlativos.

3 esta… tendra] en esta primera parte avra *S*   **4** primero] fol. v *mg. W*   **5** 2°] segundo *PV* fol. vi *mg. W*   **6** 3°] tercero *PV* fol. vi *mg. W*   **7** 4°] quarto *PV* fol. viij *mg. W*   **8** 5°] quinto *PV* fol. ix *mg. W*   **9** 6°] sexto *PV* fol. xi *mg. W*   **11** 7°] septimo *PV* fol. xiij *mg. W*   **12** 8°] octavo *P* octavo *V* fol. xv *mg. W*   **13** 9°] nono *PR* noveno *VL* fol. xviij *mg. W*   **14** 10°] deçimo *PV* fol. xxj *mg. W*   **15** 11°] onzeno *PV* undecimo *R* decimo primero *L* fol. xxiij *mg. W*   **16** 12°] dozeno *PV* duodecimo *R* decimo segundo *L* fol. xxvj *mg. W*   **17** 13°] trezeno *PV* decimo tercio *R* decimo tercero *L* fol. xxvii *mg. W*

Comienza el primer capítulo

Capítulo primero: de las partes de la oración

En esta lengua se hallan todas las partes de la oración, como en la lengua latina; conviene a saber: nombre, pronombre, verbo, participio, preposición, adverbio, interjección y conjunción, como se verá en el discurso del *Arte* cuando de cada una de ellas se tratare.

En el arte de la lengua latina creo que la mejor manera y orden que se ha tenido es la que Antonio de Nebrija sigue en la suya. Pero porque en esta lengua no cuadrará la orden que él lleva porque faltan muchas cosas de las cuales en el arte de gramática se hace gran caudal, como son declinaciones, supinos y las especies de los verbos para denotar la diversidad de ellos, y lo que en el quinto libro se trata de acentos y otras materias que en esta lengua no se tocan; no seré, por tanto, reprehendido si en todo no siguiere la orden del *Arte* de Antonio.

No se pone al principio del *Arte* la conjugación, por no desmembrarla de la materia de los verbos y por otras razones que para ello me movieron; mas, aunque se pone en la segunda parte, no por eso dejen los nuevos en la lengua de la saber al principio, para mejor sentir y entender la materia de los nombres verbales y otras cosas que en la primera parte se tratan.

Cuanto a lo primero, es de notar que en esta lengua no hay declinaciones, de manera que haya variación de todos los casos.Hay, empero, diferencia entre el singular y el plural, porque para el plural toman una de estas sílabas o letras: *–ti, –me, –que, –h*, de lo cual se dirá más largamente cuando se tratare de los nombres.

También se debe de notar que el vocativo es diferente del nuestro porque siempre acaba en *–e*. Y para denotar o señalar este vocativo usan en todos los nombres de una de estas tres

1 comienza... capitulo] *om. M* capitulo primero *om. P*   **5** adverbio] *om. M*   **10** cuadrara] se guardara *MP*   **11** porque faltan] por faltar *MSPV* || cuales] que *M*   **14** –bro] *inc. T*   **15** no seré, por tanto, reprehendido] por tanto no sere reprehensible *MSPTV*   **17** aviso] *add. mg. P*   **19** mas] y *MS*   **29-30** el vocativo... nuestro] en el vocativo no hay variacion *M* en el vocativo hay variacion *S* en *add. ante W* || o] y *P*

partículas: *–tçe, –ne, –e, –tçine*. Ejemplo: *Pedroe, Pedrotçe, Pe-drotçine.*

Los que fenecen en *–tli, –lli,* la *–i* vuelven en *–e;* los que fene-
35   cen en *–ni,* sobre la *–i* pueden tomar *–e* o volver la *–i* en *–e;* los
que fenecen en *–tl* o en consonante, toman sobre ella *–e,* etc. Y si
el nombre acabare en *–e* tomará en el vocativo otra *–e.* Ejemplo:
tlaulle, 'dueño de maíz'; vocativo, *tlaullee.*

Tampoco se hallan en esta lengua artículos distintos para de-
40   notar masculino o femenino, etc., como los hay en la gramática, ni los adjetivos tienen terminaciones diversas; conocerse han
de qué género son por la significación del sustantivo, porque
por la terminación no se podrán sacar, pues en una misma hay
nombres de diversos géneros.

45   Y porque los nuevos en la lengua no se turben con la escritura, viendo que se pierden o añaden algunas letras que si se es-
cribieran en nuestro castellano parecieran superfluas, es de notar
que después de la *–l–* y de las vocales usan muchas veces escribir *–h,* porque parece que la pronunciación lo requiere. Y tam-
50   bién se pone para distinguir el plural del singular y para quitar la
equivocación que hay en algunas dicciones, etc.

Y así mismo es de saber que la *n–,* puesta antes de ciertas
letras o sílabas, se suele perder en la pronunciación y escritura.
De todo lo cual se tratará en tercera parte, cuando se hablare de
55   la ortografía.

32 –ne] *om. P* ‖ –tçine] *add. P*   **34-36** los que... ella –e, etc.] *om. MSPV*   **42** del sustan-
tivo] de su sustantivo *M*   **43** no se] *om. W*   **48** de las vocales] de la –u *MS*

Capítulo segundo

De las diferencias que hay de pronombres

Los pronombres son en dos maneras: unos primitivos y otros derivativos posesivos. Los primitivos unos están absolutos y otros se juntan con nombres, verbos y preposiciones.

Los absolutos son estos:

	singular		plural	
1ª	*nehuatl*	'yo'	*tehuantin*	'nosotros'
2ª	*tehuatl*	'tú'	*amehuantin*	'vosotros'
3ª	*yehuatl*	'aquel'	*yehuautin*	'aquellos'

Y estos algunas veces están sincopados, de la manera siguiente:

	singular		plural
1ª	*neh* o *nehua*		*tehuan*
2ª	*teh* o *tehua*		*amehuan*
3ª	*yeh* o *yehua*		*yehoa*

Y estos sobredichos, por vía de reverencia, se dicen de esta manera:

	singular	plural
1ª	*nehuatçin*	*tehuantçitçin*
2ª	*tehuatçin*	*amehuantçitçi*
3ª	*yehuatçin*	*yehuantçitçin*

Y estos pronombres, como, *nehuatl*, etc., anteponiéndoles este adverbio '*velh*' quieren decir 'yo mismo':

	singular	plural
1ª	*velh nehuatl* 'yo mismo'	*velh tehuantin* 'nosotros mismos'
2ª	*velh tehuatl* 'tú mismo'	*velh amehuantin* 'vosotros mismos'
3ª	*velh yehuatl* 'aquel mismo'	*velh yehuantin* 'aquellos mismos'

17-18 y estos... manera] *om. T* **24** yo mismo] *post ex. add. T* **26** velh nehuatl] l. nonoma, yo mesmo *ad mg. S*

Y lo mismo se dirá con los pronombres sincopados. Ejemplo:
30 *uelh neh* o *uelh nehua, uelh teh* o *ueltehua,* etc.

Y es de saber que para decir 'este' o 'esto' usan de esta letra *y*; y para decir 'ese' o 'eso' usan de una de estas letras *o* vel *u*, las cuales suelen también posponer a las terceras personas de los dichos pronombres en esta manera:

35   singular   plural
    1ª   *yehuatl y*   'este' o 'esto'   *yehuantin in* 'estos'
    2ª   *yehuatl o*   'ese' o 'eso'   *yehuantin on* 'esos'
    3ª   *yehuatl*   'aquello'   *yehuantin*   'aquellos'

Y también es de notar que a las terceras personas de los dichos
40 pronombres suele, en el singular, anteponer este adverbio *velh* y posponer estas letras *y, l, o* o *u,* y en el plural posponiendo *in* u *on,* y quieren decir 'esto mismo' o 'eso mismo'. Ejemplo:

              singular   plural
    1ª   *velh yehuatl y* 'esto mismo'   *velh yehuantin in* 'estos
                                          [mismos'
45 2ª   *velh yehuatl o* o *u* 'eso mismo'   *velh yehuantin on* o *un*
                                          ['esos mismos'
    3ª   *velh yehuatl* 'aquello mismo'   *velh yehuantin* 'aquellos
                                          [mismos'

Y los sobredichos se pueden decir sincopados. Ejemplo: *yehua y,* 'esto mismo'; *yehua o,* 'eso mismo', etc. Dícese así mismo *velh y,* 'esto mismo'; *velh o,* 'eso mismo', o 'eso'.

29-30 Ejemplo... ueltehua, etc.] *om. V*   **30** vel veltehua] *add. PT*   **42** esto mismo] *om. M* || eso mismo] *om. M*   **44-46** yehuatl y] yehoatli *P*   **45** yehuantin on] tehoantin on *S*   **47** y los... sincopados] *om. WT*   **49** o eso] *om. M*

Capítulo tercero

De los pronombres que se juntan con verbos y nombres o con preposiciones

Hay unos pronombres que se anteponen a nombres y verbos y
tienen el mismo significado que los primeros, aunque más parecen partículas que denotan las primeras y segundas personas
en el verbo. Y son estos:

	singular		plural	
1ª	*ni–*	'yo'	*ti–*	'nosotros'
2ª	*ti–*	'tú'	*an–*	'vosotros'

Estos se usan en la conjugación con los verbos y no sirven
más de para las primeras y segundas personas del singular y plural. Ejemplo:

	singular		plural	
1ª	*nitetlazotla* 'yo amo'		*titetlazotla* 'nosotros amamos'	
2ª	*titetlazotla* 'tú amas'		*antetlazotla* 'vosotros amáis'	

Y en las terceras personas de entrambos números no usan
pronombres, sino ponen el verbo absoluto; y diferencian el
plural del singular con añadirle una *–h*, no porque se pronun-
cie, sino por distinguir las personas. Ejemplo: *tetlazotla*, 'aquel
ama'; *tetlazotlah*, 'aquellos aman'.

Y cuando estos pronombres o partículas se ayuntan a nombres se entiende el presente de *"sum, es, fui"*. Ejemplo:

4 hay] valet *ante S*   **5** aunque mas] mas empero *P* y son estos mas empero *T*   **6** que denotan] denotantes *PT*   **4-7** anteponen... estos] que, segun algunos que bien sienten, son particulas figurativas que denotan 1as 2as pr *ex corr. S*   **6-7** parecen... verbo] *om. M*   **12** mas de para] para mas de *T*   **13** del singular y plural] *add. WT*   **15** nitetlazotla... titetlazotla] nitetlaçohtla titetlaçohtla *P*   **16** titetlazotla, antetlazotla] titetlaçohtla, antetlaçohtla *P*   **17** entrambos] entramas *MT* entramos *W*   **18** ponen] *om. T*   **18-19** diferencian el plural del singular] diferencia el singular del plural *P* diferencian del singular *T*   **20** personas] escritura *MS*   **22** o partículas] *add. P*   **23** presente] presende *M*

		singular	plural
25	1ª	*nicualli* 'yo soy bueno'	*ticualhti* 'nosotros somos buenos'
	2ª	*ticualli* 'tú eres bueno'	*ancuahlti* 'vosotros sois buenos'
	3ª	*cualli* 'aquel es bueno'	*cualhti* 'aquellos son buenos'

Y con estos siempre el nombre con quien se juntan se queda entero, sin perder nada del principio ni del fin; mas antes, cuan-
30 do se juntan *ni–*, *ti–* a dicción que comienza en vocal pierden la *i–*, y la consonante que queda del pronombre hiere a la vocal de la tal dicción. Ejemplo: *ixpopoyutl*, 'ciego', *nixpopoyutl*, 'yo soy ciego'; *achcauhtli*, 'principal', *tachcauhtli*, 'tú eres principal'.

Sácanse los nombres que comienzan en *v–* divisa, que es
35 cuando después de ella se sigue otra vocal, porque con estos ni se pierde la vocal del pronombre ni del nombre. Ejemplo: *ueue*, 'viejo', *niueue*, 'yo soy viejo'; *uei*, 'grande', *tiuei*, 'tú eres grande'.

Pero cuando estos pronombres *ni–*, *ti–*, *an–*, se juntan con *–no–*, *–mo–*, *–i–*, etc., el nombre a quien se anteponen ha de
40 perder algo. Ejemplo: *pilhtçintli*, 'hijo', *nimopiltçi*, 'yo soy tu hijo'. De lo cual se dirá adelante.

DE LOS PRONOMBRES QUE SE AYUNTAN SOLAMENTE CON VERBOS

Los pronombres que solamente se juntan con verbos son como pasivos, los cuales denotan que la acción del verbo pasa de una
45 persona a otra distinta. Y son estos:

	singular	plural
	singular	plural
1ª	*–nech–* 'a mí'	*–tech–* 'a nosotros'
2ª	*–mitç–* 'a ti'	*–amech–* 'a vosotros'
3ª	*–c–* o *–qui–* 'a aquel'	*–quin–* 'a aquellos'

50 Y con estos se juntan los pronombres *ni–*, *ti–*, *an–*, los cua-les siempre sirven de persona agente; y antepuestos a los ya dichos y juntados con el verbo hacen noticia entera, —como se verá más a la larga en la materia de los verbos. Ejemplo: *nimitçtlaçotla*, 'yo te amo'; *antechtlazotlah*, 'vosotros nos amáis'.

25 ticualhti] ticualti *M* ticualhtin *S*   **26** ancualhti] ancualti *M* ancualhtin *S*   **27** cualhti] cualti *P*   **33** tachcauhtli] tach etc. *W*   **33-54** achcauhtli... yo te amo] *abs. T* [fol. 7-9]   **39** etc.] *add. MS* || ha de] *ego em.*

55   Y en las terceras personas ponen el verbo absoluto ante poniendo el pronombre *nech* o *mitç*, etc. Ejemplo: *nechtlazotla*, 'aquel me ama', etc.

DE LOS PRONOMBRES REFLEXIVOS

Hay otros pronombres que ayuntados con los verbos se pueden 60 decir reflexivos, porque la acción del verbo se queda en la misma persona que hace. Y son los siguientes:

	singular		plural	
1ª	*nino–*	'yo', 'a mí'	*tito–*	'nos', 'a nosotros'
2ª	*timo–*	'tú', 'a ti'	*amo–*	'vos', 'a vosotros'
3ª	*mo–*	'aquel', 'a sí'	*mo–*	'aquellos', 'a sí'

Estos no pueden estar sin los verbos; y con ellos tienen la significación ya dicha. Ejemplo:

	singular	plural
1ª	*ninochicaua,* 'yo me esfuerzo'	*titochicaua* 'nosotros nos esforzamos'
2ª	*timochicaua* 'tú te esfuerzas'	*amochicaua* 'vosotros os esforzáis'
3ª	*mochicaua* 'aquel se esfuerza'	*mochicaua* 'aquellos se esfuerzan'

Y es de notar que estos mismos pronombres, muchas veces ayuntados a los verbos, no de notan reflexión, sino que el mismo verbo los tiene de su cosecha. Ejemplo: 1ª *ninozaua*, 'yo ayuno'; 75 2ª *timozaua*, 'tú ayunas', etc.

También juntados otras veces a los verbos denotan reverencia sin reflexión. Ejemplo: *ninotetlazotilia*, 'yo amo a alguno'.

Los pronombres con preposiciones son: *no–*, *mo–*, *i–*; plural: *to–*, *amo–*, *in–*. Ejemplo: *notech*, 'cerca de mí', etc. *Ut in tertia* 80 *parte*.

---

55 en las] *incp. T* ‖ terceras] 2ª *P*   **56** mitç] *om. W* | etc.] *add. S*   **77** alguno] y aunque este mesmo verbo se podrá, quitado el –te–, hazer reflexivo, diciendo timotlaçotillia, 'vos señor o vuestra majestad, os amais', de lo cual se tratará en la materia de los verbos *add. M del. ex corr. S*   **78-80** los pronombres... tertia parte] *add. W*

Capítulo cuarto

De los pronombres posesivos derivativos
y de lo que pierden estos pronombres cuando se juntan
a los nombres

5   Los pronombres posesivos que, según gramática, se suelen decir derivativos, no se pueden según esta significación juntar sino con solo nombres. Y son los siguientes:

	singular		plural	
1ª	*no–*	'mío'	*to–*	'nuestro'
2ª	*mo–*	'tuyo'	*amo–*	'vuestro'
3ª	*i–*	'de aquel'	*in–*	'de aquellos'
	te–	de alguno o de algunos, etc.		

1ª	*notlaxcalh*	'mi pan'	*totlaxcalh*	'nuestro pan'
2ª	*motlaxcalh*	'tu pan'	*amotlaxcalh*	'vuestro pan'
3ª	*itlaxcalh*	'el pan de aquel'	*intlaxcalh*	'el pan de aquellos'
	tetlaxcalh	'el pan de alguno o de algunos'		

Estos pronombres también se juntan con preposiciones y entonces son primitivos y no tienen significado de posesivos. Ejemplo:

	singular		plural	
1ª	*noca*	'de mí'	*toca*	'de nosotros'
2ª	*moca*	'de ti'	*amoca*	'de vosotros'
3ª	*ica*	'de aquel'	inca	'de aquellos'
	teca	'de alguno o algunos', etc.		

25   Y es de notar que cada y cuando que la *n–* de los pronombres *an–*, *in–* hallen delante de sí vocal, la *n–* se vuelve en *m–* y hiere en la vocal que se le sigue. Ejemplo: *aci,* 'allegar', *amaci,* 'vosotros allegáis'; *amatl,* 'papel', *imamauh,* 'el papel de aquellos'.

3 cuando] si *PW*   13 notlaxcah] ante singular plural *ego em.*   16 o de algunos] *om. T*   18 significado] significación *MST*   20 singular] *om. MP*   28 el papel] *om. T*

Sácanse los que comenzaren en *v–* vocal, porque con estos se
30   pierde del todo la *–n–*. Ejemplo: *vilotl,* 'paloma', *iuiloa,* 'las pa-
lomas de aquellos'.

Y lo mismo será siguiéndose *–ç, –x.* Ejemplo: *ixal,* 'su arena
de aquel o de aquellos', etc., ut in tertia parte, cap. VI, circa
finem.

35   Item, es de saber que estos cuatro pronombres posesivos
no–, mo–, to–, amo–, juntándose a nombres que comiencen en
una de estas tres vocales *a–, e–, o,* perderá el pronombre la *–o*
y la consonante del pronombre herirá a la vocal del nombre.
Ejemplo:

40	*atl*	'agua'	*nauh*	'mi agua'
	etl	'frijoles'	*neuh*	'mis frijoles'
	oquichtli	'hombre'	*noquichhui*	'mi hombre' o *noquich*

Si el nombre que se siguiere después de los dichos pronombres *no–, mo–,* etc. comenzare en *–i,* perder se ha la *–i–* del
45   nombre y quedará la *–o–* del pronombre. Ejemplo: *icxitl,* 'pie';
nocxi, 'mi pie'. Sacan se los siguientes:

ietl	'sahumerio'	*niyeuh*	'mi tal', etc.
ichcueitl	'naguas de mujer'	*nichcue* o *nochcue*	'mis na-[guas', etc.
ilama	'vieja'	*nilamatcauh*	'mi vieja'
50 *ichtli*	'hilo de maguey'	*nich nochhui* o [*nich hui*	
ihiyutl	'resuello'	*nihiyo*	'mi resuello'
ipotoctli	'vaho o exalación'	*potoc*	
itacatl	'despensa de camino'	*nitac*	'mi des-[pensa de [camino'
itetl	'vientre'	*nite*	'mi vientre'

30 todo] toda *MST* ‖ paloma] *om. T*   **32** ç] *om. P* ‖ ixal... etc.] *om. S* | ejemplo: ixal...
aquellos, etc.] *om. WT*   **33-34** ut in tertia... finem] como en la tercera parte se dira en
el cap.o. sexto cerca del fin *T* y lo mismo... circa finem] *om. MS*   **35** cuatro] *del. M*   **38**
a la vocal del nombre] a la vocal siguiente *MS* a la vocal siguiente del nombre *PT*   **43**
nombre] pro *del. P*   **47** mi tal] çahumerio *om. S add. R*   **48** nichcue vel nochcue, mis,
etc] *fin V* ‖ naguas, etc] *om. T*   **49** vieja] *om. T*   **51** nihiyo] *om. T*   **52** potoc] *post*
ypotoctli *add. PV* potoc *add. T*   **53** mi despensa de camino] *add. PV*   **54** mi vientre]
add. P

55   *itçtli*   'navaja de piedra'   *nitç* o *nitçhui*   'mi pluma'
     iuitl, xiuiuh 'pluma'   *niuiuh*

Y también se sacan los que después de la *i*– tuvieren –*x*, los cuales no perderán la –*i*, antes se perderá la –*o* del pronombre. Ejemplo: *ixcuamulli*, 'cejas'; *nixcuamulh*, 'mis cejas'.

60   De estos, uno hallo que sigue la regla general de los de –*i*, y es *ixhuiuhtli*, 'nieto', el cual hace *noxhuiuh*.

Y si los dichos pronombres se juntaren con dicción que comienza en *v*–divisa, por la mayor parte, ni el pronombre ni la dicción a que se juntaren perderán su vocal. Ejemplo: *ueuetl*,
65   'atabal': *noueueuh*, 'mi atabal'.

Todo lo sobre dicho se entiende cuando con los nombres que comienzan en vocal se juntan los dichos pronombres *no*–, *mo*–, *to*–, *amo*–, porque cuando precediere *y*–, que denota la tercera persona del singular de los pronombres posesivos y esta partícu-
70   la *te*–, cuando denota posesión que quiere decir de algunos o de algunos, entonces ni el nombre perderá la vocal en que comienza, ni tampoco se perderá la –*i* o la –*e* del –*te*. Ejemplo: *ixtelolotli*, 'ojo', *yixtelolo*, 'su ojo de aquel; *axca* 'suyo', *teaxca*, 'cosa de alguno'.

55 nitçhui] *om. T* || mi pluma] *add. P*   56 xiuiuh] *add. T* || nihuiuh] *om. T*   73 de aquel] *om. T* || axca suyo] *add. T*

Capítulo quinto

De la combinación que hacen estos pronombres *no–*, *mo–*, *y–*, con *ni–*, *ti–*, *an–*, y de cómo algunos nombres no pueden estar sin *no–*, *mo–*, *y–*, y cómo con otros no se pueden juntar

5 Una combinación se hace muchas veces en esta lengua juntando estas dos diferencias de pronombres y anteponiendo los a los nombres. En la cual combinación siempre precederán *ni–*, *ti–*, *an–* / *no–*, *mo–*, *i–* y juntados con el nombre harán oración per-
10 fecta del presente de "*sum, es, fui*", en la manera que se sigue:

singular	plural
nimopilhtçin	*timopilhuan*
'yo soy tu hijo'	'nosotros somos tus hijos'
nipilhtçin	*tipilhuan*
15 'yo soy hijo de aquel'	'nosotros somos hijos de aquel'
namopilhtçin	*tamopilhuan*
'yo soy vuestro hijo'	'nosotros somos vuestros hijos'
nimpilhtçin	*timpilhuan*
'yo soy hijo de aquellos'	'nosotros somos hijos de aquellos'
20 *nitepilhtçin*	*titepilhuan*
'soy hijo de alguno o de algunos'	'nosotros somos hijos de alguno o [algunos'
tinopilhtçin	*annopilhuan*
'tú eres mi hijo'	'vosotros sois mis hijos'
tipilhtçin	*amipilhuan*
25 'tú eres hijo de aquel'	'vosotros sois hijos de aquel'
titopilhtçin	*antopilhuan*
'tú eres nuestro hijo'	'vosotros sois nuestros hijos'
timpilhtçin	*aminpilhuan*
'tú eres hijo de aquellos'	'vosotros sois hijos de aquellos'
30 *titepilhtçin*	*antepilhuan*
'tú eres hijo de alguno o algunos'	'vosotros sois hijos de alguno o al-[gunos'
nopilhtçin	*nopilhuan*
'aquel es mi hijo'	'aquellos son mis hijos'
mopilhtçin	*mopilhuan*
35 'aquel es tu hijo'	'aquellos son tus hijos'

---

8 combinacion] *om. MS*   10 sigue] *om. S*   11 singular] *ego add.* ‖ plural] *ad mg. MPW*

	ipilhtçin	*ipilhuan*
	'aquel es hijo de aquel'	'aquellos son hijos de aquel'
	topilhtçin	*topilhuan*
	'aquel es nuestro hijo'	'aquellos son nuestros hijos'
40	*amopilhtçin*	*amopilhuan*
	'aquel es vuestro hijo'	'aquellos son vuestros hijos'
	impilhtçin	*impilhuan*
	'aquel es hijo de aquellos'	'aquellos son hijos de aquellos'
	tepilhtçin	*tepilhuan*
45	'aquel es hijo de alguno o algunos'	'aquellos son hijos de alguno o al-[gunos'

Es también de notar que hay algunos nombres que no pueden estar sin los pronombres *no–*, *mo–*, *i–*, etc., o otras partículas; quiero decir que por sí solos no significan nada y juntados con ellos significan algo.

	Estos no se dicen, pero algunos sí, en otro sentido	Estos se dicen.	Y otros de parentesco con los pronombres
50			
	axcatl poco se usa	*naxca*	'mi cosa o mío'
	camatl	*cencamatl* o *quezqui* [*camatl*	'una palabra'
55	*chan*	*nochan*	'mi casa o en mi casa'
	celh	*zan nocelh*	'yo solo' *tecel* no se dice
	elh	*nelh*	'soy diligente', no se [dice
	machtli	*nomach*	'mi sobrino'
	neuya	*noneuya*	'mi causa o mi culpa o [voluntad'; 'de mi [propio arbitrio o vo-[luntad'
60	*pilhputl*	*nopilpo*	'mi primera mujer'
	pillutl	*nopillo*	'mi sobrina', dice la tía
	pitli	*nopi*	'mi hermana mayor', [dícelo sola la [mujer

---

45 aquel es] *add. MS* ‖ aquellos son] *add. MS*   47 pueden] *post* bien *add. P*   **50-51** y otros... pronombres] *om. M* | estos] *om. T*   **51-52** pero... sentido] *om. MS post* poco se usan estos *add. T*   53 axcatl] *incp. B* ‖ poco se usa] *om. MS* ‖ o mio] *add. PT*   54 vel quezqi camatl] *add. S* camatl *add. B*   55 o en mi casa] *add. SW*   56 no se dice] *add. T*   57 no se dice] *post* estos son los que no se dicen todas las veces, porque se usan poco *add. B*   59 de mi propio arbitrio o voluntad] *add. S* o voluntad *add. P*   61 dice la tia] *om. B*

	tenitztica	*itenitztica*	'su filo', de la herra-[mienta
	tentli	*cententli*	'una palabra'
65	*textli*	*notex*	'mi cuñado'
	tlati	*notla*	'mi tío'
	uepulli	*nouepulh*	'mi cuñada'
	yautli	*noyauh*	'mi enemigo'
	icuitli	*nicui*	'mi hermana o herma-[no menor, dícelo solo [la mujer a su hermano [o hermana menor'
70	*yotl*	*zanniyo*	'yo solo'
	ixcoya	*nixcoya*	'mi causa, mi culpa, o [arbitrio; de mi propio [arbitrio o volundad'

Otros habrá más de estos, el uso los dará a entender, como son algunos nombres de parentesco.

Hay otros nombres a los cuales no se pueden juntar los pro-
75 nombres *no–*, *mo–*, *–i–* etc., y por ser muchos no se pondrán aquí todos. Pero ponerse han algunos para que por el significado de ellos se saquen otros.

	acueyutl	'ola de la mar'	*cuacualactli*	'trueno'
	apuctli	'vaho del agua'	*quiauitl*	'lluvia'
80	*cemanauatl*	'mundo'	*tlacatl*	'persona'
	centacatl	'una mata de [verdura no arranca-[da o mata tal'	*tlapetlani*	'relámpago'
			tlatlatçiniliztli	'rayo'
			tlalhticpactli	'la tierra o mundo'
	cepayauitl	'nieve'	*tlaztalutl*	'el alba del día'
	cetl	'hielo'	*tenchico*	'hombre parlero, [que no guarda se-[creto o llagado en [el labio', Tlaxcala
	citlali	'estrella'		
85	*chichipictli*	'gotera'		
	ilhuicatl	'cielo'		

63 tenitztica] *om. T* || de la herramienta] *add. ST*   **69** dicelo] *om. P* || a su... menor] *add. P* | hermana o hermano] *trans. PT* | o hermano... menor] *om. B*   **71** o arbitrio] *add. SP* || de mi propio arbitrio o volundad] *add. ST* | mi causa... volundad] *om. B*   **73** como son... parentezco] *add. WT*   **75** –y–] *om. B*   **76** se han] sea *T*   **77** de ellos] de estos *B*   **78** la] *om. M* || quaqualactli] quaqualachtli *S*   **79** del agua] de alguna agua *B*   **80** tlacatl persona] persona tlacatl *B*   **81** tlapetlani relampago] *om. MS* tlapetlaniliztli *PB trans. sup. W* tlapetani tlapetlaniliztli relampago *trans. sup. T* || una mata... tal] un manojo de verdura no arrancado *MPB* una mata *mg. P*   **85** chichipictli gotera] *add. MS* | o llagado en el labio, tlaxcala] *add. SP*   **86** cielo] *mg. P* || hombre... tlaxcala] *om. T*

metçtli	'luna'	*tonatiuh*	'sol'
mixtli	'nube	*yaoyutl*	'guerra'
machico	'el que no hace	*ixnaca*	'persona que tiene
	[cosa a derechas';		[carne colgada en la
	[Tlaxcalla, poco le		[cara o en el ojo',
	[usan		[por burla lo dicen.

90   Y tampoco se juntarán con los dichos pronombres los nombres de ídolos, pueblos, ríos y nombres propios de personas y otros algunos, cuyo significado nos dará a entender si se pueden recibir los tales pronombres.

87 tonatiuh sol] *om. T*   88 mixtli nuue] *om. B* || yaoyutl guerra] *abs. T*   89 hombre... yxnaca] *om. T* || tlaxcalla, poco le vsan] *add. SP* tlaxcalla poco le suelen usar *B* de tlaxcalla *add. T* | lo dicen] se dice *P* || o en el ojo... dicen] *add. WT*

Capítulo sexto

Cuando los pronombres *no–*, *mo–*, *i–*, etc. se juntan a los nombres les hacen, por la mayor parte, perder algo o mudar; y lo que
perdiere el simple perderá su compuesto.

Y para conocer qué es lo que han de perder o mudar, se ponen las siguientes reglas.

Primera regla

Los nombres acabados en *–atl*, *–etl*, *–otl*, *–utl*, vuelven el *–tl* en
–uh. Ejemplo:

atl	'agua'	*nauh*	'mi agua'
tetl	'piedra'	*noteuh*	'mi piedra'
xocotl	'manzana'	*noxocouh*	
ayutl	'tortuga'	*nayuuh*	

De los de *–atl* se sacan estos:

camatl	'boca'	*nocamac*	'mi boca'
cochiatl	'pestaña del ojo'	*nocochia*	
cuzcatl	'joyel'	*nocuzqui*	
cuezcomatl	'troje'	*nocuezcon*	
cuicatl	'canto'	*nocuic*	
cuitlatl	'suciedad del hombre'	*nocuitl*	
cuitlaxayacatl	'lomos o caderas'	*nocuitlaxayac*	
cemmatl	'una braza'	*nocemma* o *nocemmauh*	
ciacatl	'sobaco'	*nociac* o *nociacauh*	
itacatl	'despensa de camino'	*nitac*	
malacatl	'huso'	*nomalac*	
matlatl	'red'	*nomatl*	
maxtlatl	'bragas'	*nomaxtli*	

6 el simple] el siemple *MS* siempre *W*   **10** etl] *om. MB*   **11** uh] euh *ex corr. S*   **13**
mi piedra] *add. BT*   **15** ayutl... nayuuh] *om. B*   **18** nocochia] *post* mi pestaña *add. B*
mia *add. T*   **24** braza] braçada *MS*   **25** nociacauh] nociayacauh *M* vel ointacatl *add.*
T   **27** nomalac] *post* mi uso *add. B*

30	*metatl*	'piedra de moler'	*nometl*
	nanacatl	'hongo'	*nonanac* o *nonanacauh*
	petlatl	'petate o estera'	*nopetl*
	tecomatl	'vaso'	*noteco*
	tçontecomatl	'cabeza'	*notçonteco* etc.
35	*tlamamatlatl*	'escalera de piedra'	*notlamamatl*
	xayacatl	'cara o rostro'	*noxaiac*
	xopetlatl	'cimiento'	*noxopetl*
	xonacatl	'cebolla'	*noxonac*
	yacatl	'narices'	*noyac*

40 De los de *–etl* se sacan estos:

| | *itetl* o *ititl* | 'vientre' | *nite* o *niti* | 'mi vientre' |
| | *iztetl* o *iztitl* | 'uña' | *nizte* | 'mi uña' |

De los *–utl* se sacan estos:

| | *yhiyutl* | 'resuello' | *nihiyo* | 'mi resuello' |
| 45 | *tçutl* | 'suciedad' | *notçuyo*, y esta toma de *tçuyutl* |

Y también se sacan todos los acabados en *–yutl* o en *–lutl*, los cuales pierden el *–tl* y no toman *–uh*, como *nacayutl*, 'cosa de carne', *nonacayo*. Y de estos en su lugar se dirá.

Segunda regla

50 Los acabados en *–itl* vuelven el *–itl* en *–uh*. Ejemplo:

| | *cuauitl* | 'árbol' o 'palo' | *nocuauh* |
| | *coquitl* | 'barro' | *nozoquiuh* |

Sácanse los siguientes:

| | *auitl* | 'tía' | *naui* | 'mi tía' |
| 55 | *comitl* | 'olla' | *nocon* |

32 petate] *om. PBT* **34** notçonteco] *post* mi ca *add. T* **35** notlamamatl] notlamatl *M* **39** noyac] *post* mis narizes *add. B* **41** vel ytitl] *post corr. add. S* mi uña *add. P* || vel niti] *post corr. add. S* **42** vel yztitl] *post corr add. S* || nizte] nozte *P* | vel nizti] *post corr add. S* **44** yhiyutl] yhiutl *B* **46** acabados] derivativos *MSP* | vel lutl] *om. T* **51** cuauitl... noquauh] çoquitl... noçoquiuh *MS* **54** mi tia] *om. MST*

	cueitl	'ropa de mujer'	*nocue* 'mis naguas'
	cuemitl	'la era o camellón'	*nocuen*
	chichitl	'saliva'	*nochichi*
	chinamitl	'seto'	*nochina*
60	*chiquiuitl*	'cesto'	*nochiquiuh*
	icxitl	'pie'	*nocxi*
	ilhuitl	'día o fiesta'	*nolhuiuh*
	yuitl	'pluma'	*niuiuh*
	maitl	'mano'	*noma*
65	*mixitl*	'yerba que desatina'	*nomix* o *nomixiuh*
	panitl	'bandera'	*nopan*
	cuaitl	'lo alto de alguna cosa'	*nocua*
	quilitl	'verdura'	*noquilh*
	tecozauitl	'yerba amarilla'	*notecozauh*
70	*tenamitl*	'seto o muro'	*notenan*
	tlancuaitl	'rodilla'	*notlanqua*
	tlaquemitl	'vestidura'	*notlaquen*
	tlatquitl	'hacienda'	*notlatqui*
	tlauitl	'almagre'	*notlauh*
75	*tocaitl*	'nombre'	*notoca*
	tozquitl	'garganta o voz'	*notozqui*
	xamitl	'adobe'	*noxan*
	xiuitl	'yerba u hoja o cierta [piedra preciosa o la cometa o el año'	*noxiuh*
	yauitl	'maíz negro'	*noyauh*

80   Y también se sacan los que tienen *x*– antes del *–itl*, que por la mayor parte pierden todo el *–itl*. Ejemplo: *caxitl*, 'escudilla o cosa semejante', *nocax*, 'mi tal', etc.

Tercera regla

Los acabados en *–li*, todos generalmente se escriben con dos *–ll*
85   y vuelven el *–li* en *–h*, por causa de la pronunciación, como se

---

56 mis naguas] *add. P*   **58** chichitl] chichi *ante corr. S*   **60** chiquiuitl... nochiquiuh] *om. W*   **61** icxitl... nocxi] *om. SW*   **63** yuitl... niuiuh] *add. MPB*   **65** vel nomixiuh] *add. P*   **66** nopan] *post* quauhitl madero noquauh *add. MS post* çuquitl lodo noçoquiuh *add. T*   **69** tecozauitl... notecozauh] *add. MP*   **74** tlauitl... notlauh] *add. MS*   **75** notoca] *post* mi nombre *add. B*   **76** o voz] *om. M* | mi garganta *add. B*   **78** xiutl... noyauh] *om. W* ‖ **78** o la cometa o el año] *om. MBT* o la cometa *supr. P*   **80-81** que por la ... todo el itl] *om. MS*   **82** mi tal] *om. M*   **84** los acabados] los que fenecen *T*

verá en la ortografía. Ejemplo: *calli*, 'casa', *nocalh*, 'mi casa'.

Cuarta regla

Los que fenecen en –*tli* pierden el –*tli* sin tomar nada. Ejemplo:
citli, 'abuela' o 'liebre', *noci*.
90   Sácanse los siguientes:

eztli	'sangre'	*nezo*
ichtli	'cerro de maguey'	*nich, nochhui* o *nichhui*
itçtli	'navaja'	*nitç* o *nitçhui*
oquichtli	'hombre'	*noquichhui* o *noquich*
tlacutli	'esclavo'	*notlacauh*
utli	'camino'	*novi*

(95 marks the row *tlacutli*.)

Quinta regla

Los nombres sustantivos primitivos que fenecieren en alguna
otra sílaba o terminación fuera de las dichas, ayuntándose con
100   los pronombres posesivos no perderán nada los tales nombres.
Ejemplo: *tuza*, 'rata', *notuza*.
      Sacan se los siguientes:

cuanaca	'ave de España'	*nocuanacauh*	'gallina de [Castilla'
ilama	'vieja'	*nilamatcauh*	
ueue	'viejo'	*noueuetcauh*	
itecucuc	'cierta ave o cierto pan'	*nitecucucauh*	
tapayaxi	'sapillo'	*notepayax*	

(105 marks the row *ueue*.)

Y es de notar que, generalmente, lo mismo que pierden los
nombres de las letras o sílabas finales con los pronombres *no–*,
110   *mo–*, *i–*, etc., perderán con esta partícula *te–*, cuando denota
posesión. Ejemplo: *ciuatl*, 'mujer', *teciuauh*, 'mujer de alguno';
oquichtli, 'hombre', *teoquichui* o *teoquich*, 'marido de alguna'.

---

86 mi casa] *om. M*   **89** liebre] libre *ante corr. S* || noci] *post* mi liebre *add. B*   **92** cerro] hilo
T   **93** vel nitçhui] *om. P*   **96** novi] *post* mi camino *add. B*   **103** gallina de castilla] *add.*
P   **109** las letras o syllabas finales con los pro] *om. M*   **112** oquichtli... alguna] *om. M*

Capítulo séptimo

COMIENZA LA MATERIA DE LOS NOMBRES

DE LOS NOMBRES PRIMITIVOS, SUSTANTIVOS Y DE CÓMO FORMAN
EL PLURAL

5 En esta lengua hay nombres sustantivos y adjetivos, primitivos, derivativos, diminutivos, simples y compuestos, comparativos y superlativos, numerales. Y de todos se hablará en particular.

Los nombres que en la gramática llamamos sustantivos lo son también en esta lengua. Ejemplo: *oquichtli*, 'hombre'. Y en
10 ellos no hay dificultad que requiera particular capítulo y así los juntamos con los derivativos.

Para lo cual, es de saber que los nombres sustantivos son en dos maneras: unos primitivos como *tlacatl*, 'persona', y otros derivativos como *tlacayutl*, 'humanidad' o 'cosa de hombre'. De
15 los derivativos hablarse ha en el capítulo siguiente.

DE CÓMO DAN PLURAL A LOS SUSTANTIVOS PRIMITIVOS

Cuanto a los sustantivos primitivos, es de notar que no tienen declinaciones, pero hacen diferencia entre el singular y el plural, añadiendo o mudando en el plural alguna letra o sílaba. Y esto
20 mismo harán todos los otros nombres derivativos, de los cuales se dirá en su lugar.

Primeramente, es de saber que dar plural a los nombres que significan cosas animadas es común y general en todas las provincias, pero a los que significan cosas inanimadas en algunas se
25 le dan y en otras no. Y donde no se le dan, suplen el dicho plural con este nombre *miec*, que quiere decir 'muchos' o 'muchas', anteponiéndole al nombre en el singular; y así dicen *miec uapalli*, 'muchas tablas'.

6-7 derivativos... numerales] derivativos, simples, compuestos, diminutivos, numerales, relativos, comparativos *M* derivativos, simples, compuestos, diminutivos, numerales, relativos, comparativos y superlativos *S n.l. B*   **8** los nombres] los nombres sustantivos *M*   **9** son] seran *MS*   **17** cuanto] cuando *M* ‖ es] *om. M*

Pero los nombres sustantivos primitivos, ahora signifiquen
30 cosas animadas o inanimadas, si tuvieren plural será por la mayor
parte en una de estas terminaciones –*ti*, –*me*. Ejemplo: *teuctli*,
'principal', plural, *teteucti*; *petlatl*, 'petate, estera', *petlame*.

Y estas partículas ya dichas no las toman indiferentemente
todos los nombres, porque algunos toman –*ti*, que no pueden
35 tomar –*me*, y al contrario; y también hay otros que las toman
entrambas.

Y para saber los nombres que toman –*ti* y los que toman
–*me*, se debe notar que los que acabaren en –*tli*, –*li*, por la mayor
parte, tomaran –*ti*. Ejemplo: *cuauhtli*, 'águila', plural, *cuauhti*
40 o *cuacuauhti*; *zulli*, 'codorniz', *zulhti* o *zuzulhti*.

Y los que acabaren en –*tl*, o en otra terminación, los más,
tomarán –*me*. Ejemplo: *tçitçimitl*, 'demonio', plural, *tçtçimime*;
alo, 'papagayo grande', *alome*. También algunos tomarán el –*ti*,
–*me* indiferentemente. Ejemplo: *caxitl*, 'escudilla', *caxti* o *cax-*
45 *me*. Lo mismo harán con los nombres que de nuestro castellano
toman. Ejemplo: ángel, plural *angeloti* o *angelome*.

Y no todos los nombres sustantivos harán el plural en –*ti* o
en –*me* porque algunos se sacan de regla. Y son los siguientes:

singular		plural
amantecatl	'oficial'	*amanteca*
ciuatl	'mujer'	*ciua*
ilama	'vieja'	*ilamatque*
oztomecatl	'mercader'	*oztomeca*
puchtecatl	'mercader'	*puchteca*
tlacatl	'persona o señor'	*tlaca*
tulhtecatl	'oficial'	*tulhteca*
ueue	'viejo'	*ueuetque*

(50 amantecatl, 55 tlacatl)

También hay otros que toman el –*ti*, –*me*, redoblando la primera o segunda sílaba. Ejemplo:

singular		plural
achcauhtli	'hidalgo'	*achcacauhti*

(60 singular)

---

32 petate] estera *PB*   38 debe notar] se denotara *S*   42 tçtçimime] tçtçimine *S*   47 to-
dos] dos *M*   48 de] de esta *M*   49 singular plural *om. ST*   56 oficial] *post* o mercader
add. MST del. W   60 singular] *om. S*

| *pilli* | 'principal' | *pipilhti* |
| *uilutl* | 'paloma' | *uiuilome* |

65 Hay otros que, con redoblar la primera o segunda sílaba, no pierden nada ni toman *–ti, –me*. Ejemplo:

singular		plural
acueyutl	'ola de la mar'	*acuecueyutl*
milhcalatl	'cierta rana'	*milhcacalatl* o *milcalame*
tlatolli	'plática'	*tlatlatolli*

70 Otros redoblan la prima sílaba y pierden algo del fin y no toman *–ti, –me*. Ejemplo:

singular		plural
coatl	'culebra'	*cocoa*
cueyatl	'rana'	*cucueya*
culutl	'alacrán'	*cuculo*
cuyutl	'adive'	*cucuyo*
chicualutl	'cierta ave'	*chichicualo*
mazatl	'venado'	*mamaza*
muyutl	'mosquito'	*mumuyo*
teculutl	'búho'	*teteculo*
tepetl	'sierra'	*tetepe*
teutl	'Dios'	*teteu*
tçiltli	'cierta ave'	*tçitçilo*
uexoltutl	'gallo'	*ueuexolo*

75 (líneas)

80 (líneas)

85 Algunos más habrá, pero estos se me ofrecen ahora.

Y es de notar que cuando los nombres en el plural han de tomar estas partículas *–ti, –me*, siempre han de perder alguna sílaba o letras del fin. Y para que en breve se sepa qué es lo que han de perder, digo que si acabaren en *–tl, –tli, –lli* las perderán, y
90 sobre lo que quedare tomarán el nombre el *–ti, o –me*. Ejemplo:

| singular | | plural |
| *pilli* | 'principal' | *pipilhti* |

64 segunda] *om. MB*   68 vel milcalame] *add. P*   70 del fin] *om. T*   71 ti me] ni *add. T* || singular... ti, me. ejemplo] *om. W*   74 cueyatl] cuatl *PT n.l. B* || cuecueya] cuecuea *P n.l. B*   85 ahora] *om. M*   88 alguna silaba...] *abs. B*   90 o me. ex.] *om. P*

petlatl	'petate'	*petlame*
oquichtli	'hombre'	*oquichti*

95   Las demás que hubiere sustantivos primitivos en otras terminaciones, sin perder nada, tomarán *–me* por la mayor parte.
Ejemplo: singular, *tuza*, 'rata', plural, *tuzame*.

93 petate] *add. SW*   **94** hombre] *add. SW*

Capítulo octavo

De los nombres sustantivos derivativos

Los nombres sustantivos unos son primitivos y otros derivativos. Hemos dicho de los primitivos, digamos ahora de los derivativos. Para lo cual es de notar que los sustantivos unos se derivan solamente de nombres y otros indiferentemente de nombres y adverbios y otros de solos verbos.

–catl   Los que salen solamente de nombres unos acaban en *–catl*, y estos se derivan de pueblo, y significan el hombre o persona de aquel pueblo de donde se derivan; y estos en el plural pierden el *–tl* y quedan en *–ca*. Ejemplo:

singular		plural	
'de Mexico'	*mexicatl*	'hombre de Mexico'	*mexica*
'de Tlaxcalla'	*tlaxcalhtecatl*	'hombre de Tlaxcalla'	*tlaxcahlteca*

Y para la formación de estos, es de notar que los nombres de pueblos, por la mayor parte, fenecen en las siguientes sílabas o letras: *–c,– ca,–can, –chan, –co, –la, –ma, –pa, –titlan*. Los que acaban en *–c, –ca, –can, –co*, vuelven el *–c, –ca, –can, –co*, en *–catl*. Ejemplo:

Tepexic	cierto pueblo	*tepexicatl*	'persona de tal pueblo'
Michuacan		*michuacatl*	'morador de tal pueblo'
Mexico		*mexicatl*	'hombre de Mexico'

Y el plural forman quitando el *–tl*. Ejemplo: *mexicatl, mexica; michuacatl,* michuaca.

6 se] *om. W*   **9** de pueblo] de aquel pueblo *P* pueblos *W* de pueblos y estos *add. T*   **12** singular plural] *om. M*   **15** nombres] hombre *P*   **17** ca] *om. S* || can] *om. M abs. B* || tlan] *om. M*   **18** ca] *om. S* || can] *om. M*   **20** de tal] de aquel *T*   **21** michuacatl] plural michuaque. de manera que cuando los pueblos fenecieren en –can pueden hacer mejor en el singular en –ua y en plural sobre el –ua toman –que *M del. S* y es de notar algunos destos acabdos en -ca hazen tambien el singular en -ua, perdiendo -can y en plural sobre el singular toman -que. ex. culhuacan. culhuama, de tal pueblo, culhuacatl, pl. culhuaque l. culhuaca. *add. mg. S* michuaca *add. P* || de tal pueblo] *om. T*   **24** michuacatl michuaca] *om. M post* y ansi haran algunosotros *add. MS trans. P*

25   Y es de notar que algunos de estos, acabados en *–can*, hacen también en el singular *–ua*, perdiendo el *–can*; y en el plural sobre el singular toman *–que*. Ejemplo: *Culhuacan, culhua,* 'persona de tal pueblo' o *culhuacatl*, plural, *culhuaque* o *culhuaca*. Pero este singular en *–catl* se usa poco.

30   De los de *–chan* no se forman derivativos en *–catl*, pero su-
–chan plen los con estos nombres: *tlacatl*, calle, *chane*. Ejemplo: *Cuauhtinchan tlacatl* o *Cuauhtinchan calle* o *Cuauhtinchan chane*, 'persona de tal pueblo'.

      Y con estos mismos nombres dirán en el plural: *Quauhtincha*
35 *tlaca* o *chaneque* o *calhque*; y esta manera de decir se usa también en los otros nombres que tienen sus derivativos en *–catl*, como México, *Mexico tlacatl* o *chane* o *calle*.

–lla, tla Los acabados en *–lla, –tla, –tlan* las vuelven en *–te* y añade *–catl*. Ejemplo: 'de Tlaxcalla', *tlaxcalhtecatl*, 'hombre de Tlaxca-
40 la'; 'de Zacatlán', *zacatecatl*, 'hombre de Zacatlán'.

–ma Los acabados en *–ma* vuelven la *–a* en *–e* y añaden *–catl*. Ejemplo: Aculhma, *aculhmecatl*, plural, *aculhmeca*.

–pa Los acabados en *–pa* toman *–ne*, y sobre el *–ne*, *–catl*. Ejemplo: Otumpa, *otumpanecatl*, 'el hombre de tal pueblo'.

45 Los acabados en *–titlan* no forman derivativos en *–catl*
–titlan propiamente, pero suplen se, como los de *–chan*, por estos nombres: *tlacatl, chane, calle*, diciendo *Cuauhtitlan tlaca* o *chane* o *calle;* plural, *Cuauhtitlan tlaca chaneque* o *calhque*, etc. Y estos, con los pronombres *no–, mo–, i–*, vuelven en *–tl* o en *–uh*
50 y en plural en *–ua*. Ejemplo: *tlaxcalhtecatl, notlaxcalhtecauh*, 'mi tlaxcalhteca', plural *notlaxcalhtecaua*. Pero poco usan juntar con los dichos pronombres.

25-27 y es... ejemplo] *om. M*   **28** culhuacan... culhuaca] mexico mexicatl hombre de mexico y el plural forman quitando el *–tl*. ejemplo mexicatl mexica y ansi haran algunosotros *M*   **25-29** y es... poco] *trans. S* y es *add. mg. P trans. infra* pero el singular en *–catl* de los nombres de pueblos que fenecen en *–can* se usa poco *P* pero... poco *om. S*   **31** calle] cale *P*   **36** tambien en] en todos *MS*   **38** lla] *add. P* ‖ tla] *om. S*   **40** hombre de çacatlan] *add. PW*   **41-42** los acabados... aculhmecatl] *add. PW* plural aculhmeca *om. P*   **44** otumpanecatl] *post* el hombre de tal pueblo *add. M*   **45** los acabados] de ellos acavados *T*

De los derivativos posesivos

55 Hay otros sustantivos derivativos, que se pueden decir posesivos, y descienden de solos nombres y fenecen en una de estas terminaciones: *–e, –ua.*

Estos significan 'el dueño' o 'señor' de aquello que importa el nombre de donde salen; y para el plural todos toman *–que* sobre el singular. Ejemplo*: milli,* 'la heredad', *mille,* 'el dueño 60 o señor de ella', plural, *milleque; atl,* 'agua', *aua,* 'el dueño del agua', plural, *auaque.*

Y para saber qué nombres tomarán *–e,* y cuáles *–ua,* se deben notar las reglas siguientes.

Primera regla

65 Cuando, perdiendo el nombre lo que ha de perder, quedare en vocal, tomarán el *–ua.* Ejemplo: *atl,* 'agua', *aua,* 'el señor del agua'. Sácase *cuicatl,* 'canto', que también hace *cuique,* 'señor del canto', plural, *cuiqueque.* Y de estos que tienen *–c* antes de la *–atl,* algunos habrá que hagan como *cuicatl,* aunque sigan la 70 regla.

Segunda regla

Cuando el nombre, perdiendo lo que ha de perder, quedare en consonante, puede indiferentemente tomar *–e* o tomar *–ua.* Ejemplo: *calli,* 'casa', *calle* o *calhua,* 'el señor de ella'; *caxitl,* 75 'escudilla', *caxe* o *caxhua,* etc. Sácase *pilhtçintli,* 'niño', que hace *pilhua,* 'madre', que tiene hijo. Pero los en *–ua* son según Tlaxcalla.

También se sacan los que quedaren en *–n, –m,* porque estos pueden tomar *–e* sobre las tales letras, o perdiendo las toman

80   –*ua*. Ejemplo: *centli*, 'mazorca de maíz', *cene* o *ceua*, 'el due-
      ño', etc., *comitl*, 'olla ', *come* o *coua*, 'el dueño', etc. El –*ua*
      según Tlaxcalla.
          Y también se sacan los que quedaren –*c*, porque estos la vuel-
      ven en –*que* y también sobre la –*c* toman –*hua*. Ejemplo: *cactli*,
85   'cotaras', *caque* o *cachua*. El segundo según Tlaxcalla.

Tercera regla

Todos los nombres que no pierden nada sobre las tales letras
o vocales en que acaban, toman –*ua*. Ejemplo: *tlatçca*, 'ciprés',
tlatçcaua, 'el dueño'; *ueue*, 'viejo', *eueua*, 'señor de tal, viejo'.
90   De estos se saca *tepayaxi*, 'sapito', *tapayaxhua*.
          También se sacan los acabados en –*chi*, que vuelven la –*i* en
      –*e* o sobre la –*i* toman –*ua*. Ejemplo: *chichi*, 'perro', *chiche* o
      chichihua, 'dueño del perro'. El segundo según Tlaxcala.

DE LOS QUE VIENEN DE VERBOS

95   Los verbales en –*qui* vuelven en –*ca* y toman –*ua*. Ejemplo: *tla-*
      pixqui, 'guarda', *tlapixcaua*, 'el señor de tal guarda'.
          Y es de notar que todos estos posesivos con los pronombres
      no–, *mo–*, *i–*, añaden –*cauh* en el singular; y en el plural toman
      –*ua* sobre el –*ca*. Ejemplo: *mille*, quiere decir 'el dueño del mai-
100   zal o de la heredad', y *nomillecauh*, que quiere decir 'mi tal due-
      ño'. Tlaxcala dice: *notlallecauh* o *notlalhtecoyo*, y el dueño dice
      al rentero *notlalhma*. México le dice: *nomayecauh*, etc.

---

80 de maiz] *om. T* ‖ el dueño] segun tlaxcalla *add. P* de ella *add. T*   81 comitl] como
los acabados en –c la vuelven en –que, cactli, caque *add. mg. P*   82 el... tlaxcalla] *add.*
PWT   85 el... tlaxcalla] *add. WT*   86 tercera regla] *mg. MWT*   88-89 tlatça... viejo]
om. P ‖ viejo] *om. MT*   90 de estos ... tapayaxhua] *om. P* ‖ sapito] sapillo *MT*   93
el... tlaxcala] *add. PWT*   94 de... verbos] *add. W*   96 guarda] *om. MST*   97-102 y es
de notar... nomayecauh etc] pero es de notar mucho que cuando se juntan a los dichos
pronombres mudan el significado porque mille quiere decir e dueño del mayzal o de la
heredad y no mille cauh no quiere decir mital dueño sino mi guarda de mi mayzal *M*
pero es de advertir... mayzal *S* los de taxcalla dicen notlalte cuio. vel. notlalecauh que
viene detlal maytl mexico dice nomayecauh quesale de mayeccantli mano derecha *P n.l.*
B   99 quiere decir] *om. P*   102 al] a su *MSP*

De los derivativos en –*YUTL*

Hay otros derivativos que salen de nombres que acaban en –*yutl*
105 o en –*lutl*; y significan el ser de la cosa o lo que pertenece o es
anexo a ella. Ejemplo: *Teutl*, 'Dios', *teuyutl*, 'divinidad' o 'cosa
que pertenece a Dios o a su servicio'; *maceualli* 'maceual', *ma-*
ceualutl, 'vasallaje de maceual' o 'cosa que convine a maceual'.
Y estos no tienen plural, sino cuando los juntan a los pronom-
110 bres *no-*, *mo-*, *i-*.

Y la formación de estos es, perdiendo lo que el nombre ha de
perder, tomar –*yutl*; y si el nombre quedare en –*l* tomará –*lutl*.
Ejemplo: *zuquitl*, 'lodo', *zuquiyotl*, 'cosa de lodo'; *pilli*, 'hidal-
go', *pillutl*, 'hidalguía'.

115 También estos derivativos en –*yutl*, –*lutl* salen de nombres y
adverbios temporales; y la formación de ellos es diferente de los
pasados porque en los que salen de nombres, perdiendo lo que
han de perder, toman –*ca*, y sobre el –*ca* añaden –*yutl*. Ejemplo:
cexiuitl, 'año', *cexiuhcayutl*, 'cosa de este año pasado', scilicet,
120 hecha o cogida, o *monamiccayutl* o *yeoxiuhcayutl*, de futuro,
no se dice.

Y si es adverbio, que no pierde nada, tomará el –*ca*, y sobre
el –*ca* se añadirá el –*yutl*. Ejemplo: *yeuecauhcayutl*.

No son en uso los tales adverbios temporales de días como
125 el siguiente: *axacan*, 'hoy', *axcancayutl*, 'la cosa de este día', no
se dice, sino *quen omochiuh*; y para cosas de simiente dice; *quen*
amaneua. Y cuando de algunos nombres verbales se derivaren
estos de –*yutl*, fomarse han de la tercera del pretérito pluscuamperfecto de la voz de activa, añadiendo –*yutl*. Ejemplo:

130 *tlatoani*   *otlatoca*   *tlatocayutl*
   'señor o hablador' 'aquel había hablado'   'cosa de señorío'

---

108 maceual] *om. P*   **109-110** sino cuando... no-, mo-, i-] *add. MS*   **112** lutl] *om.*
P   **114** hidalguía] hidalgura *M*   **119** cexiuitl] xiuitl *MSP* || cexiuhcayutl] xihuhcayutl
MSP || pasado] *om. S* || hecha] lucha *S*   **120-121** vel... no se dice] *om. MS* || no se dice]
non dicitur *PT*   **123-125** yeuecauhcayutl ... siguiente] *om. MSP* || cosa de mucho tiem-
po. que viene de yeuecauh *add. P*   **125-127** no se dice... quen amaneua] *om. MS* sino...
quen amaneua] o tiempo no son en uso adverbios tales sacados de los días y para cosa
que se haya hecho o cogido dicen quin amuchiuh para simiente dicen quin amaneua *P*
amaneua] amanteca *T*   **128** tercera] segunda *B*   **131** o hablador] *om. M*

tlaxinqui	*otlaxinca*	*tlaxincayutl*
'carpintero'	'aquel había labrado'	'cosa de carpintero'
tlacuilo	*otlacuiloca*	*tlacuilocayutl*
'escribano'	'aquel había escrito'	'cosa de escribano'

135

Los que descienden de nombres de pueblos, como de México, *mexicayutl*, formar se han de su nombre derivativo acabado en *–catl*, volviendo el *–tl* en *–yutl*. Ejemplo: 'de Tlaxcalla', *tlaxcalhtecatl, tlaxcaltecayutl*, 'cosa de Tlaxcalla'. Sácanse los nombres

140 de pueblos que acaban en *–chan* y en *–titlan*, porque estos sobre el mismo nombre del pueblo toman *–ca*, y añaden *–yutl*. Ejemplo: *cuauhtinchan, cuauhtinchancayutl*; *cuauhtitlan, cuauhtitlancayutl*.

Y es de notar que los nombres sustantivos que se fenecieren

145 en *–c* preposición, y también los adjetivos que acabaren en *–c*, tomarán *–a* sobre la *–c* y añadirán *–yutl*. Ejemplo: *ilhuicac*, 'en el cielo', *ilhuicacayutl*, 'cosa del cielo'; *cuztic*, 'cosa amarilla', *cuzticayutl*, 'amarillez de la tal cosa'.

Y estos derivativos con los pronombres *no–, mo– i–*, etc.,

150 en el singular pierden el *–tl*, y en el plural toman *–ua*. Ejemplo: *nacayutl*, 'cosa de la carne o cuerpo', *nonacayo*, 'mi tal cosa', plural, *nonacayoua*, 'mis tales cosas', y tómase por 'mis hijos' o 'los de mi casa'.

Pero cuando estos de *–yutl* o *–lutl* descienden de nombres o

155 adverbios temporales, entonces en el singular reciben los tales pronombres; mas en el plural no se dicen, sino cuando se habla de cosas animadas. Ejemplo: *xiuhcayutl*, 'cosa del año pasado', *noxiuhcayo*, 'mi tal cosa', plural, *noxiuhcayoa*, 'mis tales cosas', esto es, animadas. Y se usa poco este plural.

Capítulo noveno

De los derivativos sustantivos que descienden de verbos

Los verbales pueden recibir antes de sí una de estas tres partículas: *–tla, –te, –ne*; y unos las reciben todas y otras algunas; y
5   otros no reciben ninguna.

Y cuando estas partículas se anteponen a los nombres verbales, tienen el mismo significado que en el verbo de donde descienden; y, puesto que se haya de tratar de lo que significan en la materia de los verbos, en breve pondremos aquí lo que para el
10   presente propósito hace al caso.

Es de saber que el *–tla* significa generalidad en el nombre con quien se junta; y el *–te* que la significación del nombre pasa en cosas animadas; el *–ne* se usa poner en los nombres que descienden de verbos, a los cuales se anteponen *nino–, timo–*, etc., ahora sea
15   por vía de reflexión o porque el verbo lo tiene de suyo. Ejemplo: de *motlazotlah*, que significa 'aquellos se aman', viene *netlazotlaliztli*, que es 'el amor con que alguno se ama'; de *ninozaua*, que es 'ayunar', viene *nezaualiztli*, 'el ayuno', porque el *–mo* de la tercera del verbo, en estos de *–liztli*, se vuelve en *–ne*; pero
20   los verbales acabados en *–ni* quedar se han con el *–mo* del verbo. Ejemplo: *motlaloa*, 'aquel corre', *motlaloani*, 'corredor'.

Débese también de notar que cuando el nombre al cual se anteponen estas partículas comenzare en vocal, ni se perderá la vocal del nombre, ni de la partícula. Ejemplo: *tlaeleuiani*, 'de-
25   seoso', *teauilhtiani*, 'el que alegra a otros', *neauilhtiliztli*, 'el regocijo con que algunos se regocijan'.

De los verbales sustantivos

–liztli   Estos verbales sustantivos fenecen en diversas terminaciones; unos acaban en *–liztli* y significan la acción y operación del

1 noveno] nono *R*   **4-5** y otras algunas y otros no] y otros las resçiven todas y otras algunas y otros no *T*   **10** propósito] *om. B*   **17** con que alguno se ama] *om. B*   **18** ayuno] *em. supra P*   **19** tercera] segunda *B*   **26** con que algunos se regocijan] *om. B*   **28** –liztli] *om. P*   **29** acción] formaçion de los verbales sustantivos *add. mg. P*

30   verbo, así como enseñanza o doctrina, etc. Ejemplo: *temachti-*
      liztli, 'la doctrina con que yo enseño a otros'.

            Sácanse los que se derivan de los verbos acabados en *–ca*,
      que se forman del futuro perdiendo la *–z*, y volviendo el *–ca*
      en *–qui*, y añadiendo *–liztli*. Ejemplo: *tlanelhtocaz, tlanelhto-*
35   *quiliztli*, etc.

            Estos no tienen plural. La formación de ellos es del futuro del
      indicativo volviendo la *–z* en *–liztli*. Ejemplo: *tetlazotlaz*, 'aquel
      amará', *tetlazotlaliztli*, 'el amor con que aman a otros'.

            Y cuando estos salen de verbos neutros absolutos, acabados
40   en *–i*, se pueden formar de dos maneras: la primera, como ya es
      dicho; la segunda, sobre la *–z* del futuro tomar *–tli*. Ejemplo:
      miquiz, 'morirá', *miquiliztli* o *miquiztli*, 'muerte'.

            Y los que salen de verbos activos pueden tomar las partículas
      –tla, –te, –ne, porque si vienen de verbos neutros que no tu-
45   vieren *nino–, timo–*, etc., no las pueden recibir; pero si tienen
      nino–, timo–, etc., toman sólo el *ne–* como está dicho.

            Con los pronombres *no–, mo–, i–*, etc., pierden el *–tli*.
      Ejemplo: *techicaualiztli*, 'esfuerzo', *notechicaualiz*, 'mi esfuer-
      zo con que esfuerzo a otros'. Plural no la tiene, sino del verbal
50   en *–ni*. Ejemplo: *techicauani, notechicauhcauh*, 'mi esforzador',
      plural, *notechicauhcaua*.

–lli   Otros acaban en *–lli* y tienen el mismo significado que los de
      –liztli. Ejemplo: *nemachtilli*, 'la doctrina con que algunos se
      enseñan o deprenden'; *temachtilli*, 'la doctrina que enseña a
55   otros'.

            La formación de estos es volver la *–z* del futuro en *–lli*, como
      parece en los ejemplos ya dichos. Y en esta significación de sus-
      tantivos no pueden tomar más de las partículas *–te, –ne*, por-
      que cuando toman *–tla* se hacen adjetivos, como se dirá ade-

---

35 sácanse... etc.] *add. WT*   **38** a otros] *om. B*   **39** absolutos] *add. W*   **41** la segunda
sobre la -z] la segunda sobre la segunda *B*   **45-46** no las pueden... timo etc.] *om. B* ||
pero... dicho] *om. M*   **47** el –tli] *post* y cuando les dan plural y vuelven el –tli en –hua
add. MST   **48** techicaualiztli] techmaliztli *M*   **49** esfuerzo] con que esfuerço a otros
add. B || notechicaualiz] *om. B* || esfuerzo] el esfuerço *T*   **51** plural notechicauhcaua]
plural notechicaualizua mis esfuerços y tambien mis esforçadores *MS* plural notechicaualizua no se dice sino notechicauhcauh. mi esforçador. plural notechicauh caua,
pero viene del verbal techicauani *P n.l. B*   **53-54** con... la doctrina] *om. B*   **56** z] 3
MPT segunda *B* || lli] tli *T* || –ni] *om. P*

60 lante. Con los pronombres *no–*, *mo–*, *i–* siguen la regla de los primitivos acabados en *–lli*, etc.

–ni   Otros acaban en *–ni*, y están en lugar de los nombres que en nuestro castellano decimos 'amador', 'lector', etc.; y el plural hacen de dos maneras, porque, o toman *–me*, o añaden una *–h*

65 sobre el *–ni*. Ejemplo: *tetlazotlani*, 'amador', plural, *tetlazotlani-me* o *tetlazotlanih*. O del verbal en *–ni*. Ejemplo: *techicauani*, *notechicauhcauh*, 'mi esforzador'; plural, *notechicauhcaua*.

La formación de estos es de la tercera persona del presente de indicativo, añadiendo *–ni*. Ejemplo: *tlacua*, 'aquel come',

70 *tlacuani*, 'comedor'.

Estos no reciben más de las partículas *–tla*, *–te*, pero cuando descienden de verbos neutros que tuvieren *nino–*, *timo–*, *mo–*, etc., quedar se han los verbales con el *mo–*, de la tercera persona del verbo y no la volverán en *–ne*, como hicieron en los de *–liz*,

75 *–tli*. Ejemplo: *motlaloa*, 'aquel corre', *motlaloani*, 'corredor'.

Y lo mismo se dirá de los verbales que salieren de verbos activos reflexivos, que tomarán también el *mo–*. Ejemplo: *motlazotla*, 'aquel se ama', *motlazotlani*, 'amador de sí mismo'. Pero ayuntados a los pronombres *no–*, *mo–*, *i–* etc., el *mo–* volverán

80 en *ne–*. Ejemplo: *momachtiani*, *nonemachticauh*, 'mi tal hijo vel que se enseña'.

Y los que salen de verbos activos con los pronombres *no–*, *mo–*, *i–* sobre el pretérito pluscuamperfecto del verbo donde descienden tomarán *–uh*; y para el plural *–ua*, quitando la *o–* del

85 principio. Ejemplo: *otlapixca*, 'aquel había guardado', *notlapix-cauh*, 'mi guarda', plural, *notlapixcaua*, 'mis guardas'.

Pero débese notar que cuando los activos reflexivos se juntaren con los pronombres *no–*, *mo–*, *i–*, etc., el *–mo* volverá en *–ne*. Ejemplo: *momachtiani*, *nonemachtiacauh*, 'mi tal hijo que

90 se enseña'.

62 –ni] lli *S*   **64** h] y *PB*   **65** tetlazotlani] tetlaçohtlani *P*   **65-67** plural... notechicauh-caua] plural. notechicaualizua, mis esfuerços y tambien mis esforçadores *M* plural no-techicaualizua no se dice sino notechicauhcauh mi esforçador plural notechicauh caua, pero viene del verbal techicauani *P n.l. B*   **66** tetlaçotlanih] tetlaçohtlanih *P*   **66-67** o del verbal... notechicauhcaua] *om. MSPW*   **68** es] *om. M* || tercera] segunda *B*   **69** ni] ani *P* || come] lame *P*   **78-81** pero... se enseña] *om. M*   **87-90** pero... enseña] *om. SPB*

Mas, si descienden de verbos neutros que tienen *mo–* en la tercera persona, no se juntarán con los pronombres. Y así, no diremos *nomotlalocauh*. Pero si salieren de verbos neutros que no tienen el *mo–*, bien se juntarán con los pronombres *no–*, *mo–*, 95 *i–*, etc. Ejemplo: *tlaczani*, 'andador', bien diremos: *notlaczacauh*, 'mi andador'.

–ni   Otros acaban en *–ni*, que salen de la voz impersonal y significan el instrumento con que se ejercita la operación del verbo. El plural hacen como los pasados, añadiendo *–me* o *–h* sobre el *–ni*. 100 Ejemplo: *tlateconi*, 'hacha o instrumento para cortar', plural, *tlateconime* o *tlateconih*. Y en estos no se usa mucho el plural.

La formación de ellos es del presente de indicativo de la voz impersonal, añadiendo *–ni*. Ejemplo: *temachtilo*, 'todos enseñan', *temachtiloni*, 'aquello con que enseñan'.

105 Y estos no pueden estar sin una de estas tres partículas: *–tla*, *–te*, *–ne*. No se pueden juntar con los pronombres *no–*, *mo–*, *i–*, pero para decir 'mi tal instrumento' anteponen los dichos pronombres al pretérito imperfecto de la activa. Ejemplo: tlateconi, 'instrumento con que cortan', *notlatequia*, 'mi tal instrumento 110 con que corto', etc.

–qui   Otros acaban en *–qui*; y estos, por la mayor parte, son nombres oficiales que ejercitan la operación del verbo donde salen; y en el plural vuelven el *–qui* en *–que*. Ejemplo: *tlapixqui*, 'guarda', plural, *tlapixque*.

115 La formación de ellos es de la tercera persona del singular del pretérito perfecto, perdiendo la *o–* del principio y añadiendo *–qui*. Ejemplo: *nitlahtçuma*, 'coser algo', hace en la tercera persona del pretérito *otlahtçun*, perdiendo la *o–* y tomando *–qui*, hará *tlatçunqui*, 'el sastre'. Y estos no tomarán de las partículas 120 *tla–*, *te–*.

Y con los pronombres *no–*, *mo–*, *i–*, etc., hacen en el singular y plural como dijimos, de los de *ni–* que salen de verbos

92 tercera] 2ª *B*   **93-95** pero si… diremos] *om. W* ‖ nomotlalocauh] notlacçacauh mi andador *W* ‖ mi andador *om. B*   **99** el –ni] pero no es vsado mucho este plural *add. P*   **100** tlateconi… plural] *om. M*   **101** y… plural] *om. SP n.l. B*   **104** enseñan] se enseñan *P*   **105** estos] *supra em.* no *P*   **105-110** y estos … corto, etc] *om. SP* ‖ corto] cortan *M*   **112** nombres] de *add. P*   **117** nitlahtçuma] nitlatçuma *S* nitlatzuma *PT*   **118** otlahtçun] otlatçun *S* otlahtzun *P n.l. B* otlatzuma *T*   **119** tlatçunqui] tlahtuzunqui *P n.l. B om.T*

activos. Ejemplo: *tlapixqui*, 'guarda', *notlapixcauh*, plural, *notlapixcaua*.

125   Otros acaban en *–ya;* y estos salen de la voz impersonal y
–ya son el pretérito imperfecto del indicativo de la dicha voz, a la letra, anteponiéndoles los pronombres *no–*, *mo–*, etc., significan el lugar donde se hace la operación que importa el verbo. Ejemplo: *temachtiloyan*, 'el lugar donde todos enseñan'. Toman las
130   partículas *tla–*, *te–*, *ne–*, aunque el *tla–* no con todo verbo, etc.

Y estos impersonales no se juntan con los pronombres *no–*, *mo–*, *i–*, pero para decir 'mi tal lugar' reducen los al pretérito imperfecto del indicativo de la voz activa, añadiendo una *–n*. Ejemplo: *tlacualoyan*, 'el lugar donde comen', *notlacuayan*, 'mi
135   tal lugar donde yo como'.

–ca   Otros acaban en *–ca*; y estos, por la mayor parte, descienden de verbos compuestos con nombres. Significan lo mismo que los de *–ya*, sobredichos, que es el lugar donde se ejercita o hace la operación del verbo. Y estos en el plural redoblan la primera
140   sílaba. Ejemplo: *calhpixca*, 'el lugar donde guardan algo', plural, *cacalhpixca*.

La formación de ellos es de la tercera persona del singular del pretérito pluscuamperfecto, quitando la *o–* del principio. Ejemplo: *ocacchiuhca*, 'aquel había hecho cacles', *cacchiuhca*, 'el lugar
145   donde se hacen cacles'.

Y estos, con los pronombres *no–*, *mo–*, *i–*, no pierden nada ni añaden. Ejemplo: *conchiuhcan*, 'el lugar donde se hacen ollas', *noconchiuhca*, 'mi tal lugar'. Y en el plural redoblan también la primera sílaba, y dirá: *nococonchiuhca*, etc.

150   Otros también acaban en *–ca*; y estos salen solamente de la voz pasiva, y tienen el significado pasivo, y en solo esto difieren en la significación de los de *–liztli*.

---

123 guarda] *add. P*   **124** notlapixcauh] notlahpixcauh *P*   **130** aunque... verbo, etc.] *om. SM* aunque el tla no se usa mucho aqui tomar, etc. *P n.l. B*   **131** impersonales] *om. MP n.l. B*   **133** del indicativo] *om. B*   **135** donde yo como] y estos no pueden estar sin vna de estas tres particulas. tla.te. ne. no se pueden juntar con los pronombres no. mo. y. pero para decir mi talinstrumento ante ponen los dichos pronombres al preterito imperfecto. de la actiua. ejemplo. tlateconi instrumento con que cortan notlatequia mi tal instrumento con que corte. etc *add. P*   **137** de verbos] *om. W*   **140** calhpixca] calpixca *P* ‖ lugar] higor *S*   **141** cacalhpixca] cacalpixca *P*   **145** cacles] cactles *M*   **150** estos] *post* por la mayor parte *add. P* ‖ tambien acaban] acaban tambien *MSPT*

Y estos no pueden estar sin los pronombres *no–*, *mo–*, *i–*,
etc., y son el pretérito pluscuamperfecto de la pasiva, quitando
155 la *o–* del principio y anteponiéndoles los dichos pronombres.
Ejemplo: *notlayecultiluca*, 'el servicio con que yo soy servido'.
No toman partícula ninguna porque la pasiva donde vienen no
las tiene.

156 servicio] servido *M*

Capítulo décimo

De los nombres adjetivos primitivos

Los adjetivos son en dos maneras: unos son primitivos y otros derivativos. Y entre los derivativos unos se derivan de nombres y otros de verbos. Trataremos primero de los primitivos y después de los derivativos.

Los nombres o adjetivos primitivos son pocos y algunos de ellos en la variación dificultosos. Y, por tanto, pondré aquí los que se me ofrecieren:

Anca: por sí solo no se dice. Y juntado con la tercera del pronombre en el singular, dicen *yanca*, y significa su igual o lo que está conjunto a otra cosa.

Aucac: 'no está aquí, aunque había estado'. Está en lugar de "*nullus*". Y varíase de esta manera: singular, 3ª *aucac* o *aocac*, plural, 3ª *aucaque* o *ayocaque*

Atlei: 'ninguna cosa' o "*nihil* vel *nullus*", o 'no soy nada'; y dícese de cosas animadas cuando significa no ser nada, y la tercera persona usan para cosas inanimadas y quiere decir no hay nada. Y para denotar el segundo significado se varía de esta manera: singular, 1ª *anitlei*, 'no soy nada', 2ª *atitlei*, 3ª *atlei*; plural, 1ª *atitleitin*, 2ª *amatleiti*, 3ª *atleiti*. Y también dicen en el plural: 1ª *atitleme*, 2ª *antleme*, 3ª *atleme*.

Auctlei: este significa que 'antes había algo, pero que ya no hay nada' o quiere decir 'antes era algo y ya no soy nada', y en este segundo significado se varía de esta manera: singular, 1ª *aucnitlei*; 2ª *auctitlei*, 3ª *auctlei*; plural, 1ª *auctitleiti*; 2ª *aucantleiti*, 3ª *auctleiti*. Y también dicen en el plural: 1ª *auctitleme*, 2ª *aucantleme*, 3ª *auctleme*

3 son] ante primitivos *om. M*   **10** tercera] 2ª *P*   **13** auac... estado] aniuac no estoy aquí aunque había estado o no soy nada aunque lo era *MS* aucac no esta aqui s. aquel aunque auia estado *P*   **14** aucac o aocac] aniuac 2 atiuac 3 auac *M* anioac, 2ª atioc, 3ª aoac *S* aucac 3ª l. ayocac pl. aucacque vel ayocaque *T*   **15** aucaque o ayocaque] atiuaque anmiuaque auaque vel ayocaque vel auaque *M* atioaque 2ª anmioaque 3ª aoaque vel ayocaque vel aoacaque *S* || ayocaque] *post add.* carece de otras *P* || aocac] ayocac *T*   **16** atlei] atley *T*   **22** atleme] *post* y se usa mas *add. T*   **23** auctlei] auctley *T*   **26** aucantleiti] aucantleyti *T*

Ayac: 'ninguno' o 'no estoy aquí' o 'no soy nada'. En el se-
30 gundo y tercero significado se varía en esta manera: singular, 1ª
anac, 'no estoy aquí o no soy nada', 2ª *atac*, 3ª *ayac*; plural, 1ª
ataque, 2ª *amaque*, 3ª *ayaque*.

Elh: no se halla por sí solo, sin los pronombres *no–*, *mo–*,
i–; y con ellos quiere decir 'diligente'. Y váriase en esta manera:
35 singular, 1ª *nelh*, 'yo soy diligente', 2ª *melh*, 3ª *yelh;* plural, 1ª
telh, 2ª *amelh*, 3ª *imel*. Y también dicen en el plural: 1ª *telhti*, 2ª
amelhti, 3ª *yelhti*. Y con este nombre y los pasados parece que
los pronombres *no–*, *mo–*, *i–*, no son posesivos, si no están en
lugar de *ni–*, *ti–*, *an–*.

40 *Yuhqui* o *yuh*: quiere decir "*talis* et *tale*". Y váriase de esta
manera: singular, 1ª *niuhqui*, 2ª *tiuhqui*, 3ª *yuhqui*; plural, 1ª *tiu-
hque*, 2ª *amiuhque*, 3ª *yuhque*, 'tal soy' o 'tales somos', etc.

Ixquich o *itçqui*: 'todo' o 'tanto'. Dícese en el singular de
cosas animadas e inanimadas; plural: *ixquichtin* o *itçquintin*,
45 esto de cosas animadas.

Muchi: 'todo'; plural *mochintin*, 'todos'. En el singular y plural tiene la diferencia que el pasado.

Nelli: 'cosa verdadera'.

Oui: 'cosa ardua' o 'dificultosa'.

50 *Cuauhtic*: 'persona grande o larga'; plural *quicuauhtique*.

Cualli: cosa 'buena'.

Quexquich o *quezqui*: 'cuánto o qué tanto'

Uei: cosa 'grande', scilicet, animal. Plural *ueuei* o *uecapame*,
y para aves *ueuey*.

55 *Xuxuhqui*: cosa 'verde'.

Yectli: cosa 'buena'.

Y estos adjetivos primitivos, cuando las cosas de que se dicen
son animadas, por la mayor parte en el plural tomarán *–ti*, sin
redoblar sílaba y también redoblándola podrán tomar *–ti*. Ejem-
60 plo: *cualli*, 'bueno'; plural, *cualhtin*, *cuacualhtin*.

Pero si son de cosas inanimadas redoblarán la primera sílaba, sin tomar nada. Ejemplo: *ueyac* cosa grande o larga, scilicet árbol, palo, paja; plural *ueueyac,* etc.

Y esto sobredicho se ha de entender cuando el tal nombre ahora signifique cosas animadas o inanimadas, tuviere plural, porque no a todos los adjetivos se les puede dar.

De los nombres numerales de cosas animadas

singular			plural
ce	'uno'	*ceme,*	*cequintin, cequin*
occe	'otro'	*occequintin,*	*cequintin, cequin*
1ª *zan nocel*			1ª *zan toceltin,*
2ª *zan mocelh*			2ª *zan amocelhtin*
3ª *zan icelh*			3ª *zan icelhtin*

Zan iyo, 'yo solo'. Varíase en esta manera:

	plural
1ª *zan iyo*	1ª *zan tiyoque*
2ª *zan tiyo*	2ª *zan amiyoque*
3ª *zan iyo*	3ª *zan iyoque*

Y para decir 'ambos' usan de esta preposición *–uan* con los pronombres, de esta manera:

singular	plural
1ª *nouan* 'conmigo'	1ª *touan* o *toneuan*
2ª *mouan* 'contigo'	2ª *amouan* o *amoneuan*
3ª *yuan* 'con aquel'	3ª *yuan* o *ineuan*

Yonteixti o *imonteixti,* ídem para animales y aves.

Y para decir 'más que dos', dicen, *tocepan tiazque,* 'todos juntos iremos': *tomexti* 'ambos', 2ª *amomexti,* 3ª *imomexti* o *yomomexti*; Dícese para culebras o peces o personas, etc.

62 nada] –ti *M*   **63** ueyac... etc.] quauhtic cosa grande plural quaquahtic *MS*   **66** dar] *post* y siendo persona animada dira en el singular quahtic pl. quauhtique para animales ueuey uecapame y para aves ueuey *add. T*   **83** contigo, con aquel] *om. W*

De los nombres numerales de cosas inanimadas

centetl: 'una', a saber, manta, piedra, palo, papel, etc.
90   *ce*: 'uno'; dícenlo también para árbol, petate, etc.
occentetl: 'otra', esto es, piedra, etc.
centlamantli: 'una cosa', un sermón, plática o cantar o cosas pareadas.
occentlamantli: 'otra cosa', así como, piedra, manta, sermón.
95   *cententli* o *cencamatl*: 'una palabra'.
occententli: 'otra palabra'.
occequi o *cequi* 'otra cosa' o 'más', etc.
occecca: es lo mismo que *occequi;* y es para cosas de comer o mantas por orden puesta, etc. Otras veces *occecca* es adverbio y
100   quiere decir en otra parte.
yontlamanixti: 'ambas cosas'.
yonteixti: 'ambas cosas', esto es, piedras.
yomexti: 'ambas', es decir, palos, árboles, etc.

De "*quis*" vel "*qui*" y sus compuestos

105   *ac aqui aquin:* '¿quién?', preguntando; plural, *aquique.*
ac yehuatl: '¿quién es aquel?'; plural, *aquique yehuantin.*
in aquin: 'el que'; plural, *in aquique*, 'los que', es decir, vinieron.
catleuatl: 'que' o 'cual', para cosas inanimadas
cazo catleuatl: 'cualquiera', para cosas inanimadas.
110   *in aqui* o *in aquin*: 'cualquiera que' o 'el que', plural, *in aquique*, 'cuales quiera que' o 'los que'.
ceceme o *ceceyaca*: 'cada uno' o 'cada cual'.
aca: 'alguno'; plural, *acame,* 'algunos'.
tlein?: '¿qué?'.
115   *tlein y?:* '¿qué es esto?'
tleino?: '¿qué es eso?
catli in Pedro?: '¿dónde está Pedro?'; plural, *catlique.*

---

91 occentetl] *om. P*   **92** sermón] *post* o cosa pareada *add. MS*   **99** otras veces ocçecca] ocçecca otras veces *P*   **104** de quis compuestos] *del.* de los nombres numerales *P*   **109** cual quiera] *om. P*   **117** catli... catlique] *add. WT*

Capítulo undécimo

De los derivativos adjetivos

–yo,
Los derivativos adjetivos: unos se derivan de nombres y otros de verbos. Los que se derivan de nombres acaban en una de estas terminaciones: *–yo, –llo*. Y el significado de estos es cosa que tiene aquello que significa el nombre de donde salen. Y estos, en el plural, toman *–que* sobre la *–o*. Ejemplo: *zuquitl*, 'lodo' o 'barro', *zuquiyo*, 'cosa lodosa'; plural, *zuquiyoque*.

La formación de estos es, los acabados en *–yo* que salen de nombres acabados en *–tl* o en *–tli*, hacen al nombre perder el *–tl* o el *–tli* y toman *–yo*. Ejemplo: *iztatl*, 'sal', *iztayo*, 'cosa salada'; *uctli*, 'vino', *ucyo*, 'cosa vinada'.

Los acabados en *–llo* se forman de los nombres acabados en *–lli*, volviendo la *–i* en *–o*. Ejemplo: *temalli*, 'materia', *temallo*, 'cosa que tiene materia'.

Y estos, con los pronombres *–no, –mo, –i*, etc., hacen en dos maneras en el singular. Porque, o se quedan en la misma terminación, tomando los pronombres al principio, o también sobre la *–o* toman *–cauh*. Y en el plural los unos y los otros toman *–ua*. Ejemplo: *iztatl noztayo* o *noztayocauh*, plural, *noztayo ua* o *noztayocaua*.

Y es de notar que el primero significado es muy diferente del segundo, porque el primero denota que aquello que importa el nombre está en mí mismo, y el segundo que está en cosa mía. Ejemplo: *zuquitl*, es 'lodo', *zuquiyo*, 'cosa lodosa', *nozuquiyo* querrá decir 'mi suciedad' o 'el lodo que está en mí', pero *nozuqui yocauh* querrá decir 'mi cosa sucia'.

De los verbales adjetivos

Hay otros adjetivos que se derivan de verbos y estos son verbales y fenecen en diversas terminaciones.

---

1 undécimo] 101 *W*   **1-2** capitulo... adjetivos] de quis vel qui y sus compuestos *M*   **1-173** capitulo... entender] *n.l. B*   **10** *–tl*] etl *W*   **27** de... adjetivos] capitulos xi de los verbales adjetivos *M*

30   Unos acaban en *–c*, y estos significan ser la cosa tal como lo
–c   importa el verbo de donde descienden. Ejemplo: de *ati* o *atia*,
        'derretir se', *atic*, 'cosa rala' o 'derretida'.

        Y para la formación de estos, es de notar que por la mayor
        parte salen de verbos neutros; y no de todos, sino de estas cinco
35   terminaciones: *–ua, –ui, –tia, –ti, –ni.*

        Y de estos salen los verbales adjetivos en *–c*, por la mayor
        parte. Pero porque la formación es muy diferente y no se puede
        dar una regla, diremos de cada terminación por sí.

        Los de *–ua* se forman en dos maneras: o toman sobre la *–a*,
40   *–c*, o vuelven el *–ua* en *–c* y toman *–tic.* Ejemplo: *cuechaua*, 'hu-
        medecerse', *cuechauac* o *chechactic* 'cosa húmeda'. De estos se
        sacan:

            alaztic 'cosa resbaladiza'
            coyaztic 'cosa hueca'; no se dice, sino *coyauac* o *yticcoyoque*, etc.
45   *piaztic* 'cosa larga y derecha', 'palo o caña'.

        Los cuales algunos vuelven el *–ua* del verbo en *–z* y toman
        –tic, pudiendo salir de verbos.

        Los de *–ui* forman el verbal perdiendo el *–ui* y la vocal que
        está antes de él. Y sobre la consonante que quedare tomarán
50   *–tic.* Ejemplo: *culiui*, 'entortarse', *culhtic* 'cosa tuerta'; *maxexe-*
        liui, 'derramarse' o 'esparcirse', *maxexelhtic*, 'cosa esparcida' o
        'desparramada'.

        Los acabados en *–ti.* Sobre el *–ti* toman *–c.* Ejemplo: *ati*, 'de-
        rretirse', *atic*, 'cosa derretida' o 'rala'.

55   Los de *–tia* vuelven la *–a* en *–c.* Ejemplo: *tlilhtia*, 'hacerse
        negro' o 'entintarse', *tlilhtic*, 'cosa negra'.

        Los de *–ni* vuelven el *–ni* en *–c* y toman sobre la *–c –tic.* Ejem-
        plo: *coyoni*, 'horadarse', *coyoctic*, 'cosa horadada'.

        Estos no reciben las partículas *–tla, –te, –ne*, ni salen de todos
60   los verbos de estas terminaciones, sino de algunos.

        Con los pronombres *–no, –mo, –i*, hacen en dos maneras: o
        toman *–a* sobre la *–c*, o vuelven la *–c* en *–cauh.* Ejemplo: *ca-*
        tçauac, 'cosa sucia', *nocatçauac*, mi tal, etc.

Si son personas negras vuelven la –*c* en –*cauh*. Ejemplo:
65 *tlilhtic* 'negro', *notlilhticauh*, 'mi negro', plural, *notlilhticauan*
'mis negros'.

–*lli*   Otros acaban en –*lli*. Y el significado de estos es el del participio del pretérito de la voz pasiva. En el plural vuelven el –*li*
en –ti, anteponiendo una –*h*. Ejemplo: *tlacencaualli*, 'cosa apare-
70 jada', plural *tlacencaualhti*.

Y estos algunas veces tienen significado de sustantivos, como
tlamachtilli, 'discípulo' o 'cosa enseñada'.

Estos se forman del futuro de la activa volviendo la –*z* en –*lli*,
como parece en el ejemplo ya dicho. Toman solamente la partí-
75 cula –*tla*, porque cuando toman –*te*, –*ne* se hacen sustantivos y
mudan el significado, como esta dicho en la materia de los verbales sustantivos.

Con los pronombres –*no*, –*mo*, –*i* en el singular perderán el
–*li* y tomarán –*h*; y en el plural tomarán –*ua* sobre el singular.
80 Ejemplo: *tlamachtilli*, 'el discípulo' o 'cosa enseñada',
notlamachtilh, plural, *notlamachtilhua*, etc.

Otros acaban en –*ni*. Y estos salen de la pasiva y el significado
de ellos es lo –*ni* que en nuestro castellano decimos 'cosa amable', 'venerable', etc., o 'cosa digna de ser amada'. En el plural
85 toman –*me*. Ejemplo: *tlazotlaloni*, 'cosa amable' o 'digna de ser
amada'; plural, *tlazotlalonime*, 'los tales amables', etc. Aunque
estos plurales no se usan mucho.

La formación de estos es de la tercera persona del presente
del indicativo de la voz pasiva, añadiendo –*ni*, como parece en el
90 ejemplo ya dicho.

Estos no toman partícula alguna, porque la pasiva de donde
descienden no la recibe. Tampoco se pueden juntar con los pronombres –*no*, –*mo*, –*i*, etc. Otros acaban también en –*ni*. Y sig-
–*ni*   nifican ser la cosa tal como lo importa la significación del verbo

63-66 nocatçauac... mis negros] nocatçauaca l nocatçauacauh. y es de notar que estos
dos tienen diferente significado porque el nocatçauaca quiere decir la suziedad que
esta en mi nocatçauacauh quiere decir mi cosa suzia de manera quien tramos se tornan
substantiuos con los pronombres no mo y, y ansi el uno como el otro en el plural tomaran ua y haran nocatçauaca *MS*   **67** acaban] acabados *P*   **68-69** en –ti... tlacencaualli]
om. M   **85** –me] –mo *W* || tlazotlaloni] *post* tlaçotlalonime *add. P*   **86** tlazotlalonime]
mg. tlaçotlaloni *add. P*   **87** aunque... usan mucho] *om. S*   **88** tercera] 2ª *P*   **88-89** la
formación ... –ni como] *om. M*

95   de donde descienden. Y estos en el plural toman *–me*. Ejemplo:
      miqui, 'morir', *miquini*, 'cosa mortal', plural, *miquinime*.

      Estos, en esta significación, no pueden venir sino de verbos
      neutros que signifiquen pasión intrínseca, porque cuando son
      de verbos que significan pasión extrínseca, como motlaloani,
100   'corredor', entonces son sustantivos y tienen otro significado
      como esta dicho.

      La formación de estos es de la tercera persona del presen-
      te del indicativo de la voz de activa, añadiendo *–ni*. Estos no
      toman partícula ninguna ni se juntan con los pronombres *–no,*
105   *–mo, –i,* etc.

      Otros verbales adjetivos hay que no tienen terminación de-
      terminada, porque son a la letra la tercera persona del pretérito
      perfecto del indicativo de la voz de activa, quitado la *–o* del pre-
      térito, y el significado de estos es activo.

110   Y significan lo que importa el verbo, como 'cosa alegre' o
      'cosa espantosa', 'que alegra o espanta'. Y en el plural toman
      –que sobre el singular. Ejemplo: *temamauhti*, 'cosa espantosa',
      'que espanta', plural *temamauhtique*.

      Y en este significado no pueden tomar más de la partícula *–te*,
115   y no pueden estar sin ella. Y tomando el *–tla, –te*, se hacen sus-
      tantivos. Ejemplo: *temachti*, 'el predicador'; *tlacuilo*, 'escribano'.
      Y estos sustantivos salen de pocos verbos.

      Los adjetivos no reciben los pronombres *–no, –mo, –i,* pero
      los sustantivos tomaran *–cauh* en el singular y *–caua* en el plural.
120   Ejemplo: *tlacuilo*, 'escribano', *notlacuilocauh*, plural, *notlacuilo-*
      caua. Y estos también pueden ser de *tlacuiloani, temachti*, 'pre-
      dicador', *notemachticauh*, etc.

–qui   Otros acaban en *–qui*. Y significan la cosa por la cual ha pasa-
      do la acción o significación del verbo, como 'cosa lavada' o 'po-
125   drida', etc. Estos, en el plural, volverán el *–qui* en *–que*. Ejemplo:
      palanqui, 'cosa podrida' o 'llagada'; plural, *palanque*. Y estos sa-
      len de verbos neutros y no de todos.

      La formación de ellos es del pretérito perfecto del verbo don-
      de salen, quitando la *–o* del principio y añadiendo *–qui*. Ejem-

98 pasión] pasiva *T*   **102** tercera] 2ª *P*   **126** palanqui... palanque] tenqui cosa llena
plural tenque *MS*   **128-129** la formacion... –qui] la formacion de ellos es del principio
y añadiendo qui *M*

130   plo: *coyaua*, 'ensancharse', pretérito, *ocoyauh*, y de aquí viene
      coyauhqui, 'cosa ensanchada' o 'horadada', plural, *coyauhque*.
      Estos no pueden, en este significado, tomar partícula ninguna,
      porque salen de verbos neutros; y cuando las toman salen de
      verbos activos. Y hacen se sustantivos, como está dicho, mudan-
135   do el significado. Ejemplo: *tenqui*, 'cosa llena', no se dice sino
      oten tlatenqui, 'el que hinche algo'.

      Con los pronombres –*no*, –*mo*, –*i* estos adjetivos, en el sin-
      gular, vuelven el –*qui* en –*cauh*; y en el plural en –*caua*. Ejemplo:
      palanqui, 'cosa podrida', *nopalancauh* mi tal cosa, *nopalancaua*,
140   plural, *nopalancaua*. Pero estos poco se usan.

–tli   Otros salen en –*tli*. Tienen la significación del participio de
      pretérito de la voz pasiva. Y no salen de todos verbos, ni se usa
      mucho sin los pronombres –*no*, –*mo*, –*i* darles plural.

      La formación de ellos es de la tercera persona del pretérito
145   perfecto del indicativo, quitando la –*o* del principio y añadien-
      do –*tli*. Ejemplo: *nitlacuepa*, 'volver algo', *onitlacuep*, pretérito
      perfecto, *tlacueptli*, 'cosa vuelta'.

      Sacan se de esta regla –*tlaaxitl*, 'cosa presa', la cual viene de
      niteaci, 'prender', y no acaba en –*tli* como los ya dichos.

150   También se sacan los que vienen de verbos acabados en –*ca*,
      porque estos se forman del presente del indicativo, la –*a* vuelta
      en –*tli*. Ejemplo: *nitlapaca*, 'lavar', *tlapactli*, 'cosa lavada'.

      Y estos no toman más de la partícula –*tla*; y con los pro-
      nombres –*no*, –*mo*, –*i* en el singular pierden el –*tli*, y en el plu-
155   ral toman –*hua*. Ejemplo: *tlacueptli*, *notlacuep*, 'mi cosa vuelta',
      plural, *notlacuephua*. Y estos plurales se usan poco.

      Y es de saber que no es muy usado a estos adjetivos, ahora
      sean verbales o no verbales, cuando están absolutos, dar les plu-
      ral; pero para saber, cuando le tuvieren, cómo se le han de dar,
160   así en cosas animadas como inanimadas, es de notar que cuando
      son inanimadas redoblan sílaba y les dan plural. Ejemplo: *uey*,

---

131 horadada] *om. MS* ‖ plural coyauhque] *om. WT*   **135-136** no se dice sino oten] *om.*
MS   **140** palanqui... nopalancaua] tenqui notenquicauh plural notenquicahua *MS* no-
palancauh pl. nopalancaua *P*   **144** tercera] 2ª *P*   **145** principio] preterito *P*   **144-145**
pretérito... del] *om. M*   **150** acabados] *om. W*   **153-156** y estos... poco] *om. S*   **157** y
es de saber] y estos saber *M* y este notar *S*   **158-159** cuando...saber *om. S*   **160-161** es
de... inanimadas] *om. M*

'grande', plural, *ueuey*, 'cosas grandes', esto es, árboles o animales; *xallo*, 'cosa arenosa', plural, *xaxalo*, 'cosas arenosas'.

Pero cuando las cosas son animadas tomaran una de estas par
165   tículas *–ti, –que, –me*, sin redoblar sílaba, y también algunas veces, redoblando, tomarán las dichas partículas. Ejemplo: *cuauhtic*, 'grande', plural, *cuauhtique* o *cuacuauhtique*, scilicet, persona o personas.

Ítem, es de saber que estos verbales adjetivos y los sustan
170   tivos, no de todos verbos, se podrán sacar o, a lo menos, no estarán en uso. Pero de algunos y de cuáles salgan y de cuáles no, el
uso los dará a entender.

También, no es muy usado estos adjetivos juntar los con los
pronombres *–no, –mo, –i*; pero débese notar que cuando con con
175   ellos se juntaren siempre están sustantivados, porque con los dichos pronombres no pueden ser adjetivos, y aunque no se junten con los pronombres, por la mayor parte, se podrán hacer
sustantivos, como esta notado en algunas partes de ellos y de la
gramática está claro.

161-167 uey ...ejemplo] *om. MS* quauhtic grande. pl. quaquauhtic cosas grandes
MS   **167-168** persona ... personas] *om. M*   **169** saber] notar *SP*   **174** notar] saber *PB*

Capítulo duodécimo

De ciertas partículas que se juntan a los nombres y con ellas se hacen diminutivos

En esta lengua hay siete partículas que por sí no significan nada y compuestas con los nombres o pronombres denotan reverencia o pequeñez, diminución, ternura de amor o menosprecio. Y son las siguientes: *–tçin, –tçintli, –ton, –tontli, –pilh, –pulh, –zulli.*

Estas partículas, juntándose o componiéndose con los nombres, les hacen perder lo que se dirá en el capítulo siguiente que pierden en composición.

El *–tçin* significa reverencia, pequeñez, diminución o ternura de amor. Ayúntase a pronombres primitivos y nombres propios. Ejemplo: *nehuatçin, Pedrotçin.*

También, se junta a algunos nombres apelativos, aunque son pocos. Ejemplo: *ilamatçin*, 'vieja honrada o viejecita', *ueuetçin*, 'viejo honrado', etc.

Júntase así mismo con adverbio. Ejemplo: *amotçin.* Júntase con conjunción. Ejemplo: *auhtçin.* En el plural con los pronombres primitivos redobla sílaba. Ejemplo: *amehuantçitçin*, 'vosotros'.

Y con los nombres apelativos redoblando toman *–ti.* Ejemplo: *ilamatcatçitinti, ueuecatçitçinti.* Y con los otros pronombres, *–no, –mo, –i* en el singular no pierden nada; y en el plural redoblan y toman *–ua.* Ejemplo: *nilamatcatçitçiua*, 'mis viejas', *noueuetcatçitçiua*, 'mis viejos'.

–tçintli: esta tiene el mismo significado que *–tçin*, y júntase solamente con nombres apelativos. Y estos en el plural redoblan el *–tçi* y vuelven el *–tli* el *–ti.* Ejemplo: *ciuatl*, 'mujer', *ciuatçintli*, 'mujer honrada' o 'mujercilla', plural, *ciuatçitçinti.*

Y con los pronombres *–no, –mo, –i* en el singular pierden el *–tli*; y en el plural redoblan el *–tçi* y toman *–ua.* Ejemplo:

5 nombres] por *del. P*   **7** tçin, tçintli] tzin, tzintli *PBT* ‖ zulli] tçulli *MSP*   **12** a] los *add. P*   **31** ejemplo] *post* ciuatçintli *add. MP* atl agua atçintli natçin mi agua plural natçitçiuan mis aguas *add. S* *nociuatçin*, plural, *nociuatçitçiua*. Sácase *pilhtçintli*, que hace en el plural *nopilhuan* o *nopilhuantçitçiua*.

–ton   *–ton:* esta significa menosprecio o humillación. Júntase so-
35 lamente con nombres apelativos que significan cosas animadas. Ejemplo: *ueueton*, 'vejezuelo' o 'viejo no honrado'. El plural hace en dos maneras: o redobla sin tomar *–ti* o redoblando toma también *–ti*. Ejemplo: *ueueton*, 'vejezuelo', plural, *ueuetotontin* o *ueuetoton*.

40 Con los pronombres *–no*, *–mo*, *–i* en el singular no pierden nada y el plural redoblando toman *–ua*. Ejemplo*: noueueton*, 'mi tal viejo', plural, *noueuetotouan*.

–tontli *–tontli*: esta significa diminución, pequeñez, menosprecio o humillación. Júntase con los nombres apelativos que significan
45 cosas animadas o inanimadas. En el plural redoblan el *–to*, y el *–tli* vuelven en *–ti*. Ejemplo: *pilhtontli*, 'muchacho', *pipilhtoton-tin*, 'muchachos'.

Estos, con los pronombres *–no*, *–mo*, *–y*, pierden el *–tli*. Y en el plural toman *–ua*, redoblando. Ejemplo: *tçapatl*, 'enano',
50 *tçapatontli*, 'enanito', *notçapaton*, mi tal; plural, *notçapatotoua*. Sácase *pilhtontli*, que no se junta con los pronombres.

–pilh   *–pilh*: esta significa disminución o pequeñez. Júntase algunas veces con nombres propios, ut *Pedropilh*, perico. Y casi siempre con nombres apelativos que significan cosas animadas.
55 En el plural redoblan la sílaba y toman *–ti*, o redoblan sin tomar *–ti*. Ejemplo: *oquichpilh*, 'hombrecillo'; plural, *oquichpi-pilhti* vel *oquichpipilh*.

Con los pronombres *–no*, *–mo*, *–i* en el singular no pierden nada, y en el plural redoblan y toman *–ua*. Ejemplo: *noquich-*
60 *pilh*, plural, *noquichpipilhuan*, 'mis hombrecillos'.

Tienen esta partícula *–potli*, que denota pertenecer, y la pos-
–potli ponen a algunos nombres. Ejemplo: *pilhpotli*, 'primera mujer' o 'que pertenece', etc., *nopilhpo*, 'mi primera mujer'.

---

33 nopilhuantçitçiua] *post* putli... mujer, o mi primer hijo *transp. P* **34** –ton... no-tilhmaçuçulhu *abs. P* **50** notçapaton] *om. W* **55** o redoblan... –ti] *om. MS* **61-63** tienen... mujer] *om. MS* esta particula putli tambien se pospone a algunos nombres y denota perteneçer. ejemplo pilputli tepilpu mujer que pertence a otro s. primera y ayuntada al pronombre derecho la aplica a si mismo. ejemplo: nopilpu s. mi primera mujer o mi primer hijo *P*

–pulh *–pulh*: esta significa vituperio o grandor con denuesto. Jún-
65 tase con pronombres primitivos y tambien con nombres propios o apelativos que significan cosas animadas e inanimadas.
En el plural redoblan la sílaba y no toman *–tin*. Ejemplo del
pronombre: *nehuapulh*, plural, *tehuanpupulh*. Ejemplo del nombre propio: *Pedropulh*. Ejemplo con apelativo: *ciuapulh;* plural,
70 *ciuapupulh*. Con los pronombres *–no, –mo, –i*, en el singular,
no pierden nada, Y en el plural redoblan la sílaba y toman *–ua*.
Ejemplo: *nociuapulh*, 'mi mujer ruin'; plural, *nociuapupulhua*,
'mis mujeres ruines'.

–zulli *–zulli*: esta denota que la cosa que significa el nombre está
75 maltratada, vieja, rota o corrompida. Y no se junta sino a nombres que significan cosas inanimadas. Y en el plural vuelven el *–li*
en *–ti*. Ejemplo: *tilhmazulli*, 'manta vieja'; plural, *tilhmazulhti*.

Con los pronombres *–no, –mo, –i* en el singular, el *–li* vuelven en *–h*; y en el plural redoblarán y tomarán *–huan*. Ejemplo:
80 *notilhmazulh*, plural, *notilhmazuzulhua*.

De los verbales con las dichas partículas

Los nombres verbales, así adjetivos como sustantivos, para tomar las dichas partículas, se formarán en esta manera:
1) Si fenecieran en *–ni, –qui,* se formarán del pretérito plus-
85 cuamperfecto del verbo de donde desciende el tal verbal; y quitada la *o–* del principio añadirán las dichas partículas. Ejemplo:
temachtiani, 'predicador', *temachticatçintli*, 'predicador honrado'; *tlapixqui*, 'el que guarda', *tlapixcatçintli*, etc.
Y lo mismo harán los verbales adjetivos o sustantivos que se
90 toman de tercera persona del pretérito perfecto de indicativo de
la activa. Ejemplo: *tlacuilo*, 'escribano', *tlacuilocatçintli; tecoco*,
'cosa que aflige', *tecococatçintli*.
2) Los verbales en *–tli, –li* las pierden, y sobre lo que queda del
nombre toman las partículas. Ejemplo: *tlapactli*, 'cosa lavada', *tla-*
95 *pactçintli*, etc.; *tlacencaualli* 'cosa aparejada', *tlacencaualhtçintli*.

64-85 pulh... notilhmaçuçulhua] *om. P*   **68** tehuanpupulh] tehuapulh *M*   **72** nociua-
pupulhua] nociuapupulhuan *S*   **74-76** zulli... inanimadas] *om. M* tçulli *S*   **84-104** 1-6]
ego add.   **95** tlacencaualhtçintli] tlaçencaualtçintli *M* tlacencaualtzintli *P*

3) Los verbales que acaban en *–ya, –ia* sobre ellas toman *–tçintli*. Como de *nocochia*, 'mi cámara', *nocochiantçi*, etc.

4) Los de *–c* toman *–a*, y añaden las partículas. Ejemplo: *melauac*, 'cosa derecha', *melacauacatçintli*.

100   5) Los de *–tic* según la regla de los de *–c*. Y también perdiendo el *–tic* toman las partículas. Ejemplo: *cuztic*, 'cosa amarilla', *cuzticapulh* o *cuzpulh*.

6) Los adjetivos que fenecen en *–yo, –llo* toman *–ca* y añaden las partículas. Ejemplo: *xalo*, 'cosa arenosa', *xalocatçintli*, etc.

---

97 nocochia] nochia *M*   **100** segun] siguen *P*   **104** xalo] xallo *P*

Capítulo decimotercero

De los nombres compuestos y de los comparativos y superlativos

Los compuestos, unos se componen sustantivos con sustantivos, así como de *totolli*, 'gallina', y *tetl*, 'piedra', *tototetl*, 'piedra de gallina', y toman lo por el huevo. Y cuando así se componen estos nombres, el postrero no perderá nada, pero el otro o otros con quien se componen perderán lo que adelante se dirá.

También se componen sustantivos con adjetivos, así como de *atl*, 'agua', y *chipauac*, 'cosa limpia', se compone *achipactli*, 'agua limpia'. Y también se dice sin composición, *chipauac atl*, 'agua limpia'.

Ítem, se componen nombres y verbos, incorporando del nombre con el verbo. Ejemplo: *petlatl*, 'estera' o 'petate', *nicchiua*, 'hacer', *nipetlachiua*, 'yo hago petates'. Y también se dirá en sin composición *nicchiua in petlatl*.

También se componen nombres con preposiciones. Ejemplo: *atl*, 'agua', *pa*, 'encima', *apa*, 'encima del agua o en el agua', etc.

Ítem, se componen nombres con adverbios, así como de *tentli*, 'beso' o 'labio' y *chico*, adverbio, que quiere decir 'aviesamente', se compone *tenchico* que significa 'hombre bilingüe', 'parlero que no guarda secreto'. Y estos compuestos con adverbios primitivos son muy pocos.

Ítem, se componen con algunas partículas que por sí no significan nada, mas juntándolas con los nombres denotan menosprecio, reverencia o pequeñez. Ejemplo: *ciuatçintli*, 'mujercilla'.

También es de notar que se hallan nombres compuestos de tres nombres; y entonces los dos primeros perderán y el postrero quedará entero. Ejemplo: *cuauhneuczayulli*, 'abeja de miel que cría en madero'. Esta se compone de *cuauitl*, 'madero', y pierde todo el *–itl*; el segundo, *neuctli*, 'miel', pierde el *–tli*, y queda *neuc*; el tercero es *zayulli*, que es 'abeja', y este no pierde nada; y así decimos *cuauhneuczayulli*.

1 decimotercero] *om. P*   7 perderá... las dichas] *abs. T*   14 o petate] *om. W*   15-16 y tambien... petatl] *add. W*   18 pa encima] *om. W*   23 primitivos] *om. S*

También se debe notar que cuando un nombre se compone
35 con otros el primero, como hemos dicho, ha de perder algo. Y
esto es muy necesario saber se para muchos propósitos.

Para lo cual se ponen las reglas siguientes.

Primera regla

Los nombres acabados en –*tl* le perderán en la composición o
40 derivación. Ejemplo: *tlexuchitl*, 'brasa'. Compónese de *tetl*, 'fuego', y perdió el –*tl* porque está primero en la composición; y el
segundo quiere decir 'rosa', no pierde nada.

Segunda regla

Los nombres acabados en –*tli*, –*lli* pierden el –*tli*, –*lli* en compo-
45 sición. Ejemplo: *tlapanco*, 'en el terrado', viene de *tlapantli*, que
es 'terrado', y con preposición que quiere decir 'en', decimos
tlapanco, donde el nombre perdió el –*tli*.

Ejemplos de los de –*lli: calli*, 'casa', *ninocalhchiua*, 'hago me
mi casa'. Con pónese de *calli*, 'casa' y *nicchiua*, 'hacer'; pier-
50 de el nombre el –*li*, queda *calh* y sobre esto se añade el verbo
anteponiendo el pronombre *nino*– a todo el verbo y dice *ninocalhchiua*.

Los que acabaren en otra terminación fuera de las dichas y
se compusieren con otra dicción no perderán nada. Ejemplo:
55 *nitlatçcapoloa*, 'destruyo el ciprés'. Y no sé si cuadrará fuera de
las terminaciones del –*tl*, –*tli*, –*lli*; por tanto, todo lo dicho se
entienda por la mayor parte, etc.

También es necesario saber que, así como en la gramática decimos que el compuesto ha de seguir la regla del simple, lo mis-
60 mo se entiende en esta lengua.

Y esto se ha de entender en los nombres cuanto a lo que han
de perder con los pronombres –*no*, –*mo*, –*i*, etc.: que lo mismo
que pierde el simple perderá el compuesto, cuando fuere el úl-

48 ejemplo ... de los de -lli] *om. M* ‖ calli casa] *add. W*   **61-62** cuanto... pronombres]
om. M

timo nombre de la dicción compuesta. Ejemplo: *cualactli*, que
65   quiere decir 'baba', con los pronombres *–no, –mo, –i*, etc., decimos *nocualac*, componiéndole con *tentli*, 'labio', *tencualactli*,
'baba del rostro'; *notencualac* 'mi baba de mi rostro'.

De los comparativos

Los comparativos y superlativos en esta lengua no los tienen
70   propios, sino usan de rodeos para lo que se ha de hablar por
ellos. Y así, no hay más que notar de pon ellos, por ejemplo. Y
suplen se en tres maneras y son las siguientes.

La primera: *cualli*, 'bueno'; *acachi inic cualli*, 'mejor'; *tlapanauia in ic cualli*, 'muy mejor'.
75   La segunda: *cualli y*, 'esto es bueno'; *ece yecualli y*, 'mejor es
esto'; *ece octlapanauia in ic cualli*, 'muy mejor es esto'.

La tercera manera: *cualli y*, 'bueno es esto'; *ece oc oalhca in ic
cualli y*, 'mejor es esto'; *ece occenca tlapanauia in ic cualli y*, 'muy
mejores esto'.
80   Una cuarta manera: *nicpanauya in Pedro in ic ni cualli*, 'yo excedo a Pedro en ser bueno'; *nicpanauya in Pedro inic ach nicualli*, 'yo excedo a Pedro en ser mejor'; *nicpanauya in Pedro inic
cenca nicualli*, 'yo excedo a Pedro en ser muy mejor'.

Fin de la primera parte.

---

72 manera] *add. W*   78 ece] yeçe *P*   80-83 la cuarta... mejor] *add. WT* y en otra
manera dicen: nicpanauia juan inic ni cualli. yo soy mejor que juan. cenca nic panauia
pedro nic ni vei. soy muy mayor que pedro o le excedo y sobrepujo en lo tal *add. mg.*
P   84 fin] acabase *MP*

Libro II

División de la segunda parte

Esta parte tendrá trece capítulos

El primero será de la conjugación de los verbos regulares
2°. De la formación de ellos
3°. De la formación del pretérito
4°. De la formación de la pasiva e impersonal
5°. De los verbos irregulares
6°. De los verbos "*eo, is*" y "*venio, venis*"
7°. De algunas partículas que se juntan con verbos activos
8°. De otras que se juntan con todos verbos
9°. De cómo los verbos se juntan con los pronombres
10°. De los verbos neutros
11°. De los verbos derivativos
12°. De los verbos compuestos
13°. De los verbos reverenciales

4 primero] fol xxxi *add. mg.* W   5 2°] fol. xxv *add. mg.* W   6 3°] fol xlii *add. mg.* W   7 4°] fol. xlv *add. mg.* W   8 5°] fol xlix *add. mg.* W   9 6°] lii *add. mg.* W   10 7°] fol liii *add. mg.* W   11 8°] fol lvii *add. mg.* W   12 9°] nono R fol lx *add. mg.* W   13 10°] fol lxii *add. mg.* W   14 11°] decimo primero M 101° fol lxvi *add. mg.* W   15 12°] decimo segundo M fol. lxix *add. mg.* W   16 13°] decimo tercio R fol lxxv *add. mg.* W

Comienza la segunda parte

En la que se trata de los verbos y de la conjugación y formación de ellos

En todas las lenguas, así latina como las demás, lo que tiene mayor dificultad es la materia de los verbos, porque en ellos consiste principalmente toda la armadura del bien hablar; y lo mismo es en esta, que, aunque a algunos parece bárbara, tiene orden y concierto en muchas cosas, ni carece de algunos primores y buen artificio, si con consideración y pía afección quieren entender en ella.

Por tanto, esta segunda parte se dilatará algo más; así por ser la materia de ella provechosa, como por ser dificultosa. Tratar se ha, pues, de los verbos en esta manera:

Primeramente, se pondrá la conjugación, no como en la gramática, sino como la lengua lo pide y demanda, porque algunas maneras de decir que nosotros tenemos en nuestra lengua o en la latina, esta no las tiene. Y paréceme que será confusión, por no salir de la conjugación del latín, poner algunos romances en tiempos que no les pueden cuadrar, como parecerá en la conjugación de los verbos; por tanto, a ninguno le parezca novedad sin provecho, pues se dará en la formación la causa de ello.

Después de la conjugación regular se pondrá su formación, dejando la del pretérito y de la pasiva para tratarla después, por ser prolija y muy varia; y luego se pondrán los verbos irregulares; y después de esta generalidad se hablará en particular de las diferencias que hay de verbos.

22-26 después... verbos] *add.* S

Capítulo primero

De la conjugación regular de los verbos

Indicativo modo

Presente: 'yo guardo'

		1ª	2ª	3ª

5   S.   1ª *nitlapia*   2ª *titlapia*   3ª *tlapia*
        P.   1ª *titlapiah*   2ª *antlapiah*   3ª *tlapiah*

Pretérito imperfecto: 'yo guardaba'

        S.   1ª *nitlapiaya*   2ª *titlapiaya*   3ª *tlapiaya*
        P.   1ª *titlapiayah*   2ª *antlapiayah*   3ª *tlapiayah*

10   Pretérito perfecto: 'yo guardé, he y ove guardado'

        S.   1ª *onitlapix*   2ª *otitlapix*   3ª *otlapix*
        P.   1ª *otitlapixque*   2ª *oantlapixque*   3ª *otlapixque*

Pretérito pluscuamperfecto: 'yo había guardado'

        S.   1ª *onitlapixca*   2ª *otitlapixca*   3ª *otlapixca*
15   P.   1ª *otitlapixcah*   2ª *oantlapixcah*   3ª *otlapixcah*

Futuro imperfecto: 'yo guardaré'

        S.   1ª *nitlapiaz*   2ª *titlapiaz*   3ª *tlapiaz*
        P.   1ª *titlapiazque*   2ª *antlapiazque*   3ª *tlapiazque*

Futuro perfecto: 'yo habré guardado'. El futuro perfecto no
20   le tienen. Súplenle por el pretérito perfecto dicho.

1-240 *om. trad. PB*   **6** titlapiah] *post* nosotros guarda *add. T*   **9** titlapiayah] *post* nos guardabamos *add. T*   **12** otitlapixque] *post* nos guardamos o obimos *add. T*   **15** otitlapixcah] *post* nos abiamos guardado *add. T*   **18** titlapiazque] *post* vosotros guardareys, aquellos guardaran *add. T*   **19-20** el futuro... dicho] ya dicho *P* yo abia guardado, este es el romance y suplese por el preterito perfecto dicho, porque futuro no le tiene *T*

Imperativo modo

Presente: 'guarde yo luego'

S.	1ª *ma nitlapia*	2ª *ma xitlapia*	3ª *ma tlapia*
P.	1ª *ma titlapiaca*	2ª *ma xitlapiaca*	3ª *ma tlapiaca*

25 Futuro: 'guarde yo después', *ma nitlapiaz*, etc.; como en el indicativo.

Imperativo vetativo o avisativo

Presente: 'no guarde yo'

	S.	1ª *ma nitlapix*	2ª *ma titlapix*	3ª *ma tlapix*
30	P.	1ª *ma titlapixti*	2ª *ma antlapixti*	3ª *ma tlapixti*

Optativo modo

Presente: 'o si yo guardase', *ma nitlapia*, etc.; como en el presente de imperativo.

Pretérito imperfecto: 'o si yo guardara'

35	S.	1ª *ma nitlapiani*	2ª *ma xitlapiani*	3ª *ma tlapiani*
	P.	1ª *ma titlapianih*	2ª *ma xitlapianih*	3ª *ma tlapianih*

Pretérito perfecto: 'o si yo haya guardado', *maonitlapiani*, etc; como el imperfecto de arriba.

Pretérito pluscuamperfecto: 'o si hubiera y hubiese guarda-
40 do', *ma onitlapiani*, etc.; como el de arriba.

---

24 ma titlapiaca] *post* guardemos nosotros *add. T*   **25** guarde] guardare *R* ‖ como en el indicativo] guarde yo después, matitlapiaz, matlapiaz; matitlapiazque, guardemos nosotros, mantlapiazque, matlapiazque etc. *add. T*   **30** ma titlapixti] no guarde nosotros *add. post T*   **32-33** como en el presente] los demas tiempos como en el ymperativo, etc. *T*   **36** ma titlapianih] *post* o si nosotros guardaramos *add. T*   **37** perfecto] *om. M*   **38** como... arriba] como el de arriba imperfecto *P* como el ymperfecto del dicho modo y hace el romanze 'o si yo aya guardado' *T*   **40** como el de arriba] y los demas tiempos como el dicho ymperfecto *T* ‖ preterito pluscuamperfecto... arriba] *om. M*

Futuro imperfecto: 'ojalá yo guarde', *ma nitlapiaz*, etc.; como en el indicativo.

SUBJUNTIVO MODO

Presente: 'o si yo guarde', 'si guardase'

45   S.   1ª *intla nitlapia*   2ª *intla xitlapia*   3ª *intla tlapia*
        P.   como en el presente del imperativo, etc.

Pretérito imperfecto: 'si yo guardara', *intla nitlapiani*, etc.; como en el optativo.
Pretérito perfecto: parece que no le tienen.
50   Del cual se dirá en la formación
Pretérito pluscuamperfecto: 'si yo hubiera o viese guardado', *intla onitlapiani*, etc.; como en el optativo.
Futuro imperfecto: 'si yo guardare o guardase', *intla nitlapiaz*, etc.; como en el indicativo.
55   Futuro perfecto: 'si yo hubiere guardado'. Dícenle por el pretérito perfecto del indicativo dado.

INFINITIVO MODO

Presente: 'quiero guardar'

        S.   1ª *nitlapiaz nequi*   2ª *titlapiaz nequi*   3ª *tlapiaz nequi*
60   P.   1ª *titlapiaz nequih*   2ª *antlapiaz nequih*   3ª *tlapiaz nequih*

Y también dicen: 'quiero guardar'

        S.   1ª *nicnequi nitlapiaz*   2ª *ticnequi titlapiaz*   3ª *quinequi tlapiaz*

---

41 ojalá yo guarde] el se guarda *M* ‖ ojalá... indicativo] exa la yo guarde y los demas tiempos como el futuro de indicativo a la letra, eçepto el romance *T*   **44** si guardase *add. MST*   **46** como ... imperativo, etc] como en el optativo *B* lo demas como el presente de ymperativo, etc. *T*   **49** le] *om. B*   **50** dirá] *post.* del subjuntivo *add. S* y se declararan *add. B*   **52** etc] lo demas *T*   **54** etc] lo demas *T*   **56** dícenle] diçe se *T* ‖ dado] porque no le tiene propio porque se suple *add. T*   **60** titlapiaznequih] queremos nos guardar *add. T*   **62** nitlapiaz] titlapiaz *M* ‖ qui nequi tlapiaz] qui nequi tlapiazque *M*

P. 1ª *ticnequih*   2ª *quinequih*   3ª *quinequih*
     titlapiazque   *antlapiazque*   *tlapiazque*

Pretérito perfecto: 'bueno es haber guardado', *cualli inic onitlapix* o *cualli in onitlapix* o *cualli yezqui in onitlapix*, etc; como en el pretérito perfecto de indicativo.

Futuro: 'bueno será guardar o haber de guardar'. Tampoco le tienen, pero en su lugar dicen: *cualli yez in nitlapiaz*; como en el futuro del indicativo.

Síguense los gerundios

Primero de genitivo

'Hora de guardar': *yetlapializpan* o *ye imman in tlapialo* o *tlapialoz* o *ye cuallca inic tlapialo* o *inic tlapialoz*.

'Ya es hora de guardar yo': *ye iman in nitlapia*, etc.; como en el presente del indicativo y varíase por sus tiempos.

De dativo

El gerundio de dativo no le tienen, pero suplen lo por el pretérito perfecto del indicativo con este adverbio *ihcuac* o *in*. Ejemplo: *ihcuac onitlapix* o *in onitlapix nompeuaz*, 'en guardando o en habiendo guardado me partiré', etc.

Gerundio de acusativo con "*eo, is*"

Presente: 'voy a guardar'

S. 1ª *nitlapiatiuh*   2ª *titlapiatiuh*   3ª *tlapiatiuh*
P. 2ª *titlapiatiuih*   2ª *antlapiatiui*   3ª *tlapiatiui*

Pretérito imperfecto: 'iba a guardar', *niuya* o *niyaya inic nitlapiaz*, etc.

Pretérito perfecto: 'fui a guardar', *onitlapiato*, etc.

Futuro: 'iré a guardar', *nitlapiatiuh*; como en el presente.

---

63 titlapiazquean] queremos nos guardar *add. T*   64 bueno... guardado] *om. T*   66 etc., como en el] todos estos se suplen por el *T*   69 indicativo] *post* y el romance *add. T*   74 ya es] *om. T* || etc.] los demas tiempos *add. T*   84 titlapiatiuih] *post* vamos nos a guardar *T*   85 vel niyaya] *om. P*   86 nitlapiaz] tlapiaz *T*   87 etc.] *post* pluscuamperfecto yo abia ido a guardar onitlapiato *add. T*

IMPERATIVO

90   Presente: 'vaya yo a guardar'

    S. 1ª *ma nitlapia*   2ª *ma xitlapia*   3ª *ma tlapia*
    P. 1ª *ma titlapiatih*   2ª *ma xitlapiatih*   3ª *ma tlapiatih*

Otros dicen este tiempo en esta manera:
Presente: 'vaya yo a guardar'

95   S. 1ª *ma nitlapiati*   2ª *ma xitlapiati*   3ª *ma tlapiati*
    P. 1ª *ma titlapiatih*   2ª *ma xitlapiatih*   3ª *ma tlapiatih*

Futuro: 'vaya yo después a guardar', *ma nitlapiatiuh*, etc.; como en el futuro de indicativo.

El vetativo negativo: 'no vaya yo a guardar'

100   S. 1ª *ma nitlapiati*   2ª *ma titlapiati*   3ª *ma tlapiati*
    P. 1ª *ma titlapiatih*   2ª *ma antlapiatih*   3ª *ma tlapiatih*

Gerundio de acusativo, *"cum venio, venis"*
Presente: 'vengo a guardar', *niualauh* o *niuitç inic nitlapiaz*, etc. El siguiente tiempo, aunque propiamente es per-
105   fecto, se entiende o puede entender por presente, 'siendo ya venido', quitando la –o.
Presente: 'yo vengo a guardar', *nitlapiaco*, *titlapiaco*, etc.
Pretérito imperfecto: 'yo venía a guardar', *niualaya inic nitlapiaz*, etc.
110   Pretérito perfecto: 'yo vine a guardar', *onitlapiaco, otitlapiaco*, etc.

94 ma titlapiatih] *post* vamos nos a guardar *add. T* **95-98** presente... ma tlapiatih] *om. S* no se usa *add. mg. P* || el vetativo negativo... matlapiatih] *add. S* **99** vaya yo después a guardar] *abs. B om. P* **104-124** el siguiente... ma tlapiaquih] *om. B* **105-106** niualauh ... nitlapiaz] niualla pia tiuh tiuallapiatiuh uallapiatiuh pl. tiuallapiatiui auallapiatiui uallapiatiui *S* nitlapiaco, etc. niullauh ynic nitlapiaz *P* niualauh vel niuitz ynicnitlapiaz etc *T* **106** etc.] tlapiaco, pl. titlapiaco, nos venimos a guardar, antlapiaco, tlapiaco *add. T* **109** etc.] *post* niuhuallapiaya *add. P* tiualaya ynic titlapiaz halaya ynic tlapiaz pl. tiualaya ynic titlapiazque nos beniamos a guardar anulaya ynic antlapiazque valaya tlapiazque *add. T* **111** etc.] *post* otlapiaco pl. otitlapiaco nosotros venimos a guardar, oantlapiaco, otlapiaco *add. T*

Pretérito pluscuamperfecto: 'yo había venido a guardar'; como el pretérito perfecto, anteponiendo *ye* u *oyuh*.

Futuro: 'yo vendré a guardar', *nitlapiaquiuh* o *niullapia-*
115 *quiuh*, etc.; plural *titlapiaquiui* o *tiullapiaquiui*, etc.

IMPERATIVO

Presente: 'venga yo a guardar'

S.	1ª	*ma nitlapiaqui*	2ª *ma xitlapiaqui*	3ª *ma tlapiaqui*
P.	1ª	*ma titlapiaquih*	2ª *ma xitlapiaquih*	3ª *ma tlapiaquih*

120 Futuro: 'venga yo después a guardar', *ma nitlapiaquiuh*; como en el futuro del indicativo.

El vetativo negativo: 'no venga yo a guardar'

S.	1ª	*ma nitlapiaqui*	2ª *ma titlapiaqui*	3ª *ma tlapiaqui*
P.	1ª	*ma titlapiaquih*	2ª *ma antlapiaquih*	3ª *ma tlapiaquih*

125   DE LOS PARTICIPIOS DE PRESENTE

Participios no los tienen. Dícenlos de esta manera: *in tlapia*, 'el que guarda'; *nitlapixticah*, 'yo estoy guardando'; *titlapixticah*, 'tú estás guardando'. Y varía se por todos los tiempos y personas.

130   Participio de futuro 'in –rus': *nitlapiazquia*, 'había' o 'debía', 'hubiera' o 'debiera guardar' o 'guardara', etc.

113 oyuh] *post* ex. yconitlapia *add. P* ex. ye vel yuh onitlapiaco *add. T*   115 etc.] *post* vel oyuhnitlapic *add. P* || tiullapiaquiui] *post* nosotros vernemos a guardar *add. T*   121 del indicativo] *post* plural matitlapiaquihuih *add. P*   122-124 el vetativo... ma tlapiaquih] *add. S*   128 tu... guardando] tlapixticah, titlapixticate, nosotros estamos guardado, antlapixticate, tlapixticate *T*

La voz pasiva

Indicativo modo

Presente: 'yo soy guardado'
135   S.   1ª *nipialo*   2a *tipialo*   3ª *pialo*
       P.   1ª *tipialoh*   2ª *ampialoh*   3ª *pialoh*

Pretérito imperfecto: 'yo era guardado'

       S.   1ª *nipialoya*   2ª *tipialoya*   3ª *pialoya*
       P.   1ª *tipialoyah*   2ª *ampialoyah*   3ª *pialoyah*

140   Pretérito perfecto: 'yo fui guardado'

       S.   1ª *onipialoc*   2ª *otipialoc*   3ª *otipialoque*
       P.   1ª *otipialoque*   2ª *oanpialoque*   3ª *opialoque*

Pretérito pluscuamperfecto: 'yo había sido guardado'

       S.   1ª *onipialoca*   2ª *otipialoca*   3ª *opialoca*
145   P.   1ª *otipialocah*   2ª *oampialocah*   3ª *opialocah*

Futuro imperfecto: 'yo seré guardado'

       S.   1ª *nipialoz*   2ª *tipialoz*   3ª *pialoz*
       P.   1ª *tipialozque*   2ª *ampialozque*   3ª *pialozque*

Futuro perfecto: 'yo habré sido guardado'. Es el mismo que el
150   pretérito perfecto.

Imperativo modo

Presente: 'sea yo guardado'

---

138 tipialoya] *om. M*   **139** tipialoyah, ampialoyah, pialoyah] tipialoya, ampialoya,
pialoya *MST*   **140** perfecto] *om. MW*   **141** otipialoc] opialoc *M*   **142** otipialoque]
post nosotros fuimos guardados *add. T* ‖ opialoque] *om. M*   **145** otipialocah] *post* nos
abiamos, etc. *add. T*   **148** tipialozque] *post* nosotros seremos guardados *add. T*

	S.	1ª *ma nipialo*	2ª *ma xipialo*	3ª *ma pialo*
	P.	1ª *ma tipialoca*	2ª *ma xipialoca*	3ª *ma pialoca*

155 Futuro: 'sea yo guardado después', *manipialoz*, etc.; como el del indicativo.

EL NEGATIVO AVISATIVO

Presente: 'no sea yo guardado'

	S.	1ª *ma nipialo*	2ª *ma tipialo*	3ª *ma pialo*
160	P.	1ª *ma tipiaoloti*	2ª *ma ampialoti*	2ª *ma pialoti*

OPTATIVO MODO

Presente: 'o si yo fuese guardado', *manipialo, maxipialo*, etc.; como en el imperativo.
Pretérito imperfecto: 'o si yo fuera guardado'

	S.	1ª *ma nipialoni*	2ª *ma xipialoni*	3ª *ma pialoni*
165	P.	1ª *ma tipialonih*	2ª *ma xipialonih*	3ª *ma pialonih*

Pretérito perfecto: como el imperfecto.
Pretérito pluscuamperfecto: 'o si yo hubiera o hubiese sido guardado'; como el imperfecto, anteponiendo *o–*.
170 Futuro: 'ojalá yo sea guardado', *ma nipialoz*, etc.; como en el futuro del indicativo.

SUBJUNTIVO MODO

Presente: 'si yo soy guardado', *intla nipialo*, etc.; como en el imperativo.

---

154 ma tipialoca] *post* seamos nos guardados *add. T*   160 ma tipiaoloti] no seamos guardados] *add. T*   163 etc... imperativo] mapialo pl matipialoca o si nosotros fuese guardado maxipialoca mapialoca *T*   166 ma tipialonih] o si nos fuezamos guardados] *add. T*   167 imperfecto] *post* o si yo fui guardado omanitlapialoni *add. T*   169 imperfecto] *post* manitlapialoni *add. T* ‖ anteponiendo o] *om. S*   174 imperativo] *post* modo *add. T*

175 Pretérito imperfecto: 'si yo fuera guardado', *intla nipialoni*, etc.; como en el optativo.

Perfecto: carece.

Pretérito pluscuamperfecto: 'si yo hubiera, yo hubiese sido guardado', *intla onipialoni*; como en el optativo.

180 Futuro imperfecto: 'si yo fuere o fuese guardado', *intla nipialoz*, etc.; como en el indicativo.

Futuro perfecto: 'o si hubiere sido guardado', *intla onipialoc*, etc.; como en el indicativo.

Infinitivo modo

185 Presente: 'yo quiero ser guardado', *nipialoznequi, tipialoznequi*, etc.

Pretérito perfecto: 'bien es que yo fui y hube siendo guardado', *ca cualli in onipialoc* o *inic onipialoc*, etc.; como en el pretérito perfecto del indicativo.

190 Futuro: 'bien es que yo sea guardado', *ca cualli in nipialoz*, etc.; como en el indicativo.

De los gerundios de la pasiva

De genitivo: 'tiempo es de ser guardado', *ye imma in pialoz*, etc.

De dativo: 'en siendo guardado', *ih ihcuac onipialoc* o *in*

195 *onipialoc*, etc.; como en el pretérito.

Gerundio de acusativo: 'yo voy a ser guardado'

S.	1ª *nipialotiuh*	2ª *tipialotiuh*	3ª *pialotiuh*
P.	1ª *tipialotiui*	2ª *ampialotiui*	3ª *pialotiui*

'yo vengo a ser guardado', *niualauh inic nipialoz*. Y si ya es

176 en el optativo] en el preterito ymperfecto del optativo etc. *T*   **179** optativo] *post* futuro *add. B* lo demás *add. T*   **182** intla onipialoc] intla nipialoc *M* onipialoc, etc. *P* intla nipialoc *B*   **186** tipialoznequi, etc] *om. T*   **187** perfecto] *om. MS*   **188** etc] lo demás *T*   **194** en.. guardado] *om. S*   **198** tipialotiui] nosotros vamos a ser guardado] *add. T*   **199** yo] ante presente de benio venis *add. T* ‖ yo... guardado] *om. P* ‖ yo... nipialoz] y ansi se forman todos los otros, añadiendo las particulas al presente de la passiva: niualhpialotiuh, tiuapialotiuh, etc *S* ‖ niualauh] niuallauh *P*

200 venido, podrá decir: *nipialoco*, en lugar de 'vengo a ser guardado'. Y así se forman todos los otros tiempos añadiendo las partículas de la activa a la pasiva.

Los participios

El de pretérito: 'cosa guardada, cosa guardable o que ha de ser
205 guardada', *tapialli, pialoni*, 'yo había o debía ser guardado', *ni-
pialozquia, tipialozquia*, etc.

De la voz impersonal

El impersonal no tiene dificultad porque no es más de tomar las
terceras personas del singular de la voz pasiva, anteponiéndole
210 las partículas *tla–, te–, ne*, según fuere o conviniere al significado
del verbo. Y para más claridad, ponerse ha aquí el indicativo.

Indicativo

Presente: 'todos guardan', *tlapialo*
Pretérito imperfecto: 'todos guardaban', *tlapialoya*
215 Pretérito perfecto: 'todos guardaron, han y hubieron guardado',
otlapialoc
Pretérito pluscuamperfecto: 'todos habían guardado', *otlapia-
loca*
Futuro imperfecto: 'todos guardarán', *tlapialoz*
220 Futuro perfecto: 'todos habrán guardado', *otlapialoc*
    Y así por los otros tiempos y modos. Y porque la brevedad
ayuda mucho a la memoria, quien quisiere fácilmente deprender
la conjugación tenga este aviso: que fuera del indicativo, en todos los otros modos no hay sino dos tiempos diferentes, que es
225 el presente del imperativo, que sirve también para los presentes

---

202 de la activa a la pasiva] al presente de la pasiva, etc. *W*   205 pialoni] pialloni
T   206 etc.] *post* pialozquia pl. tipialozquia *add. T*   211 claridad] charidad *T*   217
preterito] *om. T*

del optativo y subjuntivo, y el pretérito imperfecto del optativo, que sirve para perfecto y pluscuamperfecto del optativo del
mismo modo y para todos los pretéritos del ubjuntivo. Y el futuro del indicativo sirve para los futuros de los otros modos y
230   para el infinitivo variando el *nequi*, como parece claro en la conjugación.

De manera que sabido el indicativo y el presente del imperativo y pretérito imperfecto del optativo, está sabida toda la conjugación, así de activa como de pasiva. Pues sabidos también los
235   dichos tiempos en la pasiva se sabrá toda.

Y para tomar fácilmente la pasiva, de coro se debe tener este
aviso: que se debe variar por todos los tiempos y modos como
un verbo acabado en *–o*, o en *–ua*, porque estas son las terminaciones en que puede acabar la pasiva e impersonal. Y en el
240   pretérito todos harán en *–c*.

227-228 del optativo mismo modo] del mismo modo *ST* ‖ optativo] obtativo *T*

Capítulo segundo

De la formación de los verbos regulares

Formación del indicativo

Cuanto a lo primero, es de notar que todos los verbos acaban en una de tres vocales, a saber: *–a*, *–i*, *–o*. Y así, al presente del indicativo no le damos otra formación más de señalar las terminaciones en que puede fenecer.

Y para denotar la diferencia de las personas primera o segunda en un mismo tiempo anteponen al verbo estos pronombres: *ni–*, *ti–*, *an–*; pero si algunas personas del tal tiempo son semejantes en la terminación y en el pronombre, poner se ha, en la que estuviere en el plural, una *–h* para diferenciar la del singular. Ejemplo:

S.	1ª *nitetlayeculhtia* yo sirvo a alguno	2ª *titetlayeculhtia* tú sirves	3ª *tetlayeculhtia* aquel sirve
P.	1ª *titetlayeculhtiah* nosotros servimos	2ª *antetlayeculhtiah* vosotros	3ª *tetlayeculhtiah* aquellos

Pretérito imperfecto

El pretérito imperfecto se forma del presente en los acabados en *–a* o añadiendo un *–ya*. Ejemplo: *nitecuculia*, 'aborrecer', *nitecuculiaya*, 'yo aborrecía a alguno'; *nitleco*, 'subir', *nitlecoya*, 'yo subía'.

Pero los acabados en *–i* sobre la *–i* tomarán una *–a*. Ejemplo: *nicochi*, 'dormir', *nicochia*, 'yo dormía'. Sácase: *nemi*, 'vivir', que hace *nenca* o *nemia*.

Y es de notar que al pretérito imperfecto algunas veces usan poner antes de los pronombres al principio una *o–* como la ponen en el pretérito perfecto y pluscuamperfecto.

15 tu sirves] *om. BT* ‖ aquel sirve *om. BT*   **17** vosotros, etc.] *om. BT* ‖ a alguno] *om. BT*   **20** aborrecer] yo aborrezco *T*   **21** subir] yo subo *T*   **24** yo dormía] etc. *MWSP*

Pretérito perfecto

30   El pretérito perfecto se forma del presente. Y, por la mayor parte, los acabados en *–a, –i* pierden la *–a* y la *–i*, y los de *–o* toman
–c sobre la *–o*. Pero porque son estos pretéritos dificultosos, tra-
tarse han en el capítulo siguiente juntamente con la formación de
la pasiva.

35   Y todos los pretéritos en el plural tomarán *–que* sobre el singular. Y si el singular acabare en *–c* volverá la *–c* en *–que* en el
plural y parece algunos retener la *–c* antes del *–que*. Ejemplo:
nitlapaca , 'lavar', *onitlapac*; plural, *onitlapacque*.

          Y es de notar que antes de los pronombres *ni–, ti–, an–,* to-
40   marán una *o–*, pero algunas veces se hallan estos pretéritos sin
la *o–*.

Pretérito pluscuamperfecto

El pluscuamperfecto se forma del pretérito perfecto añadiendo
–ca. Y este *–ca* sirve para todas seis personas, y tomarán la *o–* al
45   principio como el pretérito perfecto.

          Ejemplo: presente, *niteana*, 'prender a alguno'; pretérito
perfecto, *onitean*, 'yo prendí a alguno'; pretérito pluscuamperfecto, *oniteanca*, 'yo había prendido'. Y los que en el pretérito tomarán *–c*, sobre ella tomarán *–a*. Ejemplo: *nitlapaca*, 'la-
50   var', *onitlapac, onitlapacca*.

          Y es aquí de notar que este pretérito pluscuamperfecto
algunas veces sirve de la partícula *–quia*. Ejemplo: *intlacamo
xinechilhuiani ye oniccuac* o *yeniccuazquia*, 'si no me lo dijeras o
hubieras dicho, yo ya lo hubiera comido', o 'ya lo quería comer'.
55   El *oniccuaca* no es mucho en uso en este sentido.

          Ítem, se debe notar que cuando el verbo tiene dos o tres pre-
téritos, del principal y más usado se formará el pretérito pluscuamperfecto. Ejemplo: *temi* 'henchirse', pretérito, *oten* vel

35 en el plural... que] *om. MS* en algunos la retienen *P* aunque pareçe algunos en el
plural tener la c antes del. que *T*   **47** perfecto] *add. W* || yo prendí] *add. T* || pretérito]
add. MWT   **48** yo habia prendido] sic *add. T*   **49** a] ca *P*   **50** onitlapacca] onitlapaca
MS onitlapacaca *T*   **55** el... sentido] *om. MS* || mucho en uso] muy usado *T*

otemic u *otenqui,* en el pluscuamperfecto hará *otenca,* y no diremos **otemica,* ni tampoco **otenquica.*

Y los verbos que, además del pretérito principal, tuvieren otro pretérito en *–c* o en *–qui,* en el plural harán como el principal pretérito y de estos menos principales no se formarán los nombres verbales que del pretérito se suelen formar, sino del principal.

Futuro imperfecto

El futuro imperfecto se forma del presente del indicativo aña-diéndole una *–z* en el singular; y en plural toma un *–que* sobre la *–z.* Ejemplo: *nitetlazotla,* 'yo amo', futuro, *nitetlazotlaz,* 'yo amaré', plural, *titetlazotlazque,* 'nos amaremos'.

Sacan se los verbos activos acabados en *–huya, –ia, –oa,* los cuales vuelven la *–a* en *–z,* porque los neutros en estas termina-ciones seguirán la regla general y lo mismo harán algunos activos como son: *nitlapia,* 'guardar', futuro, *nitlapiaz; nitechia,* 'esperar a alguno', *nitechiaz.*

Y es de notar que un mismo verbo anteponiéndole las par-tículas *–tla, –te,* y haciéndole activo, hará de otra manera en el futuro que si fuese neutro y estuviese sin ellas. Ejemplo: *ni-tliloa* o *tliloa,* entintarse, es neutro, hace el futuro *nitliloaz* o *tliloaz.* Añadiéndole el *–tla* o el *–te,* se hace activo, y entonces diremos *nitlatiloa,* 'entintar algo', futuro, *nitlatliloz,* 'yo entin-taré algo'.

Y esta formación del futuro imperfecto servirá para los otros modos, porque es el mismo mudando los adverbios del princi-pio, porque en el imperativo y optativo tomará *–ma,* y en el subjuntivo *–intla.*

Y este futuro muchas veces sirve por imperativo, lo cual se debe notar. Ejemplo: *calaquiz,* entre aquel, y está en lugar de *macalaqui.* Y lo mismo será en el impersonal *calacoaz* en lugar de *macalacoa,* entren todos.

Futuro perfecto

Este futuro es el pretérito perfecto de la activa a la letra.

FORMACIÓN DEL IMPERATIVO

Presente

95   El imperativo se forma del futuro imperfecto del indicativo quitando la –z y anteponiendo un –*ma* o –*tla*. Ejemplo: *nitlachia*, 'mirar', futuro, *nitlachiaz*, imperativo, *ma nitlachia*; *niquita*, 'ver algo', futuro, *niquittaz*, imperativo, *tlaxiquitta*.

      Y es de notar que estos pronombres –*ti*, –*an* de las segundas
100   personas siempre se han de volver en –*xi*. Ejemplo: *ma xitetlazotla*, 'ama tú', plural: *ma xitetlazotlaca*, 'amad vosotros'. Y en el plural a todas terceras personas se les añade un –*ca*. Ejemplo:

1ª *ma titetlazotlaca*, 2ª *ma xitetlazotlaca*, 3ª *ma tetlazotlaca*.

      Y este mismo imperativo en el singular tendrá en algunos
105   verbos tres significados. Ejemplo: *ma nitlacua*, querrá decir 'coma yo' y 'no coma yo' y 'vaya yo a comer', como parecerá adelante. Pero en todos los verbos tendrá los dos significados que es 'coma yo' o 'vaya yo a comer'.

      Y donde la voz del pretérito y del imperativo fuere una, los
110   tendrá todos tres. Y estos significados se diferencian en el aire del decir o en el acento.

Futuro

El futuro es como el del indicativo, anteponiendo *ma*.

100-101 ma xitetlazotla, ma xitetlaçotlaca] maximotlaçotla, maximotlaçotlaca *S*   103 ma titetlazotlaca, 2ª ma xitetlazotlaca, 3ª ma tetlazotlaca] matimotlaçotlaca, 2ª maximotlaçotlaca, 3ª mamotlaçotlaca *S*   106 no coma yo] *mg. P*   108 como... comer] *om. M*   112-113 futuro... ma] *om. PB*

FORMACIÓN DEL NEGATIVO AVISATIVO

115 Hay otro imperativo negativo que algunos llaman 'avisativo' porque dicen que no usare de este avisativo cuando mando con imperio sino cuando aconsejo o aviso. Pero los naturales en el uno y otro sentido lo entienden. Y, si estamos en diferencia, esta podráse decir que para el que es puramente negativo usarán

120 del imperativo ya dicho anteponiendo estos adverbios *maca* o *macamo*. Ejemplo: *macamo xicchiua*, 'no lo hagas'.

Y para el avisativo negativo usarán del pretérito perfecto del indicativo a la letra, anteponiéndole el *–ma*. Ejemplo: *ma ti-tlapix*, 'mira, no guardes', *ma titlatlaco*, 'mira, no peques'. Y este

125 avisativo tomará *–ti* en el plural. Ejemplo: *ma nitemachti*, 'no enseñe yo', plural, *ma titemachtiti*, 'no enseñemos nosotros'.

Y es de notar que algunas veces el plural del avisativo también se formará del presente del indicativo añadiendo *–ti*, en algunos verbos. Ejemplo: *nitenutça*, 'llamar', *onitenutç*; en el

130 plural del avisativo diremos: *ma antenutçi* o *ma antenutçati*, 'mirad que no llaméis vosotros a alguno', etc.

FORMACIÓN DEL OPTATIVO

El optativo es de saber que antes de los pronombres *ni–*, *ti–*, *an–*, toma esta partícula *ma*, en todos los tiempos y otros ponen

135 *matel*, en lugar de 'o si', pero esta, según los que bien sienten, quiere decir 'pues', 'empero' o 'mas'. Ejemplo: *matel tiuia*, 'pues vamos'. Los texcocanos usan mucho esta partícula *matel* en el optativo.

Presente

140 La formación del optativo es clara porque en el presente es como

---

115 negativo] *om. P*   **118** en diferencia] en esta diferencia *MST*   **126** no enseñemos nosotros] *om. B*   **127** veces] *om. P*   **134** toma] *om. PWB*   **135** esta] estan *B add. T*   **136** tiuia] tiuyan *S*   **137-138** los... optativo] *add. PB*   **140** la formacion] para la formacion *T*

el del imperativo, sin quitar ni poner nada, según parece en la conjugación. Ejemplo: *ma nitemachti*, 'o si yo enseñase'.

Pretérito imperfecto, perfecto y pluscuamperfecto:

El pretérito imperfecto sirve de pretérito perfecto y pluscuam-
145 perfecto. Y la formación de este es del presente del indicativo, añadiendo *–ni*, y sirve para todas seis personas. Ejemplo: *ni-tlacua*, 'yo como', *ma nitlacuani*, o 'si yo comiera', etc.

Pero donde el plural tuviere semejanza con el singular, así en el pronombre que recibe como en la terminación que acaba
150 diferenciar se ha del dicho singular añadiéndole una *–h*, como es dicho. Ejemplo:

S.	1ª *ma nitlacuani*	2ª *ma xitlacuani*	3ª *ma tlacuani*;
P.	1ª *ma nitlacuanih*	2ª *ma xitlacuanih*	3ª *ma tlacuanih*.

Futuro: el futuro es en todo como el del imperativo.

155   FORMACIÓN DEL SUBJUNTIVO

El subjuntivo en la formación no tiene dificultad, porque son los mismos tiempos del optativo. Pero difieren en las partículas que toman antes del verbo, porque el subjuntivo toma esta partícula *intla*, que quiere decir 'si', para todos los tiempos, y no puede
160 tomar otra partícula, salvo en el un romance que damos al futu-ro, el cual se puede decir con este adverbio *in ihcuac*, que signi-fica 'cuando'. Ejemplo: 'cuando yo amare a Dios, seré bueno', *in ihcuac nictlazotlaz in Dios cualli niez*.

Y para sacar esto más de raíz y que se declare, y de la cau-
165 sa porque en el subjuntivo no damos todos los romances que pone Antonio de Nebrija en su *Arte*, es de notar que en la len-gua latina hay estos adverbios *"quando"*, que significa 'cuando' y *"cum"*, que quiere decir 'como', y otros con los cuales todos los romances que en el subjuntivo se ponen, se pueden hacer por

149-150 como... dicho] *om. S*

170 aquellos tiempos donde se señalan los tales romances. Y por eso cuadrarán muy bien todos los romances que por el tal modo se pueden decir.

Pero en esta lengua como no tienen más de esta partícu-la *intla*, que quiere decir 'si', solo los romances que cuadraren 175 con ella se pondrán en el subjuntivo, según buena razón y no más, porque todos los otros romances del cuando y del como se han de reducir necesariamente al indicativo, salvo el que se-ñalamos en el futuro del subjuntivo con este adverbio *in ihcuac*. Ejemplo: 'como yo predicase una vez en México, me acaeció', 180 etc., lo reducen: 'cuando yo predicaba en México', etc. Y hácese por el pretérito imperfecto del indicativo. Ejemplo: *in ihcuac nitemachtiaya nopan omochiuh y*.

Y este romance: 'como yo sirva a Dios, no se me da nada de lo que de mí se dijere', lo reducirán a este romance: 'si yo sirvo a 185 Dios', etc. Y hacen lo por el indicativo en esta manera: *intla o nictlayeculhtia in Dios, amo nechyolitlacoa in tlein notechpa mitoa*. Y por esto quitamos algunos romances del subjuntivo y añadimos otros.

Verdad es que añadiendo al futuro esta partícula *quia* se po-190 drán suplir algunos romances del subjuntivo en el pretérito per-fecto o pluscuamperfecto, los cuales no se podrán hacer por esta voz *ni–*, como aparecerá a la larga en la segunda parte, capítulo octavo. Pero es de notar que este quia siempre se pone en la se-gunda oración del subjuntivo y nunca en la primera, y ya que 195 en la orden este primero en la sentencia y congruo romance, se pondrá a la postre. Y de esta partícula quia se tratará adelante, en el capítulo seis de esta segunda parte.

Formación del infinitivo

El infinitivo no le tiene propio, pero súplenle en dos maneras: la

<hr>

174-176 que cuadraren ... los otros] *om. M*   179 ejemplo] *post* este romance *add.* *S*   181-182 in ihcuac... y] iniquac mictlaçotitlaz in dios cualli niez *B* yniquac nitema-chtiaya yn mexico nopan amo chiuhy *T*   184 si yo] por cuanto yo *S*   185 intla o] ypampa velh *S* || vel] nelli *T*   188-190 y añadimos... del subjuntivo] *om. B*   194 segun-da] tercera *P*   197 seis] *om. PB*   198 formación del infinitivo] *n.l. T*

200 primera por el futuro del indicativo, añadiendo este verbo *nequi*,
que quiere decir 'querer'. Ejemplo: *nitetlazohtlaz nequi*, 'quiero
amar'. Y este verbo *nequi* es el que varía por todos modos y
tiempos. Y el futuro a quien se ayunta en singular y plural de los
dichos tiempos y modos no se varía.

205   Y puesto caso que esté en plática que el infinitivo se suple
por este verbo *nequi*, lo que yo siento es que lo que suple la voz
del infinitivo no es el futuro con el *nequi*, sino sólo el futuro
como en el latín: no diremos que es el infinitivo *"volo amare"*,
sino el *"amare"*, puesto caso que el infinitivo no puede estar sin
210 otro verbo, como acaece también en esta lengua, pero no por eso
será infinitivo el futuro con el *nequi*.

     La segunda manera de suplir el infinitivo será anteponer el
verbo *nequi*, y añadiéndole el futuro. Ejemplo: *nicnequi nitlacuaz*, 'quiero comer'. Y entonces los pronombres *ni–, ti–, an–*,
215 se pondrán entrambos verbos, lo cual no se hace en la primera manera de suplir el dicho infinitivo. Ejemplo: no decimos 1ª
nitlacuaz nicnequi, 2ª *titlacuaz ticnequi*, etc.; pero cuando se
entrepone el *nequi* en esta segunda manera bien decimos:

S.	1ª *nicnequi*	2ª *ticnequi*	3ª *quinequi*
	nitlacuaz	*titlacuaz*	*tlacuaz*
220 P.	1ª *ticnequi*	2ª *anquinequi*	3ª *quinequi*
	titlacuazque	*antlacuazque*	*tlacuazque*

     Y es de notar que así el uno como el otro infinitivo se varía
por el *nequi*, por todos los tiempos, como está dicho, y el futuro se quedará invariado. Ejemplo: en el pretérito imperfecto
diremos: *nitlacuaz nequia*, 'yo quería comer'; y en perfecto: *oni-
225 tlacuaznec*, 'yo quise comer', etc. Y así por todos los demás, etc.
     En la segunda manera diremos en el pretérito imperfecto:

1ª *nicnequia nitlacuaz*	2ª *ticnequia titlacuaz*	3ª *quinequia tlacuaz*
yo quería comer	tú querías comer	aquel quería comer

     Pretérito perfecto:

215 verbos] *add. MPT*   217 nitlacuaz nicnequi] nitlaquaz nequi *B* || titlacuaz ticnequi]
titlaquaz nequi *B*   228 querias comer] etc. *B*

230   1ª *onicnec nitlacuaz*   2ª *oticnec titlacuaz*   3ª *oquinec tlacuaz*
yo quise comer   tú quisiste comer   aquel quiso comer

Los demás tiempos del infinitivo que se hallan en la conjugación se reducen al indicativo.

El pretérito, anteponiendo *cualli inic* o *cualli yezqui in*, lo
235 dicen por el pretérito perfecto del indicativo. Ejemplo: *cualli inic onitlacua* o *cualli yezqui in onitlacua*, 'bueno es haber comido'.

Y el futuro reducen al futuro del indicativo anteponiendo *cualli yez*. Ejemplo: *cualli yez in tlacuaz*.

Formación de los gerundios de genitivo

240 Estos gerundios los suplen de dos maneras. La primera es al verbal en *–liztli* añadirle *–pan* y anteponer uno de estos adverbios *ye–* o *ya–*. Ejemplo: *tlacualiztli* es 'la comida'; perdiendo el *–tli* y añadiendo *–pan* dicen *tlacualizpan*; y añadiendo *ye–* o *ya–*, diremos *yetlacualizpan*, 'ya es hora de comer'.

245   La segunda manera es anteponer uno de estos dos adverbios *cualhcan* o *ye iman* al futuro o presente del impersonal. Ejemplo: *ye cualhcan inic temachtiloz* o *inic temachtilo*, 'hora es de enseñar'; también *yeiman in tlacualo*, 'tiempo es de comer', o *yeiman in tlacualoz*.

250   Y en esta segunda manera se puede variar por todos los modos y tiempos. Ejemplo:

Presente: *yeiman in nitemachtia*, 'tiempo es de que yo enseñe'. Y también se dice: *yeiman in nitemachtiani*.

Pretérito imperfecto: *yeiman in onitemachtiaya*: 'tiempo era de en-
255 señar yo'.

Pretérito perfecto: *yeiman in onitemachti*, 'tiempo fue de enseñar yo'.

Pretérito pluscuamperfecto: *yeiman in onitemachtica*, 'tiempo había sido', etc.

260 Futuro imperfecto: *yeiman in nitemachtiz*, 'tiempo será', etc.

231 quisiste comer] etc. *B* ‖ quiso comer] aquel, etc. *B*   **233** indicativo] *post* exº *add.* *T*   **246** cualhcan] cualli *P*   **248** tiempo... comer] *trans. post MS*   **250** y en esta] en esta *PBT*   **250-251** modos y tiempos] tiempos y modos *PB*   **252** yo enseñe] *post* a esta hora enseño yo *add. PBT*

Futuro perfecto: *yeiman in nitemachtizquia,* 'ya es o era tiempo de haber enseñado yo', o *yeiman in onitemachti,* etc., como el pretérito.

265 Lo mismo será en el impersonal y pasiva. Estos romances parecen ser de subjuntivo, pero en fin tienen sentencia, etc., de gerundios de genitivo.

De los gerundios de dativo

270 Estos no los tienen, pero suplen los por el pretérito perfecto del indicativo, anteponiendo *icuac* o *in* o *inicuac.* Ejemplo: *inicuac onitlapix nimitçilhuiz,* 'en guardando o en habiendo guardado luego te lo diré'; *inonitemachti niman nompeuaz,* 'en predicando o habiendo predicado luego me partiré'.

Formación de los gerundios de acusativo

275 Los gerundios de acusativo no los tienen propios, suplen los en algunos tiempos por estas partículas *–tiuh, –tiui, –to, –ti,* para 'ir' y *–quiuh, –quiui, –co, –qui,* para 'venir'.

Para ir

–tiuh, ui El *–tiuh* es para presente y futuro para sólo el singular. Y el *–tiui* es para el plural de los dichos tiempos. Ejemplo: 'yo voy o iré a 280 enseñar', *nitemachtitiuh,* 'vosotros vais o iréis a enseñar', *antemachtitiui,* etc.

–to El *–to* sirve para el pretérito perfecto y pluscuamperfecto en todas seis personas. Ejemplo: *nitemachtito,* 'yo fui o había ido a enseñar'; plural, *antemachtito,* 'vosotros fuisteis o habíades ido 285 a enseñar'.

–ti El *–ti* sirve para el imperativo para el singular y el plural, según algunas provincias. Ejemplo: *ma nitemachtiti,* 'vaya yo a enseñar'.

270-271 o en habiendo guardado... en predicando] *om. M*   277 para ir] *add. R*   283-285 nitemachtito... enseñar] *om. PB*   287 ma nitemachti... yo] *om. PB*

Pero en otras partes usan para esto del singular del imperativo, sin la partícula *–ti*. Y suelen lo diferenciar del otro imperativo con solo el aire de decir, o con poner el acento en la última sílaba. Ejemplo: *ma nitemachti*, 'enseñe yo', *ma nitemachtí*, 'vaya yo a enseñar'. Pero en el plural en todas partes usan poner el *–ti*. Ejemplo: *ma titemachtití*, 'vamos a enseñar'.

Para los presentes del imperativo, optativo y subjuntivo servirá el presente del indicativo, anteponiendo las partículas *ma* o *intla*. Ejemplo: *ma nitlacuatiuh*, 'vaya yo a comer'; no es mucho en uso. Diremos también, 'vaya yo a comer', *manitlacua* o *manitlacuati*, como es arriba dicho.

En el pretérito imperfecto, perfecto y pluscuamperfecto del optativo y subjuntivo dicen, *ma onitlacuani*, 'o si yo hubiera ido a comer o si yo fuera', *intla onitlacuato amo napizmiquizquia*, 'si hubiera ido a comer, no muriera de hambre'.

Y estos gerundios también se pueden suplir por el verbo *niauh* puesto al principio y luego este adverbio *inic* o *in*, y con el futuro imperfecto del indicativo. Ejemplo: *niauh inic nitlacuaz*, 'voy a comer'; pretérito imperfecto: *niuia* o *niaya inic nitlacuaz*, 'yo iba a comer'. Variando en todos los tiempos el *niauh* y quedándose el futuro invariado, etc.

Para venir

Las partículas *–co, –quiuh, –qui, –quiui*, son para venir.

–co   El *–co* sirve para presente y pretérito perfecto y pluscuamperfecto en todas seis personas. Y más propio es de los pretéritos que del presente, porque para el presente para decir 'vengo a comer', usan decir *nitlacuaco*, 'siendo ya venido'; y si no es llegado, dirán: *niualauh in ic nitlacuaz*.

–quiuh   El *–quiuh* sirve para las tres personas del singular del futuro y para el plural *–quiui*. Ejemplo: 'yo vendré a enseñar', *nitemachtiquiuh*, 'vosotros vendréis a enseñar', *antemachtiquiui*, etc.

288 esto] *om. MSPBT sup. add. W* **291** silaba] *add. PB* **296-297** no es... uso] *om. MS* **305** se pueden] *om. B* **310** quiui] *om. MW* **314** nitlacuaco] niualaquatiuh, que no nitlaquaco *S* ‖ ya venido] *om. M* **316** del futuro] *om. MPBT* **318** vosotros... etc.] *om. B*

–qui El *–qui* es para las personas del imperativo. Ejemplo: *xicchiua-*
320 *qui*, 'ven a hacer'; plural, *xicchiuaquih*, 'vosotros venid a hacer'.

Los tiempos que faltan suplirlos han por el *niualauh*, como dijimos de los pasados que se suplían por *niauh*.

También se pueden decir o suplir estos gerundios, como dijimos de los pasados, poniendo en lugar de *niauh*, *niualauh*, con
325 el *inic* o *in* y el futuro perfecto del indicativo. Ejemplo: *niualah inic nitlacuaz*, 'vengo a comer', etc.; pretérito imperfecto, *niualaya* o *niualataya inic nitlacuaz*, 'yo venía a comer'.

La formación de todas las partículas sobredichas es: del futuro imperfecto del indicativo, perdiendo la –z, añadir las dichas
330 partículas. Y esto se ha de entender en todas las voces, así de activa como pasiva como impersonal. Ejemplo: *nitlacua*, 'yo como'; futuro, *nitlacuaz*, *nitlacuatiuh*, 'voy a comer'; en la pasiva *nicualotiuh*, 'voy a ser comido'; impersonal, *tlacualotiuh*, 'todos van a comer'.

FORMACIÓN DE LOS PARTICIPIOS DE PRESENTE

335 Estos se suplen por la tercera persona del presente del tiempo que fuere el participio, anteponiendo esta partícula *in*. Ejemplo: *intlacua*, 'el que come', *intlacuaya* 'el que comía'. Y así por toda la conjugación.

De otra manera también los suplen con algunos verbos com-
340 puestos, los cuales verbos compuestos tienen significación de participios o gerundios de ablativo, según quieren algunos sentir. Ejemplo: *nitlacuaticah*, 'estoy comiendo', *nitlacuatinemi*, 'ando comiendo', *nitlapixtiuh*, 'voy guardando'.

Y en esta segunda manera se varía el verbo por toda conjuga-
345 ción y el primero quedará siempre entero. Ejemplo: *nitlapixtiuh*, 'voy guardando'; pretérito imperfecto, *nitlapixtiuia* o *nitlapixtaya*, 'iba guardando'; pretérito perfecto y pluscuamperfecto, *onitlapixtia* vel *onitlapixta*, 'fue guardado' o 'había ido guardando'; futuro, *nitlapixtiaz* o *nitlapixtaz*, 'yo iré guardando'.
350 Y la formación de estos es diferente de la que tienen las partículas, porque estos se forman poniendo primero el verbo en

---

323-324 dijimos] *om. PB* || ss *n.l. B*   **330** activa] *post* como *add. M*   **339-340** verbos compuestos] *om. B*   **346** pretérito... nitlapixtiuia] *om. B*

el pretérito y añadiendo el segundo, como se dirá en los que los compuestos, capítulo doce.

355

Imperativo: 1ª *ma nitlapixtiuh*,   2ª *ma xitlapixtiuh*,
                   'vaya guardando',   've tú guardando'.
Vetativo: 1ª *ma nitlapixta*,   2ª *ma titlapixta*,
                   'no vaya yo guardando',   'no vayas guardando'

DE LOS PARTICIPIOS DE FUTURO EN *–RUS* SEGÚN EL LATÍN

360 Los participios de futuro en "*–rus*" se suplen por el futuro imperfecto de la voz de activa añadiendo esta partícula *quia* y su significado es 'había' o 'debía' o 'hubiera' o 'debiera', etc. De la formación de la pasiva e impersonal al presente no se dice nada porque se ha de tratar en el capítulo siguiente.

---

353 doce] *om. M*   **356-367** vetativo... guardando] *om. B*

Capítulo tercero

De la formación del pretérito

El pretérito perfecto es muy vario, porque son muchas las terminaciones en que acaba. Y por eso se pondrá aquí algo dilatado: porque de él se forma el pretérito pluscuamperfecto y perfecto y muchos verbales y otros nombres. Y así es necesario saberse bien para la inteligencia de la lengua y el artificio de ella.

Pero, aunque sean estos pretéritos muy varios y diversos, podremos los reducir a tres reglas generales: porque unos verbos hay que pierden la vocal en que fenecen y otros que sobre ella toman una –c, y otros que mudan la letra o sílaba final. Y los que de estas terminaciones tuvieren diversos pretéritos se señalarán. Pero sepan que el más usado o común se pondrá en la regla general, aunque no dejaré de poner los otros pretéritos que tuviere el verbo dado, que sean menos principales y se usen poco, porque si alguna vez los vieren en escritura u oyeren en plática no se turbe y lo tenga por mal dicho.

Y porque se ayude a la memoria, pondremos juntas todas las terminaciones de verbos que en el pretérito pierden la letra o sílaba final.

Primera regla: de los que pierden

1º regla Los verbos que acabaren en estas terminaciones –*huya*, –*ia*, –*oa*, –*li*, –*ma*, –*mi*, –*na*, –*ni*, –*pa*, –*pi*, –*xa*, –*xi*, –*tça*, –*tçi*, pierden la última vocal. Ejemplo de todos:

–huya De –*huya*: *nitetlatlacalhuya*, 'ofender a alguno'; preterito, *onitetlatlacalhui*.

–ia De los de –*ia*: *nitecuculia*, 'querer mal a alguno', *onitecuculi*. Sácanse:

8 saberse bien] saber bien *T*   14-15 regla general... di] *n.l. B*   16 el verbo... menos] *n.l. T*   18 lo] *om. B*   19 se... memoria] *n.l. B*   21 final] *add. T*   24 na] *om. W*   26 pretérito] *om. B*   28 ia... onitecuculi] *om. B*

30	*nitlapia*	'guardar algo'	*onitlapix*
	nitechia	'esperar alguno'	*onitechix*
	nicia o *nicea*	'querer'	*oniciz* vel *onicez*
	celia	'retoñecer la planta'	*oniceliz* vel *oniceliac*, *onicelix*
	ninitonia	'tener calor'	*oninitonix* vel *oninitoni*
35	*niquequexquia*	'tener comezón'	*oniquequexquiac*

Sácanse los neutros que no se derivan de nombres, los cuales, por la mayor parte, vuelven la *–a* en *–x*, aunque algunos también toman *–c* sobre la *–a*. Ejemplo: *nipipinia*, 'hágome viejo o vieja', *onipipix* vel *onipipiniac*. Sácase *ninotonia*, 'sudar', que hace sola-

40 mente *oninitoni*. Y los neutros que se derivan de nombres podrán tener a tres pretéritos, porque, por la mayor parte, o vuelven la *–a* en *–x* o en *–c* o sobre la *–a* toman *–c*. Ejemplo: *nicualhtia*, 'hacerme bueno', pretérito, *onicualhtix*, *onicualtic*, *onicualtiac*.

–oa   De los de *–oa*: *nitlatoa*, 'hablar', *onitlato*. Sácase: *nicxicepoa*,
45 'entumecerse el pie', *onixicepoac*.

Y los neutros derivados de nombres que toman *–c* sobre la *–a*; pero si los tales se hacen activos tomando *–tla* o *–te*, seguirán la regla general. Ejemplo: *nitliloa*, 'estar entintado', *onitliloac*, *natlatliloa*, activo, 'entintar algo', *onitlatlilo*. Aunque estos me-

50 jor forman sus activos en *–ya*. Ejemplo: *nitliloa*, *nitlatlilhuia*. Y algunos de ellos también forman el activo en *–tia*. Ejemplo: *ni-teua*, 'enviar mensajero', pretérito, *oniteiuh*, *oniteiua*, *oniteioac*; *ayoa*, 'aguarse', *nitlayotia*, 'aguar algo'.

–li   De los de *–li*: *niyolli*, 'vivir', *oniyolh*.

55 *–ma*   De los de *–ma*: *nitlatema*, 'henchir algo', *onitlaten*, a saber, de semilla o de tierra, etc. Sácanse:

	nitlama	'prender o cautivar'	que hace *onitlama*
	ninozoma	'enojarme'	*oninozoma*
	nitlatlama	'pescar con red'	*onitlatlama*
60	*nitlamama*	'llevar carga'	*onitlamama*

–mi   De los de *–mi*: *ninemi*, 'vivir', *oninen*.

–na   De los de *–na*: *nitlauana*, 'emborracharme', *onitlauan*.

---

35 ninitonia… oniquequexquiac] *add. S* ninitonia tener calor oninitonix vel oninitoni niquequexquia tener comezon oniquequexquiac *P*   **38** viejo o vieja] hombre o fuerte *MS* hombre viejo *B*   **51-52** niteua… oniteioac] *om. SMPB*   **59** con red] *om. B*   **60** nitlamama… onitlamama] *om. B*   **62** emborracharme] emborracharse *S*

–ni   De los de *–ni: nitetlani*, 'ganar el juego', *onitetlan*.

–pa   De los de *–pa: nitlacuepa*, 'volver algo', *onitlacuep*.

65 *–pi*   De los de *–pi: nicopi*, 'cerrar los ojos', *onicop*.

–xa   De los de *–xa: nitexoxa*, 'hechizar en cierta manera', *onitexox*.

–xi   De los de *–xi: niniexi*, 'estornudar por bajo', *oniniex*.

–tça   De los de *–tça: nitenutça*, 'llamar', *onitenutç*.

–tçi   De los de *–tçi: niuetçi* 'caer', *oniuetç*.

70   Estos verbos sobre dichos, de esta primera regla, algunos de más del pretérito que tienen principal conforme a la regla general ya dicha, tienen otros menos principales y que menos se usan. Y estos acaban en *–c* o en *–qui*, o en entre ambas terminaciones.

75   Y para saber qué verbos toman *–c* y no *–qui*, y cuáles toman *–c* y no *–qui*, y cuáles no toman no la una ni la otra, es de saber que los de *–huya*, *–ia*, *–oa* activos no pueden tomar *–c* ni *–qui*, mas de seguir la regla general. Pero los neutros de *–ia*, *–oa* y los que acabaren en *–ma*, *–xa*, *–xi*, ahora sean neutros, ahora sean

80   activos, toman solamente *–c* y no *–qui*.

Pero los demás verbos que acabaren en las otras terminaciones de la primera regla, fuera de los aquí señalados, podrán tomar *–c* y *–qui* indiferentemente. Ejemplo: *nitenutça*, 'llamar', *onitenutç*, *onitenutçac*, *onitenutçqui*. Pero la formación de estos

85   será los que toman *–c*, la tomarán sobre la vocal del presente. Ejemplo: *nitemi*, 'henchirse', *oniten* u *onitemic*.

Y los acabados en *–qui* se formarán de su pretérito perfecto principal añadiendo *–qui*. Y así los de *–c* como los de *–qui*, tendrán por plural el que tuviere su principal pretérito. Ejemplo:

90   *nitenutça*, el principal es *onitenutç*, hace el plural *otitenutçque*. Este mismo será el plural del pretérito acabado en *–c* y *–qui*.

Segunda regla: de los que toman

2ª regla   Los que fenecen en *–ca*, *–co*, *–cui*, *–za*, *–cha*, *–chi*, *–i*, *–cua*, *–ta*, *–ti*, *–tla*, sobre la vocal toman *–c*.

67 niniexi] nimexi *T*   **79** ahora... neutros] *om. MT*   **83** llamar] *supra add. W om. MPBT*   **86** henchirse] henchirme *MP*   **93** ca] onca *M* || za] *supra W*

95 *-ca*   De los de *–ca: nitetlamaca*, 'dar algo a alguno', *onitetlamacac.* Sácase *nitlapaca*, 'lavar', que hace *onitlapac*, aunque también sigue la regla.

-co   De los de *–co: nitleco*, 'subir', *onitlecoc.*

-cui   De los de *–cui: nitlacui*, 'tomar algo', *onitlacuic.* Sácanse
100   *nitlaacocui*, 'tomar algo para lo alzar', *onitlaacocui.* En este se hace líquida la *–u*, y en los siguientes *nitlaiztecui*, 'tentar algo con la uña', *onitlaiztecui; nitlanecui*, 'oler algo', *onitlanecu.* Y todos estos que se sacan también siguen la regla, pero como aquí se sacan es lo más usado.

105 *-ça*   De los de *–za: niza*, 'despertar', *onizac.* Y algunas de estas terminaciones hacen también en *–qui*. Ejemplo: *niquiza*, 'salir', *oniquiz* vel *oniquizqui.* Sácanse: *nictlaza*, 'arrojar', *onitlaz.*

-cha   De los de *–cha: nichicha*, 'escupir', *onichichac.*

-chi   De los de *–chi: nichichi*, 'mamar', *onichichic.* Sácase: *nicochi*,
110   'dormir', que hace *onicoch.*

-y   De los de *–i: nitlay*, 'beber', *onitlaic.* Sácase *nitlay*, 'trabajar', *onitlax* vel *onitlaxqui.*

-cua   De los de *–cua: nitlachcua*, 'cavar tierra', *onitlachcuac.* Y estos algunas veces hacen en *–qui*. Ejemplo: *nitlacua*, 'comer', que
115   no muda, *onitlacua* vel *onitlacuaquita.*

-ta   De los de *–ta: niteitta*, 'ver a alguno', *oniteittac.*

-ti   De los de *–ti: nitçinti*, 'yo comienzo', *onitçintic.* Sácanse los primitivos que tuvieren vocal antes del *–ti* y los derivativos en *–cati*, los cuales, por la mayor parte, pierden la *–i* y quedan en
120   *–t*, aunque también siguen la regla general. Pero los compuestos con *–mati* también pierden el *–ti*. Ejemplo: *nitetlacamati*, 'obedecer', *onitetlacamat* o bien *onitetlacamatic* también *onitetlacama; nicalpix*, 'soy o hágome mayordomo', *onicalpixcat*, etc. Pero los otros derivativos de nombres fuera de los de *–cati*, sobre la
125   *–ti* toman *–c* o *–ac*. Y también suelen tomar *–x*, aunque algunos quieren decir que esta *–x* es de los de *–tia*. Ejemplo: de *atl*, 'agua', *ati*, 'derretirse' o 'hacerse agua', pretérito, *oatic* o *oatiac*; y este *oatix* podrá venir de *atia*, que es lo mismo.

96 que hace] *om. B*   **101** tentar] tomar *P*   **103-104** pero como … usado] pero lo primero es lo mas usado *S om. PB*   **107** oniquizqui] *om. T*   **111** beber] *om. B*   **112** onitlaxqui] nitlaaxqui *M om. S*   **117** nitçinti, yo comienzo || onitçintic] nitlatzin, comenzar algo, onitlatzintic *S*

–tla   De los de *–tla*: *nitetlazotla*, 'amar a alguno', *onitetlazotlac*.

130 Tercera regla: de los que mudan

Los que fenecen en *–ua*, *–ui* vuelven la última vocal en *–h*. Los que
3ª regla acaban en *–ci* vuelven la *–ci* en *–z*. Los que fenecen en *–qui* vuelven el *–qui* en *–c*. Los que acaban en *–ya* vuelven el *–ya* en *–x*.

–ua   De los de *–ua*: *nitlachiua*, 'hacer algo', *onitlachiuh*. Sácase:
135 *niteiua*, 'enviar mensajero', *oniteiua niteaua*, 'reñir a alguno',
oniteuac.

–ui   De los de *–ui*: *natonaui*, 'tener calentura', *onatonauh*.

–ci   De los de *–ci*: *niteimacaci*, 'temer', *onitemacaz*. De estos, algunos suelen tomar *–c* o *–qui*. Ejemplo: *tlaneci*, 'amanecer', *otla-*
140 *nez* vel *otlanecic* vel *otlanezqui*. Sácase: *aci*, 'allegar', que hace
–qui solamente *oacic*.

De los de *–qui*: *nitlanequi*, 'querer algo', *onitlanex*. Sácase:
tlatqui, 'llevar algo', *onitlatquic*.

–ya   De los de *–ya*: *nitlaucuya*, 'estar angustiado', *onitlaucux*. Y
145 estos algunas veces forman *–c*. Ejemplo: *nauyaya*, 'oler mal o
bien', *onauiax* o bien *onauiayac*. Sácanse: *tlaceceya*, 'resfriar el
tiempo', *otlacecez* también *otlaceceyax*. Y también sigue la regla *izcaya*, 'crecer', *izcayac*; *iztaya*, 'emblanquecer', *oiztaz* vel
oiztayac; *nitlauya*, 'alumbrar', *onitlaui*; *cozauya*, 'amarillecer',
150 *ocozauiz*.

Y también sigue la regla *ocazauiac*. Y tambiénlos verbos activos acabados en *–uia* que, por la mayor parte, perderán en el pretérito la *–a*. Ejemplo: *nitlatlapuia*, 'acrecentar algo', *onitlapiui*.
Pero si fuere neutro hará en *–x*. Ejemplo: *tlapiuia*, *otlapiuix*, etc.

133 los que acaban ... en –x] *om. WB*   **143** tlatqui] nitlatqui *P*

Capítulo cuarto

De la voz pasiva e impersonal y de su formación

De la voz pasiva

Antes que vengamos a la formación de estas dos voces, pasiva e
impersonal, será bien que notemos lo que en ellas hay que notar.

Cuanto a lo primero de la voz pasiva, es de saber que no
puede tomar las partículas *–tla, –te, –ne, –c, –qui, –quin,* porque estas van con la voz activa, y solas las tres primeras con la
voz impersonal, como se dirá adelante. Y así, a este verbo *ni-*
tlacua, 'yo como', en la pasiva le quitamos el *–tla,* y añadimos
–lo, diciendo *nicualo,* 'soy comido', *nipialo,* 'soy guardado'.
Pero cuando el verbo rige dos casos, entonces bien se sufre tomar la partícula *–tla,* pero no el *–te.* Ejemplo: *nitlacuililo,* 'es me
tomado algo', *nitlamaco,* 'es me dado algo'.

También es de notar que la voz pasiva no recibe los pronombres *nech–, mitç–,* etc., ni otra persona que padece, sino es cuando el verbo está compuesto con nombre y tiene en sí incorpo-
rado la persona que padece. Ejemplo: *petlachiualo,* 'es hecho el
petate' o 'todos le hacen', que será impersonal; *nimilhchiuililo,*
'es me hecha mi heredad'. Ni tampoco recibe persona agente expresa, si no es volviendo la tal oración por la activa. Y así, no diremos 'yo soy amado de Dios', mas reducirla hemos a esta oración 'Dios me ama'; pero bien diremos 'soy amado', no diciendo
de quién. Y de esto no hay otra razón más de la propiedad y uso
de la lengua; aunque diciendo *itechpa in Dios nitlazotlalo,* tanto
vale como "*ego amor a Deo*". Ítem, es de saber que hay algunos
verbos que en una misma voz tienen significación activa y pasiva, y otros que, aunque tienen la voz activa, la significación es
pasiva. Pondré los que se me ofrecieren. Ejemplo:

    nitlacnopilhuya o *nitlaicno*   'yo recibo'

---

3 de... pasiva] *om. B* **6** cuanto] cuando *B* **8** tres] letras *B* **25-26** aunque... deo] *add.*
WT **29** Ejemplo] *post* scilicet casi similia ex neutris, ut populo es, exulo, as, veneo,
is, fio, fis, liceo, es *add. PB* **30** nitlacnopilhuya... recibo] *add. W* nictlano pilhuia vel
nitlaicnopilhuia, etc merecer algo o recebir *add. T*

	ninoteneua	'soy nombrado o nómbrome yo'
	nimauizcui	'soy atemorizado o tomo temor'
	ninitonia	'soy nombrado o nómbrome yo'
	ninotlauhtia	'soy socorrido o socórrome yo'
35	*nicaquizti*	'soy oído'
	nitlato	'soy probado'
	nimauitzi	'soy reverenciado'
	nimachia	'soy descubierto o conocido o senti-do', etc. Tlaxcala.

40   También se debe notar que a los verbos neutros y reveren-ciales no les usan dar la voz pasiva. Ejemplo: *nitçatçi*, 'dar vo-ces', no diremos **nitçatçiua* en la voz pasiva; *ninotetlazotilia*, 'yo amo', no diremos **ninotlazotililo* en la voz pasiva.

De la voz impersonal

45   A los impersonales que descienden de verbos activos se les anteponen una de estas tres partículas *–tla, –te, –ne,* las cuales no tienen el pasivo y aunque sea una la voz de entre ambos. Y tomarán estas partículas cuando las tuviere el verbo de donde se forman; y cuando el verbo se compone con nombre no las
50   recibirá en el impersonal, salvo cuando rigiere dos casos, que en-tonces podrá tomar el *–te* y el *–ne.* Ejemplo: no diremos **temilh-chiualo*, pero bien se dice *temilhchiuililo*, 'todos hacen heredad a otros', *nemilhchiuililo*, 'todos hacen sus heredades'.

Y esta es la diferencia que hay entre el pasivo y el impersonal,
55   porque el pasivo no recibirá las dichas partículas y el impersonal sí. Mas las partículas *–c, –qui, –quin,* no se hallarán en el imper-sonal, porque son de solos verbos activos y de sola la voz activa, como se dirá en el capítulo séptimo, cuando se hablare de las partículas.

60   Tampoco en el impersonal se hallarán los pronombres *–ni, –ti, –an,* como se hallan en la voz activa y pasiva. Y es de notar que el *–ne* no lo pueden recibir indiferentemente todos los ver-

33 ninitonia] ninihtoa *MT* ninitoa *PB*   **36-39** nitlato... tlaxcalla] *om. S* ‖ tlaxcalla] *om. M* es de Tlaxcalla *P*   **40** notar] *om. P n.l. B*   **41** nitçatçi] ninotçatçilia *M*   **45** imperso-nales] ante verbos *add. PB*   **52-53** todos... nemilhchiuililo] *om. M*

bos activos, sino solo los activos reflexivos. Ejemplo: *ninotlazo-tla*, 'yo me amo', *netlazotlalo*, 'todos se aman'. Pero los verbos
65   reverenciales, y aunque tengan *nino–*, *timo–*, *mo–*, *no* tendrán impersonal porque no diremos *netlazotlalilo*.

DE LOS IMPERSONALES QUE SALEN DE VERBOS NEUTROS

Hemos hablado de los impersonales que se forman de verbos activos que toman las partículas *–tla, –te, –ne*. Veamos ahora de
70   los verbos neutros si las prodrán recibir, para lo cual es de notar que unos impersonales hay en voz y significación, y otros hay impersonales en la significación y no en voz.

Los impersonales de voz y significación son los que se forman de su activa añadiendo letras o sílabas, como se dirá ade-
75   lante. Los de sola significación serán los que no se forman de esta manera, mas sobre la misma voz de la activa toman alguna partícula al principio.

tla–   Y para mejor entender lo dicho se debe notar que algunas veces sobre la tercera persona del presente del indicativo de la
80   voz de activa se antepone al verbo neutro un *–tla*, quedándose en la misma voz activa, porque el verbo neutro también tiene la voz de activa como el activo y con el *–tla* se hace impersonal. Ejem-plo: *nicuecuechca*, 'yo tiemblo', *tlacuecuechca*, 'todos tiemblan'; *nioutiu*, 'estoy turbado o en trabajo o en dificultad puesto',
85   *tlaouiti*, 'todos están turbados', etc.; *nixtoneua*, 'yo me enojo', *tlaixtoneua*, 'todos están enojados'.

Y estos, aunque salgan de muchos verbos neutros, no, empe-ro, saldrán de todos. Mas cuando el impersonal que sale de verbo neutro es impersonal en voz y significación, quiero decir que
90   sigue las reglas de la formación que se dirán, entonces no puede tener el *–tla*. Puesto caso que se diga *tlacuecuechca*, 'todos tiem-blan', no se dirá **tlacuecuechcalo*. Y esto se debe mucho notar.

Y así podemos sacar de aquí que el impersonal de verbos neu-tros por la mayor parte podrá ser en dos maneras:

---

72 hay impersonales] *om. B*   **73** impersonales] *om. B*   **73-75** son los que... significa-ción *om. B*   **78** se debe] debese *PB*   **79** tercera] segunda *P* || presente] *add. WT*   **85** turbados] *om. B*   **86** están enojados] *om. B*

95   La primera, siguiendo la regla de la formación sin poner *–tla*.
Y estos se llaman impersonales de voz y significación. La segunda manera es como está dicho, anteponiendo el *–tla* a la tercera persona. Ejemplo: *nitçatci*, 'doy voces', *tçatçiua* o *tlatçatçi*,
'todos dan voces', *ninozaua* 'yo ayuno', *nezaualo*, 'todos ayu-
100   nan', etc.

ne–   Estos impersonales de voz y significación bien podrán tomar
la partícula *ne–*, pero solamente será de los verbos neutros que
tuvieren *nino–*, *timo–*, etc. Ejemplo: *ninozaua*, 'yo ayuno', será
solamente *nezaualo*, 'todos ayunan', etc.

105   También se debe mucho notar que todos los verbos que se
componen con verbos en tal manera, que el primer verbo se
ponga en el pretérito perfecto, y el segundo en la segunda persona del presente del indicativo, estos tales podrán tener dos impersonales: o en el primer verbo poner la voz del impersonal, o
110   en el segundo, porque en ambos no se entiende bien. Ejemplo:
nitlacuataci, 'como en llegando', impersonal, *tlacualotaci* o *tla-
cuataxiua*, 'todos llegan a tiempo de comer'.

Pero si el segundo verbo fuere alguno de los compuestos de
"*sum, es, fui*", si tuviere impersonal, entonces en el primer verbo
115   se pondrá solamente dicho impersonal. Ejemplo: no diremos
*_tlacuatimaniua_, pero bien diremos *tlacualotimani*, 'todos están
comiendo en pie'.

De la formación de la pasiva e impersonal, la cual es mucho de notar

120   La formación de la pasiva y del impersonal es una misma, porque es una la terminación salvo que el impersonal no tiene los
pronombres *ni–*, *ti–*, *an–*, como está dicho.

Por tanto, por ser una misma la terminación será una la formación, poniendo los ejemplos de solo impersonal, pues para la
125   pasiva no habrá más que hacer de perder *–tla*, *–te*, *–ne*, y tomar
el *ni–*, *ti–*, *an–*.

107 en la segunda] *om. S*   **111** como en llegando] llego a tiempo de comer *MS* en llegando como *PB*   **114-115** en el primer... ejemplo] *om. B*   **117** pie] *post* y entonçes en
el primer vbo base puede ir sola mte el dicho impersonal *add. B*

Y porque todos los verbos acaban en una de tres vocales que son –a, –i, –o, reducen se todos estos verbos a tres reglas:

1º regla · 130 La primera es que los verbos acabados en –a, activos o neutros, se formarán de la tercera persona del futuro del imperfecto del indicativo volviendo la –z en –lo. Ejemplo: *tetlazotlaz*, 'aquel amará', impersonal *tetlazotlalo*, 'todos amarán'.

–na · Sácase los de –na, que algunas veces vuelven la –a en –o, aunque más común es seguir la regla. Ejemplo: *niteana*, 'prender a alguno', *nanalo*, 'soy preso', *teanalo* o *teano*, 'todos · 135 prenden'.

–ca · También se sacan los acabados en –ca, que hacen –co, y en –coa, y en –calo. Ejemplo: *nipixca*, 'coger maíz', *pixco*, *pixcoa*, *pixcalo*, 'todos cogen maíz'.

140 Y los verbos que fenecen en –ua, algunas veces vuelven la –a en –ua en el impersonal, aunque más común es seguir la regla. Ejemplo: *pinaua*, 'aquel ha vergüenza', *pinaoua* o *pinaualo*, 'todos han vergüenza'. También se sacan de los de –za este verbo *niquiza*, con sus compuestos que hace *quixoa*, 'todos salen'.

145 Los acabados en –i, sobre la –i del presente toman –ua, o 2ª regla · se forman del futuro volviendo la –z en –ua. Ejemplo: *yoli*, 'aquel vive bien', *yoliua*, 'todos viven'.

–ci · Sácanse los de –ci, que con seguir esta regla también vuelven el –ci en –xoa o en –xiua, y así tendrán tres impersonales o pa- · 150 sivos. Ejemplo: *aci*, 'allegar', *aciua*, *axoa*, *axiua*, 'todos allegan'.

–tçi · Y de los de –tçi se saca *uetçi*, 'aquel cae', que hace *uechoa* o *uechiua*, y siguiendo la regla hace *uetçiua*, 'todos caen'.

–qui · También se sacan los acabados en –qui, que vuelven el –qui en –co y también en –coa. Ejemplo: *miqui*, 'aquel muere', *mico* · 155 o *micoa*, 'todos mueren'. Pero *tlatqui*, por 'llevar algo', hace *tlatcoa*, o sobre la –i toman –ua, y hace *tlatquiua*, según algunos *tlatquiualoli*.

–ui · También se sacan los acabados en –ui, que vuelven el –ui en –ua. Ejemplo: *poliui*, 'pierde se', *poliua*, 'todos se pierden'.

160 Sácanse también los acabados en –mi, que vuelven el –mi en –mi · –moua, o la –i en –ua. Ejemplo: *nemi*, 'aquel vive', *nemoua*, 'to-

---

130 tercera] segunda *P*   133 Sácanse... –o] *om. B*   135 teano] *om. T*   140 verbos] *om. W*   144 quixoa] quixoua *M*

dos viven'. Sácase *ami*, 'cazar', que hace *amiua*. Y los que fenecen o se componen con –*mati*, que hacen –*macho*. Ejemplo: *nitlamati*, 'saber', *tlamacho* o *tlamatiua*, 'todos saben'.

165   Los acabados en –*o* se les añade –*a*. Ejemplo: *tleco*, 'aquel
3ª regla   sube', *tlecoa* o, según otros, *tlecua*, 'todos suben'. Sácase este verbo *ninizo*, que quiere decir 'yo me sangro' o 'sacrifico', que hace *nizolo* o *nizoa* o *nizoua*, y el impersonal *nezolo*, 'todos se sangran', o *nezoa* o *nezoua*.

170   Esta formación susodicha se da solamente para el presente del impersonal y pasiva, que para todos los otros tiempos no es menester dar formación más del aviso que está dado en la conjugación o formación que tomarán todos los tiempos como otro cualquier verbo acabado en –*o* o también –*ua*, porque todos los
175 impersonales han de fenecer en una de estas terminaciones –*o*, –*ua*. Y así harán en el pretérito imperfecto, añadiendo –*ya*; y todos en el pretérito perfecto tomarán –*c*. Y los demás tiempos se formarán como se dijo en la formación de la activa. Ejemplo:

     Presente: *tetlazotlalo*, 'todos aman'
180   Pretérito imperfecto: *tetlazotlaloya*, 'todos amaban'

162-163 y los... saben] *add. WT*   **167** que quiere decir] *om. B*   **168** todos se sangran] *om. B*

Capítulo quinto

De los irregulares

De este verbo, *es, fui* y de sus compuestos *nicah*, 'ser o estar'

5   El verbo "*sum, es, fui*", no lo hay en esta lengua, pero suplen lo por este verbo *nicah*, que propiamente quiere decir 'estar'. Y el verbo elegante o reverencial de este *nicah* es *ninoyetçticah*. Y varía se por toda la conjugación como el simple.

    Y siempre el "*sum, es, fui*", se pone sub intellecto en el pre-
10   sente del indicativo, cuando está en lugar de 'ser'. Y es cuando estos pronombres *ni–, ti–, an–* se juntan a nombres, como se dijo en la primera parte. Ejemplo: *nitlatoani*, 'soy señor'.

    Y cuando con el nombre se expresa el verbo *nicah* en el presente quiere decir 'estar'. Ejemplo: *nicancah* Pedro, 'aquí está
15   Pedro'. Pero en pretérito imperfecto usarse ha de él también en este significado de 'ser'. Ejemplo: *nitlazcaltili nicatça*, 'era discípulo'.

    Mas, si la oración es de pretérito perfecto o pluscuamperfecto, en el indicativo también usan de este verbo *ninochiua* que es 'hacerme tal'. Ejemplo: *nitlazcaltili oninochiuh*, 'híceme dis-
20   cípulo y fui discípulo'. No diré también: *nitlazcaltili onicatca*, por el pretérito perfecto, etc. Mas por los otros tiempos bien se dirá el uno y el otro. Ejemplo: *nitlacoalli niez* o *ninochiuaz*, 'yo seré comprado'. Y lo mismo se dirá con el participio de futuro.
25   Ejemplo: *ninelhtoconi niez* o *ninochiuaz*, 'seré creído, creíble'.

Indicativo

Presente: 'yo estoy'

S.	1ª *nicah*	2ª *ticah*	3ª *cah*
P.	1ª *ticate*	2ª *ancate*	3ª *cate*

1 irregulares] ante verbos *add. RL*   6 propiamente *om. B* ‖ estar] *om. W*   13 y] *om. M*   16 nitlazcaltili nicatça] tlazcaltilli nicata *M* tlazcalltillinicatca *PB*   21 no] y no *MSPB*   28 nicah] *post* yo estoi *add. bis W*

30   Y a veces usan de este presente por futuro. Ejemplo: *yeizcah
in tiualaz*, 'ya estaré aquí cuando tú vengas'.

Pretérito imperfecto, perfecto, pluscuamperfecto: 'yo estaba, yo
fui o había sido'

S.	1ª *nicatca*	2ª *ticatca*	3ª *catca*
P.	1ª *ticatcah*	2ª *ancatcah*	3ª *catcah*

35 (row P above)

Y al pretérito perfecto se les antepone una *o–*: *onicatcah*, etc.

Futuro: 'ya seré o estaré'

S.	1ª *niez*	2ª *tiez*	3ª *yez*
P.	1ª *tiezque*	2ª *ayezque*	3ª *yezque*

40   Y para el futuro perfecto usan de circunloquio diciendo *ye
nitlatoani in tuialaz*: 'ya habré sido señor cuando tú vengas'. Y
en esta manera no se expresa el verbo, pero para decir 'habré estado' tornan se al futuro imperfecto, esto es, 'ya estaré diciendo',
como es dicho.

Imperativo

45

Presente: 'sea yo' o 'esté yo'

S.	1ª *ma nie*	2ª *ma xie*	3ª *ma ye*
P.	1ª *ma tieca*	2ª *ma xieca*	3ª *ma yecan*

Optativo

50   Pretérito imperfecto, perfecto y pluscuamperfecto: 'o si yo estu-
viera o fuera'

S.	1ª *ma nieni*	2ª *ma xieni*	3ª *ma yeni*
P.	1ª *ma tienih*	2ª *ma xienih*	3ª *ma yenih*

---

33 yo ... sido] *om. PB*   **37** futuro] *post* imperfecto *add. R* ‖ ya sere o estare] *add.
MS*   **43** diciendo] *om. B*   **46** sea yo... yo] *add. MST*   **50** o si... fuera] *add. MS*

En el pretérito y pluscuamperfecto tomará *–o* al principio:
55   *ma oinieni*, 'o si yo hubiera', 'hubiese estado o sido'.

INFINITIVO

nieznequi o *nicnequi niez*, etc., 'quiero ser o estar'.

IMPERSONAL

Presente: 'todos están', *eloac*
60   Pretérito imperfecto: *elouaca*
Perfecto y pluscuamperfecto: *oeloaca*
Futuro: *eloaz*
Imperativo: *ma eloa*

OPTATIVO

65   Pretérito imperfecto: *ma eloani*

SUBJUNTIVO

Presente: *intla eloac*
Pretérito imperfecto: *intla eloani*
Pretérito perfecto y pluscuamperfecto: *intla oeloani*
70   Futuro: *intla eloaz*

NICAC

Este verbo *nicac* quiere decir 'enhiesto'. Dícese de hombres, árboles, maderos, casa, silla o banco, o de cualquier otra cosa que
está enhiesta o hincada, si es larga; y el reverencial de este es: 1ª
75   *ninicatilhticaca*, 2ª *timicatilhticac*, etc.
   Y el *nicac* se varía de esta manera:

Indicativo

Presente:

| | | S. | 1ª *nicac* | 2ª *ticac* | 3ª *icac* |
| 80 | | P. | 1ª *ticaque* | 2ª *amiraque* | 3ª *icaque* |

Otros dicen en el plural

1ª *timanih,*   2ª *amanih,*   3ª *manih*, para lo animado.

Pretérito imperfecto:

1ª *nicaya,*   2ª *ticaya,*   3ª *icaya*, etc.

85   Y también dicen

1ª *nicaca,*   2ª *ticaca,*   3ª *icaca.*

Pretérito perfecto y pluscuamperfecto: ídem.
Futuro

| | | S. | 1ª *nicaz* | 2ª *ticaz* | 3ª *icaz* |
| 90 | | P. | 1ª *ticazque* | 2ª *amicazque* | 3ª *icazque* |

También dicen en el plural

1ª *timanizque,*   2ª *amanizque,*   3ª *manizque.*

Imperativo

		S.	1ª *ma nica*	2ª *ma xica*	3ª *ma ica*
95		P.	1ª *ma ticacan*	2ª *ma xicaca*	3ª *ma icaca*
		P.	1ª *ma timanican*, etc.		

Optativo

Presente: *ma nica*, como el imperativo.
Pretérito imperfecto, perfecto y pluscuamperfecto:

| 100 | S. | 1ª *ma nicani* | 2ª *ma xicani* | 3ª *ma icani* |
| | P. | 1ª *ma ticanih* | 2ª *ma xicanih* | 3ª *ma icanih* |

---

82 para lo animado] *om. B*   **90** ticazque] tiamicazque *T* ǁ amicazque] ihcazque *T* ǁ
icazque] *om. BT*   **95** ma icaca] matihcacan mayhcacan *T*   **98** ma nica] temaniacaco
T   **100** maxicanih] maxilicanih] *B*

Y también en el plural
1ª *ma telhtimaninih*, 2ª *ma telximaninih*, etc.

Subjuntivo

105 Presente: *intla nicah*, etc., como en imperativo; *intlanicac*, etc., como el presente del indicativo.
Pretérito imperfecto: *intla nicani*, etc., como el optativo.
Futuro: *intla nicaz*, como en el futuro de indicativo, etc.

Nonoc

110 Este verbo *nonoc* quiere decir 'estar echado', y su elegante es *ni-nonoltitoc*. Dícese el simple *onoc* de maderos y tablas largas que están tendidas, y de árboles y verdura y de palo o péñola o yerba echada. Varíase en esta manera:

Indicativo

115 Presente

S.	1ª *nonoc*	2ª *tonoc*	3ª *onoc*
P.	1ª *tonoque*	2ª *amonoque*	3ª *onoque*

Para los pretéritos

S.	1ª *nonoca*	2ª *tonoca*	3ª *onoca*
120 P.	1ª *tonocah*	2ª *amonocah*	3ª *onocah*

Y también dicen: *nonoya, tonoya*, etc., pero este último no es más de imperfecto.

Futuro

S.	1ª *nonoz*	2ª *tonoz*	3ª *onoz*
125 P.	1ª *tonozque*	2ª *amonozque*	3ª *onozque*

103 matelximaninih] matelximanih *M*   114-117 indicativo... onoque] *om. PB*   120 amonocah] *om. B*

IMPERATIVO

S.   1ª *ma nono*   2ª *ma xono*   3ª *ma ono*
P.   1ª *ma tonocan*   2ª *ma xonocan*   3ª *ma onocan*

OPTATIVO

130   Pretéritos

S.   1ª *ma nononi*   2ª *ma xononi*   3ª *ma ononi*
P.   1ª *ma tononih*   2ª *ma xononih*   3ª *ma ononih*

Impersonal: *onouac*

MANI

135   Este verbo *mani* también quiere decir 'estar'; y su reverencial es
      en plural: 1ª *titomanilhticah,* 2ª *amomanilhtica,* 3ª *momanilhti-*
      ca. El *mani* tiene en el singular la tercera persona y no más. Y
      las tres del plural. Dícese de cosas llanas y anchas, así como de
      libros. Y también se dice del agua que está en vasija ancha o en
140   laguna y del pueblo donde hay muchas casas y también árboles.
      Y varíase en la manera siguiente:

INDICATIVO

Presente

S.   3ª *mani*
145   P.   1ª *timanih*   2ª *amanih*   3ª *manih*

Pretérito imperfecto:

S.   3ª *mania* o *manca.*

127 ma ono] *om. T*   **133** onouac] *post* todos estan echados *add. T*   **142** indicativo]
trans. W

P. *maniah* o *mancah* esto de inanimado
P. *timaniah* por lo animado

150 Futuro

S.			3ª *maniz*
P.	1ª *timanizque*	2ª *amanizque*	3ª *manizque*

Imperativo

S.		3ª *ma mani*
155 P.		3ª *ma timanicah*

Optativo

Presente como el del imperativo.
Pretérito imperfecto

S.		3ª *ma manini*
160 P.	2ª *ma timaninih*	3ª *ma amaninih*

Impersonal: *ma niua*, etc., por lo animado se dirá, etc.

Temi

Este quiere decir 'estar echados' o 'sentados', hombres o mujeres, o culebras, o pájaros en el nido, o perrillos o gatillos, etc. Y
165 también se dice para madera o leña allegada o maíz o piedras o
semillas, y de otras cosas menudas que están juntas.

El reverencial de este será en el singular en la tercera persona:
motemilhtia, y en el plural *titotemilhtia* para la primera persona.
De manera que *motemilhtia*, en singular, se dirá por el que está
170 lleno o repleto de comida o de vino, etc.; y en el plural este verbo
tendrá este mismo sentido. Y el sobredicho y compuesto con
toc– dicen: *tentoc*, 'lleno', a saber: la casa o el mundo, etc.

---

152 manizque] *add. S*   **159** maninih] matimanini *SP*   **161** maniua] mamaniua *M*

Pretérito imperfecto: *tentoca* o *tentoya*, etc.
Y el simple se varía en esta manera:

175 S.   3ª *temi*
     P.   1ª *titemih*   2ª *antemih*   3ª *temih*

Pretérito imperfecto, perfecto y pluscuamperfecto:

     S.   3ª *tenca*
     P.   1ª *titencah*   2ª *antencah*   3ª *tencah*

180 Futuro

     S.   3ª *temiz*
     P.   1ª *titemizque*   2ª *antemizque*   3ª *temizque*

Imperativo

     S.   3ª *ma temi*
185 P.   1ª *ma titemican*   2ª *ma xitemican*   3ª *ma temica*

Optativo

El presente como el imperativo.
Pretérito imperfecto, perfecto y pluscuamperfecto:

     S.   3ª *matemini*
190 P.   1ª *matiteminih*   2ª *maxiteminih*   3ª *matemimih*

Impersonal: *temiua*

Neuaticah

Este quiere decir 'estar asentado'. Dícese de cosas animadas, racionales; y para las irracionales, como árboles, cañas, *euaticac*. Y

173 y en el ... tentoca, etc] *om. B* ‖ tentoya] *add. W*   177 perfecto] *om. W*   183 im-
perativo] *om. B*   185 maxitemican] *om. T*   191 temiua] *post* todos estan llenos *add.
T*   193-194 racionales... euaticac] racionales e irracionales si se sientan *M* racionales e
irracionales *S* ‖ como arboles cañas euatic] *om. MS*

195 varíase en todos los tiempos y modos como el verbo *nicah*. El reverencial de este es *nineuititicah*.
Y varíase en la siguiente manera:

S.	1ª *nineuititicah*	2ª *timeuititicah*	3ª *meuititicah*
P.	1ª *timeuititicat*	2ª *ammeuititicate*	3ª *meuititicate*

200 Y también dicen:

        1ª *nineuilhtitica*,   2ª *timeuilhtitica*, etc.

Ticoaunoque

Este se dice de personas que están asentadas en convite o en conversación en rueda y no tiene singular. Varíase en esta manera:

205 Presente: 1ª *ticoaunoque*   2ª *ancoaunoque*   3ª *coaunoque*.
Pretérito imperfecto: *ticoanoya*, etc., o *ticoacatca*, etc.
Futuro: 1ª *ticoaunozque*   2ª *ancoaunozque*   3ª *coaunozque*
también se dice *nicoacah*, 'estoy
convidado', etc.; plural, *ticoacate*.
210 Pretérito imperfecto: *nicoaunoca*, 'estaba convidado'.
Futuro: *nicoaunoz*, 'estaré convidado', etc.
Imperativo: *manicoauno*, etc.; plural, *maticoaunoca*, etc.

Optativo

Presente: como el imperativo.
215 Pretéritos: *maticoaaunoni*.

Impersonal

Presente: *coaunoac*, 'todos están en el convite'.
Pretérito imperfecto: *coaunouaya*

---

197 y variase... manera] *om. B* || siguiente] de esta *M*   198 nineuititicah] *om. B* || meuititicah] *om. MW* timeuititicah *P*   200 timeuilhtititca] *om. B*   205 presente] *add. RL* || ticoaunoque] *om. B* || coaunoque] *om. M*   207 ticoaunoya] ticoaunoque *M* || ancoaunozque, coaunozque] *om. B*   210 estaba convidado] *om. B*   211 estaré convidado] *om. B*   217 todos están en el convite] *om. B*

Ninoquetçticah, 'estoy levantado en pie'. Es para cosas ani-
220 madas.

Ninacaciconoc, *tiacaciconoc*, etc.; plural, *tinacacinoque*,
annacacinoque, etc., 'estar de lado de la oreja echado'.

Niuetçtoc, *tiuetçtoc*, *uetztoc*; plural *tiuetçtoque*, *auetçtoque*,
uetçtoque, 'estar echado', 'caído, tendido.

225 *Chapantoc* se dice de mantas arrebujadas o mal puestas, o
de barro extendido, verdura, o quiere decir 'estar mojada la
manta' o 'persona sentada en el suelo'. El verbo es *nitlachapania*
por 'echar', esto es, ropa arrebujada, etc.

Chachayacatoc se dice de casas o árboles, palos o maíz o
230 piedras.

Nitlachayana, 'echar los dados o frijoles', singular.

Nonocah, 'estoy siendo preguntado'. Bien diré *muchipa
nican noncah*, 'siempre estoy aquí', 2ª *toncah*, 3ª *oncah*; plural:
1ª *toncate*, 2ª *amoncate*, 3ª *oncate*; y la tercera del singular toman
235 para decir 'hay', así como 'algo'.

1ª *nicatqui*, 2ª *ticatqui*, 3ª *catqui*; plural 1ª *ticatquih*, 2ª
ancatquih, 3ª *catquih*. Y la tercera persona toman para decir
'esta' o 'hay'. Ejemplo: *catqui in amatl*, 'hay papel', pero diciendo *vel ompacatqui*, 'allí está', esto es, Pedro.

219 levantado] *om. B*   **222** annacazinoque] *om. B post* macazicanoc macaziconoque
add. T   **223** uetztoc] *om. WT* || auetçtoque] *om. B*   **224** uetçtoque] *om. BT*   **229** pa-
los] *om. T*   **231** singular] *om. MS* || nitlachayaua... singular] *om. PB post* el verbo es
chachayaca, caer tierra scil., del sobrado, etc. *add. T*   **235** scilicet] *om. B*   **237** anca-
tqui, catquih] *om. B*

Capítulo sexto

De otros dos verbos irregulares que son *"eo, is"*, por 'ir', y *"venio, –is"*, por 'venir'

Indicativo

5   Presente: 'yo voy'

S.	1ª *niauh*	2ª *tiauh*	3ª *yauh*
P.	1ª *tiaui* o *tiui*	2ª *ayaui* o *aui*	3ª *yaui* o *uih*

Pretérito imperfecto: 'yo iba'

S.	1ª *niaya*	2ª *tiaya*	3ª *yaya*
10   P. | 1ª *tiayah* | 2ª *ayayah* | 3ª *yayah* |

Pretérito perfecto: 'yo fui'

S.	1ª *onia*	2ª *otia*	3ª *ouya*
P.	1ª *otiaque*	2ª *oayaque*	3ª *oyaque*

Y también se dice:

15 S.	1ª *oniuya*	2ª *otiuya*	3ª *ouya*
P.	1ª *otiuiah*	2ª *oauyah*	3ª *ouyah*

Pluscuamperfecto: 'yo había ido'

S.	1ª *oniaca*	2ª *otiaca*	3ª *oyaca*
P.	1ª *otiacah* u *otiayacah*	2ª *oayacah*	3ª *oyacah*

20   Futuro: 'yo iré'

S.	1ª *niaz*	2ª *tiaz*	3ª *yaz*
P.	1ª *tiazque*	2ª *ayazque*	3ª *yazque*

5 presente, yo voy] *om. PB*   **7** tiui , aui, uih] *om. PB* ‖ yaui o uih] *om. P* ‖ yauh] *om. T*   **8** yo iba] *add. SW*   **11** yo fui] *add. SW*   **12** ouya] *om. B*   **16** ouyah *om. B*   **17** yo... ido] *add. SW*   **19** otiyacah] onayacah *M* ‖ oayacah] *om. MW*   **20** yo iré] *add. SW*

Futuro perfecto: 'yo habré ido', como el pretérito. Ejemplo: *intiualaz onia*, 'cuando vengas, habré ido'.

25   IMPERATIVO

Presente: 'vaya yo'

S.	1ª *ma niauh*	2ª *ma xiyauh*	3ª *ma yauh*
P.	1ª *ma tiuyan*	2ª *ma xiuyan*	3ª *ma uyyan*

VETATIVO

30   Presente: 'no vaya yo'

S.	1ª *ma niati*	2ª *ma tiyati*	3ª *ma yati*
P.	1ª *ma tiatih*	2ª *ma ayatih*	3ª *ma yatih*

OPTATIVO, SUBJUNTIVO E INFINITIVO

Presente: *ma niauh*, como en el imperativo.
35   Pretérito imperfecto

S.	1ª *ma niani*	2ª *ma xiani*	3ª *ma yani*
P.	1ª *ma tianih*	2ª *ma xianih*	3ª *ma yanih*

De los otros pretéritos: lo mismo anteponiendo *o–*.
El subjuntivo como el optativo anteponiendo *intla–*.
40   Infinitivo: *niaz nequi* o *nicnequi niaz*, etc., como en los regulares.

PARTICIPIOS

Presente: *in aquin yauh*, 'el que va'.

---

23 yo habré ido] *add. SW*   **26** vaya yo] *om. PBT*   **30** no vaya yo] *add. SW*   **37** ma xianih] *om. B* || ma yanih] *om. MB*   **40** nicnequi niaz] nicnequi in niaz *P*

Futuro: *in aquin yaz o in aquin yazquia*, 'el que irá' o 'había de
ir', etc.

IMPERSONAL

Presente: *uiloa*, 'todos van'.
Pretérito imperfecto: *uiloaya*, etc., 'todos iban'. En todo sigue la
regla de los regulares.
Imperativo: *ma uiloa*
Pretérito del optativo: *ma uiloani*
En el subjuntivo: *intla uiloani*.
El elegante o reverencial, 'voy', es:

S.	1ª *ninouica*	2ª *timouyca*	3ª *mouica*
P.	1ª *titouica*	2ª *amouica*	3 *mouicah*

CONJUGACIÓN DE *"VENIO, –IS"*

INDICATIVO

Presente: 'yo vengo'

S.	1ª *niualauh*	2ª *tiualauh*	3ª *ualauh*
P.	1ª *tiualaui o tiualhui*	2ª *aualaui o aualhui*	3ª *ualhui o ualhui*

Pretérito imperfecto: 'yo venía'

S.	1ª *niualaya*	2ª *tiualaya*	3ª *ualaya*
P.	1ª *otiualayah*	2ª *oualayah*	3ª *ualayah*

Pretérito perfecto: ' yo vine '

S.	1ª *oniuala*	2ª *otiuala*	3ª *ouala*
P.	1ª *otiualaque*	2ª *oaualaque*	3ª *oualaque*

---

44 futuro] *om. PB* ‖ o yn aquin yazquia] *om. B*   47 todos van] *om. MPB n.l. T*   54 timouyca] timouica *P*   55 amouica] ammouica *P*   58 yo vengo] *add. SW*   61 imperfecto] *om. T* ‖ yo venia] *add. SW*   64 yo vine] *add. SW*   65 otiuala] *om. B*   66 oualaque] *om. B*

Pretérito pluscuamperfecto: 'yo había venido'

    S. 1ª *oniualaca*   2ª *otiualaca*   3ª *oualaca*
    P. 1ª *otiualacah*   2ª *oualacah*   3ª *oualacah*

70   Futuro: 'yo vendré'

    S. 1ª *niualaz*   2ª *tiualaz*   3ª *ualaz*
    P. 1ª *tiualazque*   2ª *aualazque*   3ª *ualazque*

Imperativo

Presente: 'venga yo'

75   S. 1ª *ma niualauh*   2ª *ma xiualauh*   3ª *ma ualauh*
        P. 1ª *ma tiualuyan*   2ª *ma xiualuyan*   3ª *ma ualhuyan*
        Y también dicen:
           1ª *ma tiualacan,*   2ª *ma xiualacan,*   3ª *ma ualacan*

Futuro: 'venga yo después'.
80   Como en el indicativo anteponiendo *ma*.

Optativo y subjuntivo

Los presentes y futuros son como en el imperativo, poniendo en el subjuntivo *intla*, en lugar de *ma*.
Pretéritos

85   S. 1ª *ma niualani*   2ª *ma xiualani*   3ª *ma ualani*
        P. 1ª *ma tiualanih*   2ª *ma xiualanih*   3ª *ma ualanih*

67 yo había venido] *add. SW*   **68** otiualaca oualaca] *om. B*   **69** oualacah oualacah] *om. B*   **70** yo vendré] *add. SW*   **71** tiualaz ualaz] *om. B*   **72** aualazque ualazque] *om. B*   **74** venga yo] *add. SW*   **75** ma xiualauh ma ualauh] *om. B*   **76** ma xiualuyan, ma ualhuyan] *om. B*   **79** venga yo después] *add. SW*   **81** y subjuntivo] *om. W*   **85** maxiualani, maualani] *om. B*   **86** maxiualanih] *om. BT* || ma ualanih] *om. B*

Infinitivo

Presente: *niualaz nequi* o *nicnequi niualaz*

Participios

90
    in aquin ualauh   'el que viene'.
    in aquin ualaz   'el que vendrá'.
    in aquin ualazque   'el que había de venir'.

Impersonal

Presente: *ualhuiloa*, etc. Como en el verbo *niauh*, anteponiendo
95 esta partícula *ualh–*, 'todos vienen', etc.
El elegante o reverencial de este es:

S.	1ª *niualhnouyca*	2ª *tiualmouica*	3ª *ualhmouica*
P.	1ª *tiualhtouicah*	2ª *aualhmouicah*	3ª *ualhmouicah*

Por todos los modos y tiempos.

100   DEL VERBO *UITÇ*, QUE QUIERE DECIR 'VENIR'

Presente: *niutç* o *ninouicatç*, con *tic*, 'yo vengo'; *niual nouicatç* o
niualauh niyetiuitç, 'venir, persona en algo'; plural, *tiyetuitçe*, etc.
Presente: 'yo vengo'

S.	1ª *niutç*	2ª *tiuitç*	3ª *uitç*
P.	1ª *tiuitçe*	2ª *auitçe*	3ª *uitçe*

105 es la numeración de la línea P.

Pretérito imperfecto

S.	1ª *niuitça*	2ª *tiuitça*	3ª *uitça*
P.	1ª *tiutçah*	2ª *anuitçah*	3ª *uitçah*

92 ualazque] ualazquia *MS* uallazquia *P*   97 ualhmouica] *om. B*   98 aualhmouicah,
ualhmouicah] *om. B*   101-104 o ninouicatç... niuitç] *add. WT* ‖ tiuitç, uitç] *om.
B*   105 auitçe, uitçe] *om. B*   107 tiuitça, uitça] *om. B*   108 anuitçah, uitçah] *om. B*

El pretérito perfecto: se suple por *niuala*, etc., 'si me quede', 'que
110   si me torne ir', bien se dirá: *oniuitça*.
Pretérito pluscuamperfecto: como el imperfecto, anteponiendo *o–*.
Futuro: *niuitç*, etc., como el presente.

IMPERATIVO

115   No se dice bien el presente.
Futuro: *manuiutç, matiuitç*, etc.
Como el presente del indicativo.
Lo demás de este verbo se suple por *niualauh* en toda la con-
jugación.

116 matiuitç] *om. B*

Capítulo séptimo

De los verbos activos y de algunas partículas que se juntan con ellos

Los verbos son en muchas maneras: unos son activos y otros neutros; unos primitivos y otros derivativos; unos simples y otros compuestos; unos reverenciales y otros que no denotan reverencia.

Verbos activos se llaman los que después de sí rigen caso y tienen después de sí persona que padece, expresa o sub intellecta. Y esta persona que padece, unas veces se denota por algún nombre propio o apelativo. Ejemplo: *nictlazotla in Juan*, 'yo amo a Juan'. Y otras veces por algún pronombre. Ejemplo: *nimitçtlazotla*, 'yo te amo'.

Otras por algunas partículas que se anteponen o entre ponen al verbo. Ejemplo: *nitenanquilia*, 'yo respondo a alguno'. Y este postrero tiene más dificultad porque en la lengua latina no se hallan partículas así incorporadas o juntas con el verbo, las cuales denoten la persona que padece.

Y es de notar que ningún verbo activo puede estar sin alguna partícula de estas, salvo cuando el verbo está compuesto con nombre y tiene incorporada en sí la persona que padece. Ejemplo: *nitepetlachiua*, 'yo hago petates'.

Y también cuando se junta el verbo con algún pronombre que tiene lugar de persona paciente, porque entonces bien estará sin las dichas partículas. Ejemplo: *ninotlazotla*, 'yo me amo', *tinechtlazotla*, 'tú me amas'.

Sácanse también algunos verbos activos, los cuales, aunque toman estas partículas, pueden estar también sin ellas. Y son los siguientes:

nitlatemiqui o *nitemiqui*	'yo sueño'
nitlaichtequi o *nichtequi*	'yo hurto'
nitlaquiti o *niquiti*	'yo tejo'
nitlatçaua o *nitçaua*	'yo hilo'
nitlateci o *niteci*	'yo muelo'

---

11 apelativo] apelativo *MSP*   30-31 nitlatemiqui...hurto] *add. WT*

35   *nitechici* o *nichichi*   'yo mamo', como a la madre
     nitechicha o *nichicha*   'yo escupo a alguno'
     niquiztlacati in tlatolli o *niztlacati* 'yo yerro' o 'miento la palabra'
     nicnaquia o *ninaquia*   'vístome', con algo
     nitlapixca o *nipixca*   'coger mazorcas de maíz'

40   Otros algunos habrá, pero al presente no se me ofrecieron. Y de cómo a los verbos se anteponen algunos pronombres para hacer con ellos oración perfecta decir se ha en el capítulo noveno.

   Ahora en este, veamos de cómo algunas partículas se juntan
45 a los verbos activos y están en lugar de persona que padece; y otras, juntadas con la persona que hace, denotan en qué número se ha de poner la persona que padece, si ha de ser singular o plural. Y todas estas partículas se reducen a seis. Y son estas: *–tla, –te, –ne, c–, qui–, quin–*, de las cuales se dirá por su orden.

50   Esta partícula *tla–* denota que la acción del verbo a quien se
tla– ayuntan puede generalmente convenir o puede pasar en cosas inanimadas o animadas, aunque por la mayor parte se pone para denotar cosas inanimadas y quiere decir lo que en nuestro romance decimos 'algo'. Ejemplo: *nitlazotla*, 'amo algo'.

55   Esta se junta con verbos activos en la activa y en el impersonal, pero no se hallará en la pasiva, si no es cuando el verbo rige dos casos, porque entonces bien la podrá tomar la pasiva. Ejemplo: *nitlachiuililo*, 'es me hecho algo'. También se puede juntar con verbos neutros, pero no en la significación que hemos dicho,
60 sino para darles significación de impersonal. Ejemplo: *cuecuechca*, 'aquel tiembla', *tlacuecuechca*, 'todos tiemblan', etc.

   También esta partícula *tla–* se pone en el imperativo y sirve para mandar; y otras veces en optativo. Ejemplo: *tlaxiccaqui*, 'entiéndelo y óyelo'; imperativo, *tlanicchiuano*, 'o si lo hiciera',
65 etc., optativo.

te–   Esta partícula *–te* denota que la acción del verbo pasa en cosas animadas y por la mayor parte se dice de cosas racionales. Esta quiere decir alguno, no señalando quién. Ejemplo: *nitepaleuya*, 'ayudo a alguno'. Y si alguna vez se juntaren en un mismo

70 verbo estas dos partículas *–te, –tla*, precederá el *–te* al *–tla*. Ejemplo: *nitetlamaca*, 'yo doy algo a alguno'.

ne–   Esta partícula *ne–* se junta con verbos activos reflexivos que tienen *nino–, timo–, mo–*, etc., de los cuales se dirá en el capítulo noveno. Y con estos verbos se hallarán solamente en el im-
75 personal; y entonces el *mo–* de la tercera persona del plural del presente de indicativo de la activa se volverá en *ne–*. Ejemplo: *mochicauah*, 'aquellos se esfuerzan', impersonal, *nechicaualo*, 'todos se esfuerzan'. Y en estos reflexivos el *ne–*, está en lugar de persona que padece denotando generalidad con reflexión. Ejem-
80 plo: *netlazotlalo*, 'todos se aman'.

    También se junta esta partícula *ne–* con verbos neutros que tienen *nino–, timo–, mo–*, etc., pero entonces no está en lugar de persona paciente, mas denota generalidad; y esto sin reflexión nin-
guna. Ejemplo: *ninozaua*, 'yo ayuno', *nezaualo*, 'todos ayunan'.
85   De cómo estas partículas se juntan a los verbales está dicho en la primera parte en su propio lugar.

DE LAS PARTÍCULAS QUE DENOTAN CUÁL HA DE SER
LA PERSONA PACIENTE

    Hay otras tres partículas que denotan si la persona paciente que
90 se ha de seguir o juntar con el verbo ha de estar en número singular o plural. Y son las siguientes, scilicet, *c–, qui–, quin–*.

c–   La *c–* denota que la acción del verbo pasa en tercera persona singular expresa o sub intellecta. Ejemplo: *nicmachtia in Pedro*, 'yo enseño a Pedro'.

95   Esta se junta con las primeras personas del singular y plural del verbo y con la segunda del singular. Ejemplo: *nictlazotla in Dios*, 'yo amo a Dios', *tictlazotla in Dios*, 'tú amas a Dios'; plural, *tictlazotlah in Dios*, 'nosotros amamos a Dios'.

qui–   El *qui–* significa y denota lo mismo que la *c–*, pero júntase
100 a las terceras personas del singular y plural y a la segunda

---

71 nitetlamaca... a alguno] *om. B*   **75** tercera] segunda *P* || del plural] *om. S*   **77-78** impersonal... esfuerzan] *om. T*   **91** singular o plural] plural o singular *MSP*   **93** o sub intellecta] *om. T*   **97** tictlazotla] tictlaçolatlah *P* || tu amas a dios] *om. B*   **98** nosotros amamos a dios] *om. B*

del plural. Ejemplo: *Pedro quitlayeculhtia in Dios*, 'Pedro sirve a Dios'; *yehoantin quitlayeculhtiah in Dios*, 'aquellos sirven a Dios'; *anquitlayeculhtiah in Dios*, 'vosotros servís a Dios'.

105 Y es de notar que si el verbo con quien se juntan estas partículas *c–*, *qui–* comienza en una de estas vocales, *a–*, *o–*, si fuere *c–* herirá en ellas. Ejemplo: *nicana in Pedro*, 'yo prendo a Pedro'. Y si fuere *–qui* la que había de tomar, volver se ha en *c–*. Ejemplo: *ancana in Pedro*, 'vosotros prendéis a Pedro'. Y no diremos *anquiana, etc. Pero si la vocal que se sigue es una de estas dos *–e, –i*,

110 la *–c* se volverá en *q–* y herirá en la vocal siguiente. Ejemplo: *nitlaezhuia*, 'ensangriento algo', *niquezhuia notilma*, 'ensangriento mi manta'; *niteita*, 'veo a alguno', *tiquittah in Pedro*, 'vemos a Pedro'.

quin– Esta partícula *–quin* denota que la persona que padece se ha de
115 poner en número plural expreso o sub intellecto, porque aunque la acción del verbo pase en cosas que en sí son muchas, si el nombre que las significa o importa no tiene plural no se pondrá el *quin–* sino la *c–* vel el *qui–*. Ejemplo: no diremos *xiquincui *miec uapalli*, 'toma muchas tablas', pero si a este nombre *uapalli*

120 le damos plural bien se dirá *xiquincui uapalhti*, etc. Y esto se debe notar.

Y si el verbo con quien se junta el *quin–* comenzare en vocal, la *n–* se vuelve en *m–* y hiere en la vocal que se sigue. Ejemplo: *teitta*, 'ver', *niquimitta in tlaca*, 'veo los hombres'. Pero si la vo-
125 cal que se sigue fuere *–u*, entonces perder se ha la *n–*. Ejemplo: *niquiuapaua in tlacoanime*, 'esfuerzo a los pecadores'.

Ítem es de notar que no pueden dos de estas partículas estar juntas, salvo cuando el verbo rige dos casos, y entonces, si ninguno de ellos está especificado sino que se ponen en general,
130 pondremos el *te–* y el *tla–*. Ejemplo: *nitetlacuilia*, 'tomo algo a alguno'. Y si digo a quién lo tomo y no lo que tomo, entonces poner se ha *c–* o *qui–* con el *tla–*, si lo que se toma está en número singular. Ejemplo: *nictlacuilia in Pedro*, 'tomo le algo a Pedro'. Y si la persona que padece estuviere en número plural,

103 anquitlayeculhtiah... a dios] *om. B*   112 vemos] ante nosotros *add. B*   117 si el nombre... plural] *om. P*   123 la n... la vocal que] *om. B*   126-134 niquiuapaua... padece] *abs. B*

135   entonces ponerse ha el *quin*–con el *tla*–. Ejemplo: *niquintlacuilia in maceualhtin*, 'yo tomo algo a los maceuales'.

Y si señalo lo que tomo y no a quién lo tomo, si lo que tomo está en el número singular pondré el *te*– con *c*– o *qui*– y quitaré el *tla*–; pero si lo que tomo está en número plural, poniendo el
140   *te*– y quitando el *tla*–, pondré *quin*–. Ejemplo de lo primero: *nictecuilia in totoli*, 'tomo a alguno la gallina'. Ejemplo de lo segundo: *niquintecuilia in totolhti*, 'tomo a alguno las gallinas'.

Pero si se expresa lo que toma y a quién lo tomo, entonces lo uno y lo otro está en singular. Quitando las partículas *te*–,
145   *tla*– pondremos *c*– o *qui*–. Ejemplo: *niccuilia in Pedro itototlh*, 'tómole a Pedro su gallina'. Y si está lo uno y lo otro en plural, quitando las partículas *te*–, *tla*–, pondremos el *quin*–. Ejemplo: *niquincuilia in macehualhtin in itotolhuan*, 'tomo a los maceuales sus gallinas'.

150   Pero si lo uno está en singular y lo otro en plural, lo más usado y común es tomar el *quin*–, quitadas las partículas *te*–, *tla*–; pero también se puede sufrir son la *c*– o *qui*–. Ejemplo: 'yo tomo a Pedro sus vasallos', *niquincuilia in Pedro i maceualhua o nicuili in Pedro imaceualhua*. Y esto es lo más usado.

137 y no a quien lo tomo] *om. M*   **143** y a quien lo tomo] *om. M* ‖ lo] ante si *add. MS*   **154** nicuili] niccuilia *MSP* ‖ y esto es lo mas usado] y esto se usa menos *MSP*

Capítulo octavo

De otras partículas que se juntan con verbos activos y neutros, etc.

Hay otras partículas que se pueden juntar con todo género de
5   verbos. Y de estas, unas se anteponen y otras se posponen a los
verbos. Las que se anteponen o, por mejor decir, se entreponen
a ellos, son muchas. Pero las más usadas y que tienen alguna
dificultad son cuatro, a saber: *on–*, *ualh–*, *cen–*, *uelh–*. Y las que
se posponen son otras cuatro también: *–quia*, *–tçinoa*, *–puloa*,
10   *–llani* o *–tlani*.

    Y antes que se diga de las partículas que se anteponen a los
verbos, será bien notar que muchos de ellos, así activos como
neutros, se pueden hacer frecuentativos, y esto se hace doblando
la primera sílaba del verbo. Y estos tales tienen dos significacio-
15   nes, conviene a saber: o hacer la significación del verbo muchas
veces o hacerla en diversas partes. Ejemplo: *ninotlatlalia*, 'asentar
me muchas veces o en diversas partes o lugares'. De los neutros.
Ejemplo: *nitçatçatçi*, 'doy voces', etc. Y así de los demás cuando
caben en la significación del verbo entrambos significados.

20   Viniendo, pues, a las partículas que se anteponen al verbo se
dirá primero de la partícula *on–*.

De las partículas que se anteponen

on–   Esta partícula *on–* algunas veces parece significar distancia de
tiempo o de lugar; y otras no significa nada, sino pónese por
25   ornato. Júntase con verbos activos y neutros; y esta siempre se
antepone al *–tla*, *–te*, *–ne*, pero cuando hubiere *–c*, *–qui*, *–quin*,
se pospondrá *–on*. Ejemplo: *nontlacua*, 'como', *noncua in tlax-*
calli, '*como el pan*'.

7 a ellos] a los verbos *MP*   8 cen] *om. P*   9 también... cuatro] *om. B mg. em.*   **11-21**
y antes... on] *om. S*   18 ejemplo] *om B*

Pero en los verbos reverenciales que tienen *nino–*, *timo–*,
30   *mo–*, etc., pónese el *–on* entre el *ni–* y el *–no*. Ejemplo: *noconno-*
tlaxilia, 'yo lo arrojo'.

Pero, es de notar, que cuando a los pronombres *ni–*, *ti–*,
an– se sigue, luego el *–on*, se pierde la *i–* del pronombre, y hace
la *n–* o *–t* del *on–*. Ejemplo: *nontlachia*, 'miro'; plural, *tontla-*
35   *chia*, 'miramos', etc. Y la *–n* del *–an* se volverá en *–m*. Ejemplo:
amontlachia, 'miráis'.

Y cuando entre el pronombre y el *–on* se pusieren *–c* o *–qui*,
entonces la *–i* del pronombre se volverá en *–o*. Ejemplo: *nocon-*
tlaza, 'yo lo arrojo'. Mas con el *–quin* no se perderá la *–i* del
40   pronombre. Ejemplo: *niquimonnotlazotilia*, 'yo los amo'. Pero
si el verbo a quien se junta el *–on* es reverencial, que tiene *nino–*,
timo–, *mo–*, etc., de los cuales se dirá adelante, entonces si no hubiere letra o dicción entre el *ni–*, *ti–*, *an–* del pronombre y el *–on*,
perderá la *–i* el pronombre; y si fuere *–an* se convertirá la *–n* en
45   *–m*, como está dicho en los que no son reverenciales.

Mas, si hubiere en medio letra o dicción, entonces no se
volverá la *–i* del pronombre en *–o*. Y esto por la mayor parte.
Ejemplo: *nimitç notlatlauhtilia*, 'yo señor os ruego', etc. Y, especialmente, ha esto lugar cuando se pone *nech–*, *mitç–*, *tech–*,
50   *amech–*, y con esta última, perdida la *–i*, el pronombre *ni–* toma
la *–a*. Pero con *nech–*, *tech–*, mas toman *–ualh* , que no *–on*, etc.

–ualh–   Esta partícula o adverbio *–ualh–* significa 'hacia acá'. Ejemplo:
xiualachia 'mira hacia acá'; plural, *xiualachiaca*. Y algunas veces anteponiendo se al verbo le hace tener contrario significa-
55   do del que antes tenía. Ejemplo: *niauh* es 'ir', *niualauh* es 'venir',
ximicuani, 'apártate', *xiualmiquini* 'allégate aquí'.

Esta se antepone a las partículas *–tla*, *–te*, *–ne*. Ejemplo: *xiua-*
llapia, 'guarda acá', pero el *–c*, *–qui*, *–quin* anteponerse han al
–ualh–. Ejemplo: *xicualhcui*, 'daca o trae'.

31 noconnotlaxilia] nocontlaxilia *P*   34 o –t... miro] *ad mg. S*   36 miráis] miramos
B   37 se pusieren] *corr. supra S*   39-40 mas... los amo] *corr. supra S*   44 el] entre el
MT   48 nimitç notlatlauhtilia] nimitçon notlatlauhtilia *M* nimitzon notlatlauhtilia
S nimitzon notlatlauitilia *P*   50 el pronombre ni] *add. PB*   51 pero con... etc.] *om.*
MS   53 plural xiualachiaca] *add. W*   59 trae] *post* también se pospone al –on que
hemos dicho y entonces el on pierde la n por la o que se sigue en el hual. Ejemplo:
noualontemachtiquiuh verne a enseñar, pero el on con el ual pocas veces se junta
add. MS

60 Cuando se junta con los verbos reverenciales que tienen los pronombres *no–*, *mo–*, etc., también se anteponen el *ualh* a ellos. Ejemplo: *xicualhmottili*, 'mírale hacia acá'. Aquí el verbo perdió la *–i* primera, que no dicen **xicualhmottili*.

Cuando a esta se sigue *tla–*, se perderá la *t–* del *–tla*. Ejemplo:
65 *tlachia*, 'mirar', *niuallachia*, 'miro acá'.

–quia   Esta partícula *–cen–* quiere decir 'del todo'. Ejemplo: *nicentlapia*, 'del todo guardo'.

Esta se antepone a las partículas *tla–*, *te–*, *ne–* unas veces, y otras se pospone. Y esto segundo es lo más usado. Ejemplo:
70 *nitlacenchiua*, 'hágolo del todo'; *nitecenmachtia*, 'yo enseño a alguno del todo'. Pero cuando estuvieren juntas estas dos *tla–*, *te–*, demás de los dicho se puede poner entre ellas, diciendo *nitecentlamaca*, aunque mejor dirán *nitetlacenmaca*, que es 'doy del todo algo a alguno'.

75 Con las partículas *–c*, *–qui*, *–quin* se pospone. Ejemplo: *nicentlapoua*, 'ábrolo del todo'. Con el *–on*, *ualh*, se ha de posponer. Ejemplo: *niualhcentlapia*. Poco se usará poner las todas juntas. Pero con el *nino–* del verbo reverencial, aunque las otras partículas se antepongan, esta se pospone. Ejemplo: *timocentla-*
80 *piela*, 'guarda vuestra merced del todo'.

–uelh   Esta partícula *uelh* quiere decir 'bien' y antepónese a todo el verbo y a los pronombres *ni–*, *ti–*, *an–*. Ejemplo: *uelh nitlapia*, 'guardo bien'. También se pospone al *tla–*: *nitlauelmati*, pero no con todo verbo. Cuando el verbo toma la partícula *te–* se ha de
85 anteponer al verbo y a los pronombres *ni–*, *ti–*, *an–*, etc. Ejemplo: *uel nitemachtia*, 'enseño bien'.

DE LAS PARTÍCULAS QUE SE POSPONEN

Las partículas que se posponen son estas, a saber, *–quia*, *–tçinoa*, *–puloua*, *–llani* o *–tlani*.

---

70 nitlacenchiua] *post* vel nitlacenchiuia nicente *add. S* || nitecenmachtia] ante nicentemachtia vel *add. MS*   **73** nitetlacenmaca] nitecentlamaca *M*   **77** niualhcentlapia] noualhçentlapia *M* noulhcentlapia *P* || poco] pero *WT*   **83** bien] *post* tambien se entrepone entre el *n–* y el verbo, diciendo niuellapia *add. MS* || nitlauelmati] nitlauelpia *M* nitlauelhpia *S* nieulmati *W*   **84** pero no con todo verbo] *om. M* || cuando el verbo] *om. T*

90 Esta partícula *–quia* se pospone a los verbos y júntase siem-
–quia pre con el futuro imperfecto del indicativo. Ejemplo: *nitlacuaz-*
quia. Y tiene todos estos romances: 'había' o 'debía', 'hubiera'
o 'debiera de comer', o 'comiera' o 'comería', como parecerá en
los ejemplos de adelante.

95 Esta se junta con todo verbo activo y neutro, y en toda la voz
de verbos activos conviene, a saber: activa, pasiva e impersonal.
Ejemplo: *nican ualazquia*, 'aquí o por aquí había de venir', esto
es, Pedro.

Y de esta manera la usarán por la mayor parte cuando la cosa
100 no hubo efecto, pero algunas veces la ponen aunque la cosa haya
efecto, hablando por el pretérito de subjuntivo, con la partícula
intla, expresa o sub intellecta. Ejemplo: *intla nictlazotlani Dios*
amo niualazquia mictlan, 'si yo amara a Dios, no viniera o no
hubiera venido al infierno'. He aquí cómo en este ejemplo la
105 cosa no hubo efecto y Dícese muy bien por el *–quia*.

Y débese notar que, por la mayor parte, cuando en la primera oración del subjuntivo se pusiere pretérito imperfecto, perfecto o pluscuamperfecto, cuya voz siempre acaba en *–ni*, entonces en la segunda oración se ha de poner el *–quia*. Ejemplo:
110 *intla nicualli nieni, nitlazotlazquia*, 'si yo fuera bueno, fuera
amado', etc.

Dije por la mayor parte, porque algunas veces, cuando la una
oración y la otra son del pretérito pluscuamperfecto, la segunda
hace también en *ni–*, por el mismo pluscuamperfecto del subjun-
115 tivo, o la ponen en el pretérito pluscuamperfecto del indicativo.
Ejemplo: *intla onitlacuani yeonimitçilhuiani* o *yeonimitçilhuia*,
'si yo hubiera comido, ya yo te lo hubiera dicho'.

También es de saber que no todas las veces que se antepone
este romance 'había' se hará por esta partícula *–quia*. Ejemplo:
120 *quimatia Dios ca in intla machtilhuan motolinizque yequene*
cequintin tepuztica miquizque cequintin tetica, 'sabía Dios que
habían de pasar fatiga sus discípulos, que unos morirían a cuchi-
llo y otros con piedras'. La razón de esto es porque no le corresponde el *intla* del subjuntivo.

100-101 pero algunas... efecto] *om. P*   110-111 fuera amado] devia o deviere ser amado
MSP   118-173 también... activa] *abs. B*

125   Esta partícula *–tçinoa* también se pospone a los verbos ele-
–tçinoa gantes y a los activos y neutros que tienen los pronombres *nino–*,
timo–, *mo–*, etc. Y significa o denota reverencia, y otras veces denota amor, porque hablando el padre con el hijo usa de esta partícula *–tçinoa*. Ejemplo: *timozauhtçinoa*, 'ayuna vuestra merced'.

130   Y cuando se ha poner esta partícula *–tçinoa* verse ha más
largo en el capítulo trece donde se habla de los verbos reverenciales. Y la formación de esta partícula será del pretérito
perfecto del indicativo de la voz activa, añadiendo el *–tçinoa*.
Ejemplo: *ninotlachiuilia*, 'hacer algo', pretérito, *oninotlachiuili*

135 *timotlachiuilitçino*, 'hizo algo vuestra merced', *otechmochiuili-
tçino in Totecuyo*, 'hizo nos Dios'. Y el verbo no se ha de variar
sino solo el *–tçinoa* y su conjugación o variación será como se
varía un verbo acabado en *–oa*, etc., la cual partícula se junta en
la voz activa y no en la pasiva ni el impersonal.

140   Esta partícula *–puloua* tiene contraria significación del *–tçi-
–puloua noa*, porque este *–puloua* denota menosprecio. Ejemplo: *ni
tlacuapuloua*, como 'yo pobrecillo' o 'yo ruin o miserable'.

     Esta se puede juntar con verbos activos y neutros, ahora sean
simples o elegantes, aunque no con todos. Y esto se entienda

145 en la activa. Tienen la misma formación que *–tçinoa*. Ejemplo:
nicoçauh poloua, 'yo, miserable o ruin, ayuno'.

–llani   Estas partículas *–llani* o *–tlani* por sí no significan nada, pero
–tlani posponiéndolas a los verbos, denotan con el tal verbo una manera
de compulsión o hacer a otro hacer la acción o operación del ver-

150 bo a quien se añade. Ejemplo: *nitetlayeculhtillani*, 'hago a otro
que sirva'; *nitechiuhtlani*, 'hago a otro que haga', esto es, 'algo';
nictechiuhtlani intequitl, 'hago hacer a alguno el tributo o oficio'.

     Pero es de notar que cuando estas dos partículas se pospo-
nen a los verbos reflexivos que tienen *nino–*, *timo–*, *mo–*, etc.,

155 también se hacen como reflexivos, esto es, querer yo que se haga
o ejercite conmigo la acción o la operación del verbo. Ejemplo:
ninomauizollani, 'quiero o deseo ser honrado'.

<hr>

134 oninotlachiuili] *post* oninotlachiuilitçino *add. M*   **135** timotlachiuilitçino] otimot-
lachiuilitzino *MP*   **140** puloa] puloua *M*   **144** se entienda] no se entienda *P*   **149** hacer a otro hacer la acción] hacer la action *M*   **151** nictechiuhtlani] *om. T*   **152** hago...
oficio] hago mote sebi en esto hacer a algo el tributo o oficio *T*   **157** honrado] *post*
ninotitlallani deseo ser mensajero] *add. T*

La formación de estos es diversa, porque los de *–llani* se forman del futuro imperfecto del indicativo, quitando la *z–* y añadiendo *–llani*. Ejemplo: *nitemachtia*, futuro, *nitemachtiz nitemachtillani*, 'hago a otro que enseñe'.

La formación de los de *–tlani* es del pretérito perfecto del indicativo, añadiendo *–tlani*. Ejemplo: *nitechiuhtlani*, 'hago a alguno que haga algo'. Sácanse los verbos acabados en *–ca*, los cuales se forman del presente del indicativo, perdiendo la *a–* y añadiendo *–tlani*. Ejemplo: *nitetlamactlani*, 'hago dar algo a alguno'.

Y estos de *–tlani* también se forman del pretérito pluscuamperfecto del indicativo añadiendo el *–tlani*. Y esto es lo que más se usa. Ejemplo: *nitetlapixcatlani*, 'hago a alguno que guarde algo'.

Y no a todos los verbos se añade *–llani* o *–tlani*, ni se se juntan sino es en la voz activa.

---

160 nitemachtiz] *om. T*   **161** hago... enseñe] hago a otro enseñar *MSP* hago a otro enseñar o deseo enseñar *T*   **171** algo] *post* siguen el no, mo, etc, solamente *add. T*

<h1 style="text-align:center">Capítulo noveno</h1>

De cómo se juntan los verbos con los pronombres

Tres géneros o diferencias de pronombres dijimos en el primera parte que se podrán juntar con los verbos.

5   Y unos sirven de persona agente y otros de persona paciente. Y los que sirven para persona paciente, unos hacen el verbo con quien se juntan que sea reflexivo, esto es, que de uno mismo sale la acción del verbo y a él se torna, así como *ninotlazotla*, 'yo me amo'.

10   Otros pronombres hay que están por persona que padece. Y son *nech–*, 'a mí', *mitç–*, 'a ti', etc. Pero entonces esta persona que padece no ha de ser la misma que hace, mas antes, distinta. De manera que si la persona agente es primera, la paciente con estos pronombres será segunda o tercera. Ejemplo: *nimitçtlazo-*
15 *tla*, 'yo te amo'. De cómo se juntan estas tres diferencias de pronombres con los verbos se dirá en este capítulo.

    Los primeros pronombres son *ni–*, *ti–*, *an–*. Y estos siempre, donde quiera que se hallaren juntados a los verbos, sirven de persona que hace. Ejemplo: *nitlacua*, 'yo como algo'. El *ni–* sir-
20 ve de 'yo', el *tla–*, que significa 'algo', sirve de persona que padece. Y en estos no hay dificultad.

    Los segundos pronombres que juntados con los verbos sirven de persona paciente son estos para el singular: *no–*, *mo–*, *mo–*; plural *to–*, *amo–*, *mo–*. Y estos no pueden estar sino con
25 *ni–*, *ti–*, *an–*, salvo en las terceras personas que se hallan solas por sí, porque *ni–*, *ti–*, *an–* no tienen personas, como parecerá en los ejemplos que se pusieren.

    Y es de notar que siempre que se juntan estas dos diferencias de pronombres se ponen al principio el *ni–*, *ti–*, *an–*, y después
30 *no–*, *mo–*, *mo–*; y se han de responder de arte que con el *ni–* vaya el *no–*, etc. Y digamos en la primera persona *nino–*, segunda *timo–*, tercera *mo–*; plural *tito–*, *ammo–*, *mo–*. Y en esta segunda

<hr>

4 que se podran] que podian *MS*   5 y... paciente] *om. T*   25-26 que se hallan... personas] *om. P*   30-31 con el... en la] *om. T*   31 en la primera] en la tercera *T*   32 tercera mo] *om. T*

del plural, habíamos de decir *ammo–*, y perdiose la *n–* del *an–*,
y decimos *amo–*; y no sería inconveniente, a mi parecer, po-
35   ner a la *a* una tilde o poner dos 'emes' para denotar esto, o para
distinguir esta segunda persona del adverbio *amo*, que quiere
decir 'no'.

Y es de notar que estas dos diferencias de pronombres juntados y combinados en la manera ya dicha, hacen algunas veces
40   al verbo con que se juntan reflexivos, esto es, que una misma
cosa es la persona que hace y la padece. Ejemplo:

	singular	plural
1ª	*ninopechteca*	*titopechteca*
	'yo me humillo'	'nosotros nos humillamos'
2ª	*timopechteca*	*ammopechteca*
	'tú te humillas'	'vosotros os humilláis'
3ª	*mopechteca*	*mopechteca*
	'aquel se humilla'	'aquellos se humillan'

Y estos reflexivos, en este significado de reflexivos, son siem-
50   pre activos. Y puesto caso que estos dos géneros de pronombres
sean diferentes, juntados hacen un pronombre reflexivo. Y así
el pronombre será *nino–*, *timo–*, *mo–*, etc., pero es de notar que
en las primeras personas del singular y plural, en lugar de *nino–*,
bien dicen *nimo–*, y en lugar de *tito–* dicen *timo–*. Ejemplo:
55   *nimotlazotla*, 'yo me amo'; plural, *timotlazotlah*, 'amámonos'.

Y es de saber que cuando el verbo con quien se juntan estos
pronombres reflexivos comenzare en vocal, algunas veces perdiendo la *o–* del *nino–*, *timo–*, *mo–*, etc., hacen de la vocal del
verbo; pero más ordinario es no perder la vocal el pronombre y
60   el verbo. Ejemplo: *nitlaatçelhuia*, 'regar o rociar', *ninatçelhuia*,
'yo rocío'. Pero más usan *ninoatçelhuia*, etc.

Y no todas las veces que el *nino–*, *timo–*, etc. se juntan con
verbos activos los hacen reflexivos, porque también se juntan
con verbos reverenciales o elegantes sin hacerlos reflexivos.
65   Ejemplo: *ninotetlazotilia*, 'yo amo a alguno'. Y lo mismo hacen

1-55 capitulo... nimotlaçotla] *abs. B*   **33** perdiose] perdiendose *T*   **38** y es de] y este
T   **54** timo] nimo *T*   **55** amamonos] *post.* estos últimos usas en tlaxcalla, cholulla y
otras partes, pero no en mexico ni en tetzcuco *add. mg. P*   **60** nitlaatçelhuia] nina
atçelhuia *M*

con los neutros, con los cuales no denotan reflexión. Ejemplo: *ninozaua*, 'yo ayuno', como se tratará en el capítulo siguiente.

Los terceros pronombres son 1ª *nech–* 'a mí', 2ª *mitç–* 'a ti', 3ª *c–*, o *qui–* 'a aquel'; plural 1ª *tech–*, 2ª *amech–*, 3ª *quin–* 'a aquellos'. Y estos sirven siempre de persona paciente o de estar en el caso que gramática pidiere; y así no se pueden juntar sino con verbos activos y, anteponiendo los pronombres *ni–*, *ti–*, *an–*, con los verbos hacen también oración perfecta, como dijimos del *nino–*, *timo–*, etc., cuando es reflexivo. Ejemplo: *tinechtlazotla*, 'tú me amas'.

Y porque mejor se entienda en qué manera se juntan estas tres diferencias de pronombres con los verbos y también las partículas *tla–*, *te–*, que dijimos en el capítulo séptimo, pondremos aquí dilatada la variación de un verbo, así con los dichos pronombres, esto es: *nino–*, *timo–*, etc., *nech–*, *mitç–*, etc., como con las partículas *tla–*, *te–*, *c–*, *qui– quin–*, de la manera que se sigue:

		singular	
1ª		*nitetlazotla*	'yo amo a alguno' cosa animada
		nitlazotla	'yo amo alguna cosa', esto es, no animada
		ninotlazotla	'yo me amo'
2ª		*timotlazotla*	'tú te amas'
3ª		*motlazotla*	'aquel se ama'
		plural	
1ª		*titotlazotlah*	'nosotros nos amamos'
2ª		*ammotlazotlah*	'vosotros os amáis'
3ª		*motlazotlah*	'aquellos se aman'

De cómo se varían con los pronombres *nech–*, *mitç–*, etc.

		singular	
1ª		*nimitçtlazotla*	'yo te amo'
		nictlazotla	'yo amo a aquel'
		namechtlazotla	'yo amo a vosotros'
		niquintlazotla	'yo amo a aquellos'
2ª		*tinechtlazotla*	'tú me amas'
		tictlazotla	'tú amas a aquel'
		titechtlazotla	'tú nos amas'
		tiquintlazotla	'tú amas a aquellos'

83 a alguno] *post* animada *add. T*   **84** esto … animada] *add. SW*   **85** ninotlazotla] timotlaçotla *T*   **100** titechtlazotla… amas] *om. B*

	3ª	*nechtlazotla*	'aquel me ama'
		mitçtlazotla	'aquel te ama'
		quitlazotla	'aquel ama a aquel'
105		*techtlazotla*	'aquel nos ama'
		amechtlazotla	'aquel os ama a vos'
		quintlaçotla	'aquel ama a aquellos'
		plural	
	1ª	*timitçtlazotlah*	'nos te amamos'
110		*tictlazotlah*	'nos amamos a aquel'
		tamechtlazotlah	'nos amamos a vosotros'
		tiquintlazotlah	'nos amamos a aquellos'
	2ª	*annechtlazotlah*	'vosotros me amáis'
		anquitlazotlah	'vosotros amáis a aquel'
115		*antechtlazotlah*	'vosotros nos amáis'
		anquitlazotlah	'vosotros amáis a aquellos'
	3ª	*nechtlazotlah*	'aquellos me aman'
		mitçtlazotla	'aquellos te aman'
		quitlazotlah	'aquellos aman a aquel'
120		*techtlazotlah*	'aquellos nos aman'
		amechtlazotlah	'aquellos os aman'
		quintlazotlah	'aquellos aman a aquellos'

---

102 nechtlazotla] techtlaçotla *T*   106 amechtlazotla aquel os ama a vos] techtlaçoht-
la aquellos aman a vos *T*   109 nos te amamos] nos amamoste *PB*   110 tictlazotlah]
mitztlaçotla *T*

<h1 style="text-align:center">Capítulo décimo</h1>

De los verbos neutros y de cómo algunos activos
se hacen neutros

En esta lengua de otra manera tomamos los verbos neutros que en la latina. Aquellos se llaman en la gramática verbos neutros que tienen la activa en "*–o*" y no tienen la pasiva en "*–or*", como "*servio, –is*", por 'servir'. Pero en esta lengua, aquel se llama verbo neutro que después de sí no puede regir caso, esto es que la acción del verbo no pasa en otra cosa. Y cuando el verbo no tiene persona que padece, expresa o sub intellecta, ni la puede tener, se llamará neutro en esta lengua. Ejemplo: *niuetçca*, 'ríome'. Pero no diré *'yo río a Pedro', ni por vía de reflexión * 'yo me río a mí mismo', ni con los pronombres *–nech, –mitç*, etc., diré *'yo te río', etc.

De manera que en estos verbos neutros no puede pasar la acción en otra cosa. Y así algunos verbos habrá en la lengua latina neutros que en esta serán activos y regirán después de sí caso. Ejemplo: *nitetlayecultia*, 'yo sirvo'. Hemos dicho que este verbo "*servio, is*" es neutro en la lengua latina, y en esta lengua es activo porque bien decimos 'sirvo a Dios', *nictlayeculhtia in Dios*.

Y cierto es que las partículas *–c, qui–, quin* ningún verbo neutro las puede recibir, donde parece el tal verbo ser aquí activo. Esto está claro a los que tienen algunos principios de gramática, pero para los que no los saben es menester declararlo.

Y así van también otras cosas en esta *Arte* que no se pueden bien sacar de los términos latinos y ponerlo en términos inteligibles a todos, no se puede bien hacer. Y así, muchas cosas lleva la traza de la gramática latina, así porque se vea el artificio de la lengua no ser tan bárbara como algunos dicen, como porque con gran dificultad y prolijidad no se pudiera dar todo a entender por sólo nuestro romance, sin mezclar algo del latín, etc.

---

6 la activa] la accion *M*   7 llaman] *incip. transp. B*   9 otra cosa] otro caso *M*   16 la accion] *om. P*   18 nitetlayecultia yo sirvo] *add. W* nitetlayecolhtia yo sirdo alguno *T*   22 que las] que tales *M*   23 ser] sera *P*

También se debe notar que, entre estos verbos neutros, unos hay que significan acción intrínseca y otros acción extrínseca. Y los primeros tienen en su significado lo que en nuestro castellano dijimos 'me' para la primera persona, 'te' segunda, 'se' tercera; plural, 'nos', segunda 'os', tercera 'se'. Ejemplo: 'púdrome, púdreste, púdrese, pudrímonos, pudríos, púdrense'. Y Este es el propio y natural significado del verbo neutro, porque no puede recibir persona paciente. Y aunque estos parezcan en el significado reflexivos, no lo son, porque una cosa es decir 'yo me pudro a mí mismo' o 'yo me ensucio a mí mismo', o decir 'púdrome' o 'ensúciome', porque el primero es reflexivo y el segundo es puro neutro, en el cual siendo neutro no puede caber reflexión.

Y estos romances de 'me', 'te', 'se', etc., aunque sean propios de verbos que significan acción intrínseca, también convienen algunas veces a los que significan acción extrínseca, etc. Ejemplo: como digo 'duermo', también digo 'duérmome'.

Ítem es de traer a la memoria lo que se dijo en la materia de las partículas *tla–*, *te–*, *ne–*: que los verbos neutros no pueden recibir estas dichas partículas en la voz activa, porque importan ellas en sí persona que padece; y hemos dicho que el neutro no puede tener la tal persona paciente. Digo que no pueden recibir estas partículas en la voz activa y significación activa; pero en la significación impersonal, aunque sea en la voz activa, podrá tomar el *tla–*, juntándole con la tercera del presente del indicativo de la voz activa, como se dijo en el cuarto capítulo, hablando de la formación de la voz impersonal; entonces solamente significa generalidad y no está en lugar de persona paciente. Ejemplo: *niuetçca*, 'reír', *tlauetçca*, 'todos ríen'.

Lo mismo decimos en los verbos neutros, que tuvieren *nino–*, *timo–*, etc., los cuales en el impersonal tomarán el *ne–*, pero no en significación de reflexivos. De manera que el *ne–* en la voz impersonal de los neutros no significará más de generalidad, y no reflexión. Ejemplo: *motlaloah*, 'aquellos corren'; impersonal, *netlatolo*, 'todos corren'.

47-48 ejemplo... duérmome] *om. W*   **51-54** porque... voz activa] *om. B*   **54** significación activa] *post* pero *add. MSPB* podra *add. T*   **57** cuarto] *om. T*   **60** niuetçca reír] *om. T*   **62-67** los cuales... etc.] *om. B*   **66** todos corren] *post* y no reflexion ex. motlalouah *add. P*

Y para más claridad es de notar que estos pronombres *nino–*, *timo–*, etc. no se pueden juntar con verbos neutros en la significación que tienen de pronombres reflexivos, porque si en esta significación los pudiesen recibir, volver se han activos, pero algunas veces se juntan estos dichos pronombres con verbos neutros y entonces no significa el *nino–* más que *ni–* solo, ni el *timo–* más que el *ti–*, etc. Y así, decimos que el *nino–*, *timo–*, etc. es propio del verbo y no puede estar sin él. Ejemplo: *ninozaua*, 'yo ayuno'.

Y es de saber que algunas veces los verbos neutros que tienen *nino–*, *timo–*, etc., se juntan y posponen a los pronombres *no–*, *mo–*, etc., compuestos con preposiciones, de tal manera que se siga el verbo, y el pronombre compuesto con la preposición preceda. Y para que esto mejor se entienda, pongo el ejemplo siguiente:

singular

1ª	*moca ninocacayaua,*	'río me de ti' o 'burlo de ti', es mejor decir.
	ica ninocacayaua	'río me de aquel'
	amoca ninocacayaua	'río me de vosotros'
	inca ninocacauaya	'río me de aquellos'
	teca ninocacayaua	'río me de alguno o algunos'
2ª	*noca timocacayaua*	'burlas de mí'
	ica timocacayaua	'ríes de aquel'
	toca timocacayaua	'ríes de nosotros'
	inca timocacayaua	'ríes te de aquellos'
3ª	*noca mocacayaua*	'ríese aquel de mí'
	moca cocacayaua	'ríese aquel de ti'
	ica mocacayaua	'ríese aquel de aquel'

plural

1ª	*toca mocacayaua*	'ríese aquel de nosotros'
	amoca mocacayaua	'ríese aquel de vosotros'
	inca mocacayaua	'ríese aquel de aquellos'
	moca titocacayaua	'reímonos de ti'
	ica titocacayaua	'reímonos de aquel'
	amo titocayaua	'reímonos de vosotros'
	inca titocacayaua	'reímonos de aquellos'

71-73 algunas... nino] *om. M* ‖ mas] al mas *M*   72 *ni–* solo, ni el] ni solo el *T*   76 neutros *om. PB*   83 de ti] *om. M* ‖ es mejor decir] *om. M*   88 burlas de mi] rieste de mi o burlas *M*   89 ríes] rieste *MSPBT*   90 ríes] rieste *MSPBT*   101 amo titocacayaua] amo catitocacayaua *MSPBT*

	2ª *noca amocacayaua*	'reís os vosotros de mí'
	ica amocacayaua	'reís os vostros de aquel'
105	*toca amocacayaua*	'reís os vosotros de nosotros'
	inca amocacayaua	'reís os vosostros de aquellos'
	3ª *noca mocacayaua*	'ríen se aquellos de mí'
	moca mocacayaua	'ríen se aquellos de ti'
	ica mocacayaua	'ríense aquellos de aquel'
110	*toca mocacayaua*	'ríense aquellos de nosotros'
	amoca mocacayaua	'ríense aquellos de vosotros'
	inca mocacayaua	'ríense aquellos de aquellos'

Esto mismo podrán hacer algunas veces con otros verbos neutros que no tuvieren *nino–*, etc. Ejemplo:

115	1ª *noca tiutçca*	'ríes te de mí'
	moca niuetçca	'ríome de ti', etc.
	noca timotopeua	'burla de mí', etc.

También con esta preposición y pronombre *notech* se suelen variar. Ejemplo:

120	1ª *itech nimixcuitia*	'tomo ejemplo de aquel'
	notech mixcuitia	'tomas ejemplo de mí'
	motech nimixcuitia	'tomo ejemplo de ti'
	amotech titixcuitiah	'tomamos ejemplo de vosotros', etc

He aquí cómo se varía el pronombre con la preposición. Y
125 también se varía el verbo, ahora tenga *–nino, –timo, –mo*, etc.,
ahora no le tenga. Y en esta manera no es en todos verbos neutros, antes en muy pocos.

He puesto este ejemplo sobre dicho, tan dilatado, para que
sepan variar todos los demás. Pero otro verbo hallo singular que
130 se varía el pronombre juntado con la preposición. Y el verbo,
aunque se varía por los tiempos, no se varía por las personas,
quiere decir 'bien me viene', esto es, la ropa o el oficio o 'bien me

---

106 vosotros] *om. M* ‖ aquellos] aquel *P*   **107** rien.. de mi] riense de mi aquellos
T   **108** aquellos] *om. M*   **111** amoca mocacayaua] amocamocacayauah *P* ‖ aquellos]
om. M   **112** inca mocacayaua] ynca mocacayauah *P*   **123** vosotros] nosotros *B*   **125**
verbo] *post* neutros antes en muy pocos he puesto este ex. sobre dicho tam dilatado *em.
M* ‖ etc.] *om. M* ‖ ahora tenga nino... no le tenga] aoca tenga nino ahora no *M*   **132** la
ropa o el oficio] la ropa o cosa semejante *T*   **132-134** o bien... ejemplo] *om. T*

cuadró' o 'justo cabal vino', a saber: lo que se parte o cosas semejante. Ejemplo: *uelh nopan i* o *nopan iti in notilhma* o *notequih*,
135 	'viéneme justa la ropa' o 'cuádrame bien el oficio', *velh otepan ic*
u *otepan itic in tlacualli*, 'a todos vino igual o justa la comida'.
	Y porque es dificultoso de variar le pondré aquí.

Indicativo

Presente: 'justo o cabal me viene'

140			singular
		1ª *nopan y, nopan iti, nopan ti, nopan ia, nopan tia, nopan itia* etc.
		2ª *mopan y, mopan ti, mopan iti*
		3ª *ipan y, ipan ti, ipan iti*
			plural
145		1ª *topan y, topan ti, topan iti*
		2ª *amopan y, amopan ti, amopan iti*
		3ª *ipan y, ipan ti, ipan iti*

Pretérito imperfecto:

		1ª *nopan ya, nopan tia, nopan itia, nopan iaya, nopan itiaya, nopan
			tiaya*, etc.
150		2ª *mopan ya, mopan tia, mopan itia*
		3ª *ipan ya, ipan tia, ipan itia*
			plural
		1ª *topan ya*, etc., por las otras personas.

Pretérito perfecto:

155		1ª *onopan ic, onopan tic, onopan itic, ix, itix*, etc.
		2ª *omopan ic, omopan tic, omopan itic*, etc.
		3ª *oipan ic, oipan tic, oipan itic*

Pretérito pluscuamperfecto:

		1ª *onopan yaca, onopan itica, onopan tica, onopan ixca*, etc.

---

133 o justo vino cabal] o justo vino caval *M* ‖ se parte] se reparte *M*   **134** notilhma]
notilma *MPBT* ‖ cuádrame bien] *om.P*   **137** le] lo *M*   **141** nopan ti] *om. T* ‖ nopan tia,
etc] *om. ST*   **146** amopan] *om. B*   **151-153** ipan tia... topan ya] *om. T*   **153** por las]
para las *T*   **155** o onopan itic] *om. B em. T*

160 Futuro:

> 1ª *nopan iz, nopan itiz, nopan yaz, tiaz,* etc.
> 2ª *mopan iz, mopan tiz, mopan itiz*
> 3ª *ipan iz, ipan tiz, ipan itiz*

IMPERATIVO

165 1ª *ma nopian i, ma nopan ti, ma nopan iti, ma nopan ia, tia, itia,* etc.
2ª *ma mopan i, ma mopan ti,* etc.

Presente impersonal:

> *tepan i, tepan ti, tepan iti,* 'a todos les viene bien', esto es, la ropa o
> oficio, *tepan ia, tia, itia.*

170 Hay otros verbos neutros que se pueden decir defectivos,
porque no usaránen todas personas, salvo en la tercera del singular, como en el latín este verbo *pluit,* 'llueve'. Y de estos hay
muchos, y serán, por la mayor parte, los que denotan opera-
ciones que a Dios o a las causas naturales superiores solamente
175 pueden convenir. Ejemplo: *tlauizcaleoa,* 'amanecer'; *tlatlatçi-
ni,* 'atronar'; *cepayaui,* 'nevar'; *tlapetlani,* 'relampaguear';
ceuetzi, 'helar'; *tecini,* 'granizar'; *auechi,* 'caer el rocío'.

DE CÓMO LOS VERBOS ACTIVOS SE PUEDEN HACER NEUTROS

En dos maneras los verbos activos se pueden hacer neutros. La
180 primera es no mudando nada, sino solamente quitando las partículas *–te, –tla* que tenía el verbo activo; y, quitadas, quedará
hecho neutro. Ejemplo: *nitlatiloa,* 'entintar algo', *tliloa,* 'entintarse'; *nitlatlapiuya,* 'yo acreciento algo', *tlapiuya,* 'acreciéntase'.
Y así será en otras terminaciones.

---

166 ma mopan i] mopan i *W*   167 presente] *add. W*   169 tepan ia ... ltia] *om. MS*   174
solamente] *post* conviene *add. M*   175 tlauizcaleoa amanecer] *om. P*   176 cepayaui
nieva] *add. PB*   177 ceuetzi hela] *add. PB* teçini graniza *add. B* ‖ rocía] *add. P* uetzi
avechi rocía quiaui llueve *add. B*   181 te, tla] *om. T*   182 tliloa] tliloya *M*

185   Y es de notar que no de todos verbos activos se pueden hacer
        neutros quitándoles el –*te* o el –*tla*, pero los que de esta manera
        se hicieren neutros, algunos de ellos en el pretérito perfecto y
        en el futuro, y en los tiempos que se forman de ellos, harán de
        una manera cuando son activos y de otra cuando son neutros.
190   Ejemplo: en los verbos ya dichos, *nitlatliloa* es activo y hace
        en el pretérito *onitlatlilo* y en el futuro *nitlatliloz*. Y cuando es
        neutro hace en el pretérito *tliloac* y en el futuro *tliloaz*; *nitla-*
        tlapiuia es activo y hace en el pretérito *onitlapiui*, y en el futuro
        tlatlapiuiz; cuando es neutro, hace *onitlapiuix* en el pretérito y
195   en el futuro *nitlapiuiaz*.

        Y aunque esto sea así en algunos verbos, en otros harán el
        activo y el neutro de una misma manera en el pretérito. Ejemplo:
        nitlacatçaua, 'ensuciar algo', hace *onitlacatçauh*, o bien, *onitla-*
        catçauac, futuro *nitlacatçauaz*. Y lo mismo hará *nicatçaua*, neu-
200   tro 'ensúciome'.

        La segunda manera como los verbos activos se pueden ha-
        cer neutros es mudando alguna letra o sílaba del fin, y quitando
        las partículas –*te*, –*tla*. Ejemplo: *nitlatema*, 'henchir algo', *temi*
        'hínchese'. Y no todo verbo activo se podrá hacer de esta manera
205   neutro, sino los que acabaren en ciertas terminaciones, como se
        dirá en el capítulo siguiente.

        Cuanto a lo que toca a los impersonales de los verbos neu-
        tros, se note mucho lo que está dicho en el capítulo cuarto, en la
        formación del impersonal, y en la manera que se forman estos
210   verbos neutros. Los reverenciales decirse ha adelante.

---

187 perfecto] imperfecto *PB*   190 nitlatliloa] nitlatliloya *M*   192 y... futuro] *om.*
T   193 activo] y es activo *add. M*   194 tlatlapiuiz] nitlatlapiuiz *PB*   198 algo] *om.*
T   207 cuanto] cuando *B*

Capítulo decimoprimero

De los verbos derivativos

En la primera división de los verbos hemos hablado de los activos y neutros. Conviene que ahora tratemos de los verbos primitivos y derivativos.

Primitivos se llaman los verbos que no descienden ni se derivan de otra parte. Ejemplo: *nitemachtia*, 'yo enseño', etc. Y en estos no hay cosa particular que notar.

Derivativos se llaman, por el contrario, los que se derivan de otro, como *atl*, 'agua', *atia*, 'derretirse' o 'hacer se agua'. Y para más claridad es de notar que en estos derivativos unos hay que se derivan de nombres y otros de verbos y otros de adverbios. Y los que se derivan de nombres unos son activos y otros neutros. Y los que se derivan también de verbos, unos son activos y otros neutros. Los que se derivan de adverbios son neutros por la mayor parte.

Veamos de los que salen de nombres primero.

De los verbos activos que se derivan de nombres

–uia Unos derivativos hay que acabarán en *–uia*. Y estos son activos y su significado es obrar con aquello que significa el nombre. Ejemplo: *tetl*, 'piedra', *nitlateuia*, 'hacer algo con ella'.

Y la formación de estos es, perdiendo el nombre lo que ha de perder, como se dijo en la primera parte —capítulo décimotercero, hablando de la composición de los nombres—, añadir *–uia*; y si el nombre quedare en consonante, añadir *–huia*. Ejemplo de lo segundo: *tlilli* es 'tinta', *tlatlilhuia* es 'entintar algo'. De lo primero ya es dado ejemplo.

–tia Otros se derivan de nombres. Son también activos y acaban en *–tia*. Y el significado de estos es hacer lo que lo que significa el nombre o proveerse de ello. Ejemplo: *nitemilhtia*, 'yo hago

<hr>

4 verbos] *om. S*   24 capitulo 13] *om. T*   25 y si... huia] *om. B*   26 tlatlilhuia] nitlatlilhuia *PB*   29 significado] *post* es obrar *add. T*

la heredad a otro' o 'labro el maizal de otro', *ninomilhtia*, 'labro mi heredad'. Y la formación de estos es perdiendo lo que el nombre ha de perder, añadir el *–tia*, como parece en el ejemplo ya dicho.

35   Pero es de notar que, cuando a estos verbos sobredichos se les anteponen los pronombres *no–*, *mo–*, etc. y entre el *ni–* y el *no–* toman una *c–*, mudan el significado por razón de la *c–*, y significan 'apropiarme yo a mí' aquello que significa el nombre. Ejemplo: *calli* es 'la casa', *nicnocalhtia*, es 'yo me apropio y aplico la casa' o bien *nicnocalhtia in calli*, *ninocalhtia*, 'hago mi
40 casa'.

–lia   Otros salen también de nombres numerales, aunque no de todos. Y estos son activos y acaban en *–lia*, que es hacer algunas cosas que se vuelvan en aquel número que el nombre numeral
45 significa. Ejemplo: *ome*, 'dos', *nitlaomelia*, 'hacer de alguna cosa dos'. Y su formación será que los nombres que acabaren en *–tl*, *–tli*, *–li*, volverán las tales terminaciones en *–lia*; y, si acabaren en vocal, tomarán sobre la vocal *–lia*, como parece en el ejemplo dicho.

50   DE LOS VERBOS NEUTROS QUE SE DERIVAN DE NOMBRES

–oa   Hay unos verbos neutros que se derivan de nombres. Y estos se acaban en *–oa*. Su significado es convertirse en aquello que significa el nombre o tenerlo en sí, aunque no se convierta en ello. Ejemplo: de *atl*, 'agua', *ayoa*, 'volverse agua' o 'tener en sí agua'
55 o 'aguarse'. Y este segundo significado parece que cuadra más.

    La formación de estos es de los nombres adjetivos derivativos, que dijimos que acaban en *–yo* o en *–lo*, sobre el *–yo* o *–lo* añadir una *–a*. Ejemplo: de *tlalli*, 'tierra', *tlallo*, 'cosa que tiene tierra', *tlaloa*, 'empolvorarse o tener tierra'.

60   Hay otros verbos neutros acabados en *–ti* o *–tia* que des-
–ti o –tia cienden de nombres y su significado es propiamente convertirse o hacerse aquello que significa el nombre de donde descienden.

31-32 ninomilhtia... heredad] *add. supra* S *om.* PB   39 –calhtia] *inc. cap.* 11 *em.* B   42-49 otros... exº dicho] *add. infra* S   54 volverse agua] *post sc.* la fruta *add.* P   57 el yo] el cho B   58 una a] una n B   59 tener] volverse S

Ejemplo: *pilhtçintli* es 'niño', *nipilhtçinti* o *nipilhtçintia* 'hago me niño'; *ueue*, 'viejo', *niueueti* o *niueuetia*, 'hago me viejo'. El *nipiltçinti* no es mucho en uso. Y la formación de estos es, perdiendo el nombre lo que ha de perder, añadir el –*ti* o –*tia*, como parece en los ejemplos ya dichos.

Hay otros verbos neutros acabados en –*ti* o *tia* que descienden de nombres numerales y tienen la misma significación que los ya dichos. Ejemplo: *niceti* o *nicetia*, 'hago me uno'; *nonteti* o *nontia*, 'hago me dos', etc. Y su formación es como la de los verbos activos acabados en –*lia* que salen de nombres numerales como arriba es dicho, poniendo las partículas –*ti* o '–*tia*, en lugar de –*lia*, como parece en los ejemplos ya dichos. Y estos se harán activos sobre el –*ti* tomando –*lia* y anteponiendo las partículas –*te* o –*tla*. Ejemplo: *centi*, 'hace se uno', *nitlacetilia*, 'hago algunas cosas, una'.

Hay otros neutros acabados en –*ui* que también descienden de nombres y tienen el mismo significado que los de –*ti* o –*tia* ya dichos, que es volverse o hacerse aquello que significa el nombre. Y estos son muy pocos y tómanse por la mayor parte de nombres de animales. Ejemplo: *mazatl*, es 'venado', *mazaiciui*, 'hacerse o tornarse venado' o *mazaciui*.

Y la formación de estos es, si el nombre quedare en la vocal, poniendo un –*ci*, añadir después –*ui* sobre el –*ci*, como parece en el ejemplo ya dicho. Pero si quedare en consonante, sobre la tal consonante poner –*i* y añadir después –*ciui*: *zulli*, 'codorniz', *zuliciui*, 'hacer se codorniz'; de *tochtli*, 'conejo', *tochiciui* 'hacerse conejo'.

Hay otros verbos derivativos que salen y se derivan de verbos. Y unos son neutros derivativos de activos, y otros activos derivados de verbos activos o neutros indiferentemente, como parecerá adelante.

---

63 niño] *om. M*   65 nipiltçinti... uso] *om. M*   68-77 hay otros.. cosas una] *add. infra S*   70 uno] *post* o una cosa *add. PB*   71 nontia] nontetia *MP*   76-82 hace... mazaiciui hacerse] *om. B*   78 otros] *post* verbos *add. P*   83 o mazaciui] *post* maçaiçiui *add. SP*

De los verbos neutros que salen de verbos activos

95 Hay unos verbos neutros acabados en –*za*. Y estos se derivan de
–*ça*   verbos activos acabados en –*tça*, y el significado es el mismo que
del verbo activo, mudando el tal en significación de neutro. Y lo
mismo será de todos los demás que aquí se pusieren que salen de
activos y se hacen neutros. Por no repetir en todos la significa-
100 ción bastará poner los ejemplos: *nitlamomolotça*, 'mullir algo o
menear agua', *momoloza*, 'menearse o molerse o manar o hervir
agua'.

–*mi*   Hay otros acabados en –*mi*. Y estos se derivan de verbos activos
que fenecen en –*ma*. Ejemplo: *nitlaciotoma*, 'descoser algo',
105 *ciotomi*, 'descósese'. La formación de estos es volver el –*ma* en
–*mi* y quitar las partículas –*te*, –*tla*, o la –*a* volverla en –*i*, como
parece en el ejemplo ya puesto.

–*ni*   Hay otros neutros acabados en –*ni*. Y estos se derivan de verbos activos acabados en –*nia*. Y estos se forman de los activos
110 perdiendo la –*a* del fin y quitando las partículas –*te*, –*tla*. Ejemplo: *nitecualania*, 'enojar a otro', *nicualani*, 'enójome'.

–*pi*   Hay otros neutros acabados en –*pi*. Y estos se derivan de verbos
activos que fenecen en –*pa*. La formación de ellos es volviendo
el –*pa* de los activos en –*pi*, o la –*a* en –*i* y quitar las partículas
115 –*te*, –*tla*. Ejemplo: *nitlatçopa*, 'concluir algo', *tçupi*, 'conclúyese'.
Y estos son muy pocos.

–*ui*   Hay otros neutros acabados en –*aui*. Y estos se derivan, por la
mayor parte, de verbos activos acabados en –*oa*, pero también
habrá algunos neutros en –*ui* que se deriven de verbos activos
120 acabados en –*ua* o en –*uia*; pero lo más ordinario es formarse
de –*oa*. Ejemplo: *nitlaculoa*, 'entortar algo', *coliui*, 'entortarse'.

La formación de estos es muy varia; y por eso no se da regla
de ellos, porque unos vuelven el –*oa* en –*y* y sobre la –*y* toman
–*ui*, así como *nitlapoloa*, 'destruir algo', *poliui*, 'destrúyese', etc.
125 Y otros vuelven el –*oa* en –*a* y sobre ella toman –*ui*. Ejemplo:
nitlaitlacoa, 'dañar algo', *itlacaui*, 'dáñase'. Y de una de estas
dos maneras harán los más, aunque algunos varíen y hagan

94 de... activos] *om. PB*   105 descosese... ma] *om. T*   109 nia] dua en nia *add. T*   111
enojome] *post* nitlaxamania quebrar algo. nixamani, etc. *add. P*   126 nitlaitlacoa] nit-
laitlacoua *M*

en otra manera, como *nitlatlapoa*, 'abrir algo', hace *tlapoui*, 'ábrese'.

130   Hay otros neutros en *–tia*. Y estos se derivan de verbos acti-
–tia   vos acabados en *–loa*, por la mayor parte. Y estos se forman del verbo activo volviendo *–loa* en *–tia*. Ejemplo: *nitlaculoa*, 'entortar algo', *culhtica*, 'entortarse'. De manera que este *nitlaculoa* tendrá dos neutros: *culiui* y también *culhtica*, etc.

135   Y es de notar que no todos los verbos activos acabados en las dichas terminaciones se podrán derivar de verbos neutros. Basta que salgan y se formen de algunos, porque no cuadra en todos, etc.

DE LOS VERBOS ACTIVOS DERIVATIVOS

140   Hay otros verbos activos que se derivan indiferentemente de verbos activos o neutros. Y estos son muchos y muy usados. Y hay otros que no se pueden derivar sino de solos verbos neutros.

    Los que se derivan indiferentemente de verbos activos o neutros, por la mayor parte acaban en *–tia*. Y estos significan 'hacer

145   persuadir' o constreñir a otro a que haga lo que el verbo de donde se deriva significa e importa. Ejemplo: *nitlacua*, 'yo como', *nitetlacualhtia*, 'yo doy de comer a alguno' o 'sirvo de lo tal', *nicochi*, 'yo duermo', *nitecochitia*, 'yo adormezco a otro' o 'le hago dormir', esto es, en la cuna o 'recibo a algunos para que

150   duerman', es decir, hospedar.

    La formación de estos es muy varia, y por eso no se puede bien reducir a regla, pero lo más común es que los acabados en *–i* tomarán *–tia* sobre la *–i*. Ejemplo: *niyolli*, 'vivir', *niteyolitia*, 'dar vida a otro'.

155   Los de *–a* tomarán *–ltia*. Ejemplo: *nitlacua*, 'comer', *nitetlacualhtia*, 'dar de comer a otro, etc. Sácanse los de *–uia*, *–ia*, *–oa*, que perderán la *–a* y tomarán *–tia*. Ejemplo: *tlatoa*, 'hablar',

128 nitlatlapoa] nitlatlapoua *M* || hace] *om. PB*   **129** ábrese] abrese *PB*   **133** entortar: torcer.   **147** a alguno] *add. PB* || o sirvo de lo tal] o hago comer a otro *MS om. PB*   **149-150** esto es en la... hospedar] *om. MS*   **150** duerman] *post* en mi casa *add. P* || es decir hospedar] *add. WT*   **157** oa] *post* activos *add. PB*

nitlatolhtia, 'hacer hablar a otro'. Pero aunque esta formación sea la más común, otros habrá algunos que hagan en otra manera.

160 Hay algunos que a estos activos sobredichos los llaman compulsivos, porque parecen denotar que compelo a otro a que haga la operación del verbo donde se derivan, como *nitetlatolhtia*, 'dar tormento' o 'hacer a otro' o 'compelerle a que hable'.

Pero si bien se mira la significación de estos, aunque algunas
165 veces importe aquello, su significado común no es sino el que ya hemos dicho. Y no se requiere que importe aquella compulsión, como parece en el verbo *nitetlacualhtia* o *nitecalotia*, que es 'aposentar a otro'.

Hay otros verbos activos acabados también en *–tia*. Y estos
170 no pueden venir sino de verbos neutros acabados en *–oa*, que descienden de nombres adjetivos que enecen en *–yo* o en *–lo*, y casi el significado de ellos es el mismo que de estos de *–tia* que ahora hemos dicho, pero particularizando más su significado, no es más del significado neutro del verbo de donde descienden
175 volverle en activo. Ejemplo: *atl*, 'agua', *ayo*, 'cosa aguada', *oyoa*, 'aguarse', *nitlaayotia*, 'aguar algo'; de *tliloa*, *nitlatlilotia*, 'entintar algo'.

Y la formación de estos es del neutro volviendo la *–a* en *–tia*, como en los ejemplos ya dichos.

180   DE ALGUNOS VERBOS QUE SE DERIVAN DE ADVERBIOS
                        O NOMBRES TEMPORALES

Hay otros verbos neutros que acaban en *–tia* o en *–tilia*. Y estos
–tia,   se derivan de nombres o adverbios temporales y toman el significado del tal nombre o adverbio; y quieren decir 'estoy tardo' o
–tilia ficado del tal nombre o adverbio; y quieren decir 'estoy tardo' o
185 'detengo me el tiempo', que se denota por el nombre o adverbio de donde se derivan. Ejemplo: *cemilhuitl* es 'un día', *nicemilhuitia* o *nicemilhuitilia*, 'estoy tardo' o 'detengo me un día'; pretérito, *onicemilhuiti*. También se dirá *cemilhuitica nican oninotlali*, 'yo estuve aquí un día', etc.; *nimuztlatica*, dicen por

160 llaman] llamaran *P*   169 activos] *supra S*   176 de tliloa] tetlilohua *B*   180-181 de algunos... temporales] *om. B*   186-187 es un... nicemilhuitia] *om. B*   188 cemilhuitica] cemilhtica *S* niçemilhtica *T*   189 nimuztlatica] nimuztlatia *MS*

190 'estar un día'; pero diciendo 'mañana estaré allá', dicen: *umpa nimuztlatiliz* o *nimuztlatiz*, también quiere decir 'estaré un día', sin decir mañana; *ye niuiptlatia* o *ye niuptlatilia*, 'detengo me ya tres días con hoy'; *ompa niuiptlatiz*, 'tres días estaré allá'.

Contando por meses no derivan de verbos, sino dicen *ce-*
195 *metçtica ompa niez*, 'estaré allá en un mes'. Y también dicen *ipan centetl metçtli ompa niez* o *ninotlaliz*.

Contando por años dicen en esta manera: *nicexiuhtiz* o *nicexiuhtiliz*, 'estaré un año'; *noxiuhtiz* o *noxiuhtiliz*, 'estaré dos años'. Y así de los demás.

200 Y la formación de estos es, en los que no han de perder nada —como son los adverbios—, sobre ellos añadir *-tia* o *-tilia*. Pero si fueren nombres que han de perder algo, entonces, perdido lo que han de perder, toman *-tia* o *-tilia*, como parece en los ejemplos ya dichos.

205 Y esto basta para esta materia.

Capítulo duodécimo

De los verbos compuestos

Esta materia de los verbos compuestos es muy provechosa y, por tanto, se debe poner algo dilatada.

Cuanto a lo primero, es de notar que los verbos se pueden componer con nombres y con adverbios y con verbos. Con nombres como *nipetlachiua*, 'hago petates'. Y de esta composición está dicho en la primera parte, en el último capítulo.

Compónense también con nombres numerales, y de estos se dirá en breve, al fin de este capítulo.

También se componen con verbos, con adverbios. Y esto es dos maneras: la primera es con adverbios primitivos y la segunda con adverbios derivativos que se derivan de verbos.

De la primera manera está dicho en el capítulo octavo de esta segunda parte.

De la segunda manera hay más dificultad; para lo cual, es de notar que en esta lengua algunas veces usan del pretérito pluscuamperfecto en lugar de adverbio en la composición. Ejemplo: *nimatcanemi*, 'ando o vivo sabiamente'. Y también dicen *matcanemi*; y por ser el *onimatca* el pretérito pluscuamperfecto del verbo *nicmati*, algunos quieren decir que esta es composición de dos verbos; pero, en fin, sea lo que fuere, el primero verbo tiene significación de adverbio, como parece en el ejemplo ya dicho.

Pero, porque no salgamos de la plática común, digamos que esta es composición de dos verbos, aunque el uno no mude el significado de verbo y tenga significación de adverbio o de nombre. Y así, conforme a esto, podemos poner dos diferencias o géneros de verbos compuestos con verbos. El primero género es de los que de tal manera se componen con otro verbo, que el primero se pone en el pretérito perfecto del indicativo y el segundo en lasegunda persona del presente del indicativo. Ejemplo: *nitlapixitinemi*, 'ando guardando'.

El segundo género es de los que de tal manera se componen con otro verbo, que el primero está en el pretérito pluscuam-

9-10 componense... capitulo] *ad mg. S*

35 perfecto del indicativo y el segundo en la tercera persona del
presente del dicho modo. Ejemplo: *nitlapaccacelia*, 'recibo algo
con alegría'.

Y es de notar que, en estos verbos compuestos, el principal
significado se toma del segundo verbo y, por la mayor parte,
40 este es el que queda con la significación del verbo, salvo en este
verbo *uetçi* que, aunque se ponga a la postre, no tiene significado
de verbo, sino de adverbio, como parecerá adelante, etc. Pero el
verbo que en la composición se pone primero pocas veces queda
con solo significado de verbo, mas antes, cuando lo tienen por
45 la mayor parte, también tienen significado de adverbio, como
parecerá adelante.

Y para proceder en esta materia de los compuestos con más
claridad, hablemos en particular de cada género de los sobre
dichos.

50   DE LOS VERBOS COMPUESTOS DEL PRIMERO GÉNERO

Digo que hay unos verbos compuestos en los cuales se pone el
primero verbo en el pretérito perfecto y el segundo en la segunda persona del presente del indicativo.

Y estos son en tres maneras: unos hay que hacen el primero
55 verbo tener significación de participio; y otros que hacen el primero verbo tener significado de verbo y también adverbio. Pero,
así en los primeros como en los segundos, el segundo verbo se
queda con significación de verbo.

Pero los terceros son que se componen con este verbo *uetçi*,
60 el cual, siendo el segundo verbo en la composición, hace que el
primer verbo tenga significado de verbo, y el verbo *uetçi* que se
pone después tenga significación de adverbio.

Viniendo al primero, los que hacen al primero verbo con
quien se componen tener significación de participio son los si-
65 guientes:

48 hablemos] finis cap. 12 inc. cap 10 *em. B*   52 en la segunda] *om. M*   57 el segundo
verbo] el verbo segundo *P*

nicah   Los verbos que se componen con este verbo *nicah*, que quiere decir 'estar', tienen significado de participio poniendo al primero verbo en el pretérito perfecto y después añadiendo el verbo *nicah* en la segunda persona del presente del indicativo. Y

70   significa todo el verbo compuesto estar haciendo lo que significa o importa el primero verbo. Ejemplo: *nitlachixticah*, 'estoy mirando'.

nicac   Los verbos que se componen con este verbo *nicac*, que quiere decir 'estar en pie', tienen significado de participio, poniendo

75   también el primer verbo en el pretérito perfecto y el verbo *nicac* en la segunda persona del presente del indicativo. Significa todo el verbo compuesto estar haciendo en pie lo que significa el primero verbo. Ejemplo: *nitlacuaticac*, 'estoy comiendo en pie'.

nonoc   Los verbos que se componen con este verbo *nonoc*, que quiere

80   re decir 'estar echado' o 'estar muchas personas juntas', tiene el significado de participio; y poniendo el primero verbo en el pretérito perfecto se pone este verbo *nonoc* en la segunda persona del presente del indicativo. Pero es de notar que entre los compuestos del verbo *nicah*, que ya hemos dicho, solo este ver-

85   bo *nonoc* en la composición se pone sincopado. Ejemplo: *niuetçtoc*, 'estoy echado o caído', y había de decir para seguir la regla de otros verbos *niuetçtonoc. Y el significado de todo el verbo compuesto será estar echado haciendo lo que el primero verbo significa o importa: *nicochtoc*, 'estoy echado durmiendo'.

90   Los verbos que se componen con este verbo *mani*, que signi-
mani   fica 'estar la cosa de llano' o 'tendida con manta, papel, agua, o en vasija llana', estos tienen también significado de participio. Y poniendo el primero verbo en el pretérito perfecto y el verbo *mani* en la segunda persona del presente del indicativo significa

95   todo el verbo compuesto estar haciendo lo que significa el primer verbo, con la disposición o manera que por este verbo *mani* se importa. Ejemplo: *tentimani*, 'está lleno en vasija ancha'. Con algunos verbos dicen *timomani*, por *timani*, etc.

---

67 estar] *post* en pie *add. B* || nicah] *om. PB* || poniendo] *post* tambien *add. B*   **68** después añadiendo] *om. B*   **70** haciendo] *post* en pie *add. B*   **71** o importa] *om. B*   **71-78** estoy mirando.... el primero verbo] *om. M*   **73-78** los verbos... en pie] *om. B*   **76** del presente del] *om. T*   **97-98** con algunos... timomani] *om. MS* || por timani, etc] *add. PB*

ninemi   Los verbos que se componen con este verbo *ninemi*, que
100   quiere decir 'andar', tienen también significación de participio;
y añádese la segunda persona de este verbo al pretérito perfecto del primero verbo con quien se compone. Y todo el verbo
compuesto quiere decir andar haciendo lo que el primero verbo significa o importa. Y estos son muy usados. Ejemplo: *nite-*
105   *machtitinemi*, 'ando predicando'.

niauh   Los verbos que se componen con este verbo *niauh*, que significa 'ir', tienen también significado de participio. Y puesto el primero verbo en el pretérito perfecto, este verbo *niauh* se había
de poner como los demás, en la segunda persona del presente
110   del indicativo; pero hay que notar en este verbo lo mismo que
hemos dicho del verbo *nonoc*: y es que por síncopa se perdió la
–*a*– de enmedio, y queda en la segunda persona no más de *tiuh*.
Y el significado de todo el verbo compuesto será ir haciendo
lo que importa o significa el primero verbo. Ejemplo: *nitlacua-*
115   *tiuh*, 'voy comiendo', y había de decir, para seguir la regla de los
otros, **nitlacuatiauh*.

niuitç   Los verbos que se componen con este verbo *niuitç*, que quiere
decir 'venir', tienen también significado de participio. Y añádese
la segunda persona del presente del indicativo de este verbo al
120   pretérito perfecto del primero verbo con que se compone, y quiere decir todo el verbo compuesto venir haciendo lo que el primero verbo importa. Ejemplo: *nicualantiuitç*, 'vengo enojado'.

Cuando a estos verbos sobre dichos se juntan otros verbos
tienen significado de participio los primeros verbos. Y estos que
125   se ponen después tienen significación de verbos, como parece
en los ejemplos ya dichos; pero cuando se ponen primero algún
verbo y después se sigue alguno de los que aquí se dirán, unas
veces el primero verbo tiene significado de verbo y también el
segundo. Otras veces el primero tiene significado de verbo o
130   adverbio indiferentemente y el segundo de verbo, y otras veces
el primero tiene significado de verbo y el segundo de adverbio,
según que parecerá.

99 ninemi] *mg. om. PB*   106 niauh] *mg. om. PB*   113 el verbo] *om. M*   117 niutç]
mg. om. PB   120 que] quien *ego em.*   122 nicualantiuitç] maqua lantiutç nicqualan-
tiuitz *T*   126 pero cuando] por que *M*   128-129 y también... significado de verbo] *om.*
T   132 que] *om. M*

naçi   Los verbos que se componen con este verbo *naci*, que quiere
decir 'allegar', tienen significado de verbo solamente. Y puesto el
135   primero verbo en el pretérito perfecto, como está dicho, y añadiendo la segunda persona del presente de indicativo de este verbo *naci*, significa todo el verbo compuesto allegar a alguna parte
a hacer lo que el primero verbo importa. Ejemplo: *nitlacuataci*,
'en llegando como'. Y con este verbo *naci*, así el primero verbo
140   que con él se compone como el mismo verbo *naci*, tienen significación de verbos, como parece en el ejemplo ya dicho.

neua   Los verbos que se componen con este verbo *neua*, que significa 'pártome', tienen significado de verbo. Y significa todo
el verbo compuesto 'hacer algo y luego levantarse o partirse'.
145   Ejemplo: *oquitoteuac*, 'díjolo y partióse o fuese'. Pero también
los verbos que se componen con este verbo *neua* quedan con el
significado de verbos, y el verbo *neua*, puesto en la segunda persona del presente del indicativo y añadiéndole al pretérito perfecto del otro verbo, tiene el primero significación de verbo, y el
150   verbo *neua* significado de adverbio. Y así también querrá decir
'hacer de presto' lo que el primero verbo significa. Ejemplo: *ni-
noquetçteua*, 'levántome presto' o 'levántome y pártome'.

niquiza   Los verbos que se componen con este verbo *niquiza*, que
quiere decir 'salir', tienen significado de verbo, y todo el ver-
155   bo compuesto significa 'hacer algo e irse' o 'pasar de camino'.
Ejemplo: *oquitotiquiz*, 'dijólo yendo de camino'. Y también parece este ser significado de adverbio, que es decir algo de paso o
de camino.

También algunas veces este verbo *niquiza*, compuesto con
160   otro verbo, tiene significación de puro adverbio, y quiere decir
todo el verbo compuesto hacer lo que el primero verbo importa
de presto o sin deliberado acuerdo. Ejemplo: *oquitotiquiz*, 'díjolo de presto inconsideradamente'.

niuetçi   Los verbos que se componen con este verbo *niuetçi*, que
165   quiere decir 'caer', tienen significado de verbo, y el verbo *uetçi*
muda su significado de verbo en significado de adverbio. Y quiere decir todo el verbo compuesto hacer lo que importa el prime-

---

133 naci] *mg. om. PB*   **139** en llegando como] llego a comer *MS*   **141** significación]
significado *M* significaçion *PB*   **142** neua] *mg. om. PB*   **145** fuese] *om. T*   **153** niqui-
za] *mg. om. PB*   **165** niuetçi] *mg. om. PB*

ro verbo de prisa o apresuradamente. Ejemplo: *nitlacuatiuetçi*, 'como de presto o arrebatadamente'.

170   DE LOS VERBOS COMPUESTOS DEL SEGUNDO GÉNERO

Los verbos compuestos del segundo género, esto es, que el primero verbo se pone en el pretérito pluscuamperfecto y el segundo en la tercera persona del presente del indicativo, son en tres maneras: unos hay que se queda el primero y segundo verbo con
175   significación de verbo. Otros hay que hacen al primero verbo tener significado de adverbio, quedándose el segundo con significación de verbo. Otros hay que hacen al primero verbo tener significación de nombre, y el segundo se queda con la significación de verbo. Y de todas estas tres diferencias se pondrán ejemplos.

180   Este verbo *nitlamati,* que quiere decir 'saber o sentir algo',
nitlamati tiene en la composición significación de verbo, y también el verbo con quien se junta queda con significado de verbo. Y quiere decir todo el verbo compuesto saber algo en la manera que el primero verbo importa o significa. Ejemplo: *nicacicamati*, 'al-
185   cánzolo todo a saber'.

La tercera diferencia es de los verbos compuestos que hacen al primero verbo tener significación de adverbio, y al segundo se queda con significado de verbo.

Y estos son los que al principio dijimos que en algunos ver-
190   bos compuestos se tomaba el pretérito pluscuamperfecto en lugar de adverbio. Y estos verbos que se quedan con significación de verbo hacen al verbo con quien se juntan tener significación de verbo. Son los siguientes:

Los verbos que se componen con este verbo *nitecelia,* que
195   quiere decir 'recibir a alguno', tienen significado de adverbio.
nite- Y puesto el primero verbo en el pretérito pluscuamperfecto y
celia el verbo *nitecelia* en la tercera persona del presente, como está dicho, todo el verbo así compuesto significa recibir algo con la pasión o operación que el primero verbo importa. Ejemplo:
200   *nitlapaccacelia*, 'recibir algo alegremente'.

---

169 como] *om. T*   **175** significación] significado *S*   **180** nitlamati] *mg. om. PB* ‖ nit-
lamati] *om. PB*   **194** nitecelia] *om.PB*   **195** recebir] recibo *MS* resçibo *P*

nicihi-　　Los verbos que se componen con este verbo *nicihiyouia*, que
youia　　quiere decir 'padecer', tiene significado de adverbio. Y significa
todo el verbo compuesto sufrir o padecer algo con la pasión u
operación que importa el primero verbo. Ejemplo: *nitlaocuxcai-*
205　*hiyouya*, 'padecer' o 'sufro algo tristemente o con tristeza'.

nitlacaqui　Los verbos que se componen con este verbo *nitlacaqui*, que
quiere decir 'oír' o 'entender', tienen significado de adverbio.
Y significa todo el verbo compuesto oír o entender algo con
la pasión u operación que el primero verbo importa. Ejemplo:
210　*nitlapaccacaqui*, 'oigo algo alegremente o con alegría'.

niteitta　Los verbos que se componen con este verbo *niteitta*, que
quiere decir 'ver algo', tiene también significado de adverbio. Y
significa todo el verbo compuesto ver alguna cosa con la pasión
u operación que el primero verbo importa. Ejemplo: *nitlapac-*
215　*caitta*, 'miro algo alegremente', *niccualancaytta*, 'miro a aquel
con enojo'.

La tercera diferencia de los verbos es de los que hacen al primero verbo tener significación de nombre, y ellos se quedarán
con significación de verbo. Pero es de notar que, cuando se jun-
220　tan estos tales verbos a otros verbos en composición, por la mayor parte, han de tener los pronombres *nino–*, *tino–*, *mo–*, etc. Y
estos que así se componen son los siguientes:

nequi　Los verbos que se componen con este verbo *nequi*, que en
composición quiere decir 'fingirse', tienen significado de nom-
225　bre. Y como es dicho, al primero verbo con quien se componen
han de anteponer los pronombres reflexivos. Y en estos verbos,
como está dicho, el primero ha de estar en el pretérito pluscuamperfecto del indicativo, y luego añadir el verbo *nequi*. Y significa
todo el verbo compuesto 'fingirse ser', tal como el primero verbo
230　se importa, volviendo la significación del verbo en significación
de nombre. Ejemplo: *ninomiccanenequi*, 'fínjome muerto'. Y
también dicen *ninomiccanenequi*, redoblando la primera sílaba

---

201 nicihiyouia] niniyouia *M om. P*　203 compuesto] *om. M*　205 sufro] sufrir
MS　208 y significa … compuesto] y todo el verbo compuesto significa oir *M* ‖ algo]
om. W　209 pasion] *om. M*　210 alegremente o con alegria] con alegria o alacriter
M　212-213 y significa … compuesto] y todo el verbo compuesto significa *M*　213-
214 la pasion u operacion que el primero verbo importa] la significacion del primer
verbo *M*　230 del verbo en significación] *om. M*

del *nequi–*. Y es el mismo significado, *ninoyacanequi*, 'fínjome ir adelante'.

235 Los verbos que se componen con este verbo *tlapiquia*, que en
tlapiquia composición quiere decir 'fingirse o mentir se tal', tienen significado de nombres; y también se les han de anteponer los pronombres *nino–*, *tino–*, *mo–*, etc. Y el significado de todo el verbo compuesto es el mismo que hemos dicho de *nequi* o *nenequi*,
240 que es fingirse ser tal como por el primero verbo se importa, mudando la significación de verbo en significación de nombre. Ejemplo: *ninococuxcatlapiquia*, 'fínjome enfermo'.

Y es de notar que estos dos verbos sobredichos también se componen con nombres y tienen el mismo significado com-
245 puestos con nombres que tienen cuando se componen con otros verbos; y también reciben al principio los pronombres *nino–*, *timo–*, *mo–*, etc. Y quiere decir todo el verbo compuesto fingirse ser tal como por el nombre con quien se componen significa. Ejemplo: *moquich nenequi*, 'fíngese ser hombre'. Y esto baste de
250 esta materia.

Y de cómo estos verbos compuestos, así los del primero género como del segundo, hacen en el impersonal está dicho en el capítulo cuarto de esta segunda parte. Y mírese bien, que es de notar.

255 También hay algunos verbos que se componen con nombres numerales. Y estos tales significan hacer la acción o operación del verbo en aquel número y no más que el nombre numeral importa. Ejemplo: *nitlaomepia*, 'guardo dos', *nitlaontlalia*, 'pongo dos'. Y la formación de estos es la que se dijo en el capítulo pa-
260 sado, hablando de los verbos de nombres numerales.

253 y mirese] y note se *M*

Capítulo decimotercero

De los verbos reverenciales

Esta materia de los verbos reverenciales es muy necesaria y muy
usada. Y por eso se debe de notar.

5   Cuanto a lo primero, es de saber que, para hacer que un verbo
que en sí no importa cortesía ni reverencia se haga reverencial,
son menester dos cosas: lo primero, que se antepongan al verbo
simple los pronombres reflexivos *nino–*, *timo–*, *mo–*, etc. Lo segundo, es menester que al fin del verbo simple se añada alguna

10   partícula. Y con estas dos cosas el verbo simple se hace reverencial.

    Pero, es de notar que, aunque en el verbo reverencial no se
ponga el *nino–*, *timo–*, *mo–*, etc., para denotar reflexión como en
otros verbos —porque no significa más *nitetlazotla* que *ninote-*

15   *tlazotilia*— dejada la reverencia aparte, empero, y aunque esto
no sea así, también el verbo reverencial se podrá hacer reflexivo
si le quitamos las partículas *te–*, *tla–*. Ejemplo: *nitetlazotilia*, 'yo
amo a alguno', *motlazotilia*, 'aquel se ama'. Y así decimos: *mo-*
tlazotilia in Dios, 'amase Dios', etc.

20   También es de saber que, cuando en estos verbos reverenciales, después de los pronombres *nino–*, *timo–*, etc., se siguiere algún verbo que comenzare en vocal, por la mayor parte se quedará el pronombre entero y el verbo no perderá tampoco la vocal
en que comienza. Ejemplo: *nitlaezhuia*, 'ensangrentar algo', *nic-*

25   *noezhuilia notilhma*, 'ensangrentamiento mi manta'.

    Pero algunas veces se pierde la vocal del verbo y queda el
pronombre con la *–o*. Ejemplo: *niquilhuia*, 'yo le digo algo', y el
verbo es *–ilhuia*. Si le hago reverencial diré *nicnolhuilia in* Pedro,
'digo se lo a Pedro'.

30   Otras veces se perderá la vocal del pronombre y la consonante que queda herirá en la vocal del verbo. Ejemplo: *aauia*,
'alegrarse', *ma auilhtia*, 'aquel se alegra', etc.

---

3 muy] *om. M*   7 son] es *PB*   12 aunque] en el *PB*   15-19 dejada... etc.] *om. PB*   17
nitetlazotilia] nitetlatchtilia *M*   20 saber] notar *B*   25 ensangrentamiento] ensangriento *BT*   27 algo] *om. T*

Ítem, es de saber que, cuando después del verbo reverencial se sigue persona que padece expresa, entonces el *c–*, *qui–*, *quin*, que denotan la tal persona que padece, se pondrán entre el *ni–* y el *no–* del pronombre. Ejemplo: *nicnotlazotilia in Dios*, 'amo a Dios'. Y lo mismo se hace con los pronombres *nech–*, *mitç–*, etc. Ejemplo: *nimitçnotlazocamachitia*, 'yo te lo agradezco'. Pero cuando con los dichos pronombres se juntan las partículas *te–*, *tla–*, entonces se antepondrán los pronombres *nino–*, *timo–*, etc., a las tales partículas. Ejemplo: *timotetequipachilhuia*, 'afliges a alguno', etc.; *timotlapielia*, 'guardas señor algo'.

Y cómo los dichos pronombres se han de haber con otras partículas o adverbios que se anteponen o entreponen a los verbos está dicho en el capítulo octavo de esta segunda parte.

Lo segundo que es menester para hacer el verbo simple reverencial es añadirle al fin una de estas partículas *–lia*, *–ltia*, *–huia*, *–tçinoa*, porque los verbos para hacer se reverenciales no pueden estar sin una de estas cinco partículas.

Y para ver qué verbos tomarán las unas y cuáles las otras, se ponen las reglas siguientes.

DE LOS REVERENCIALES QUE SALEN DE VERBOS ACTIVOS

Primera regla

Los verbos activos acabados en *–a*, si tienen *i* antes de la *–a*, perdiendo la *–a* toman *–lia*. Y si no tienen *i* antes de la *–a* vuelven la *–a* en *i*, y sobre la *–i* toman *–lia*. Y esto es lo más común y general. Ejemplo: *nitemachtia*, 'enseño a alguno', *ninotemachtilia*; *nitlacuepa*, 'volver algo', *ninotlacuepilia* o *pilhtia*.

Y esta es la formación más común y general, y aunque los acabados en *–ya*, y otros algunos, sobre la *–a* toman *–lia*, etc. Ejemplo: *nitlanamoya*, 'arrebatar', *ninotlanamoyalia*; *niteyua*, 'enviar a alguno', *ninoteyualia* o *ualhtia*, etc.

Sácase de la regla *nitlacua*, que hace *ninotlacualhtia* o *–tilia*. Pero, aunque lo dicho en la regla sea lo más general, algunos

---

53 primera regla] *om. M add. mg. W*   **55** y si no tienen] *ante* y esto es lo más comun y general *add. PB*   **57** enseño] *ante* yo *add. M*   **61** niteyua] nitenyoua *M*

65 verbos hay que con el *–lia* también toman *–tia*. Ejemplo: *nitlati-
linia*, 'estirar algo', *ninotlatilinilia* o *ninotlatilinilhtia* o *ninotla-
tilinilhtilia*, etc.

También hay otros verbos acabados en *–a* que, con tomar *–lia*
y *–ltia*, tornan también *–tia*. Ejemplo: *nitetlamaca*, 'dar algo a
70 alguno', *ninotetlamaquilia*, *–quilhtia*, *–quitia*.

De la regla general se sacan los acabados en *–tla*, *–tça*, los
cuales vuelven las dichas sílabas en *–chilia*. Ejemplo: *nitlaxotla*,
'rayar', *ninotlaxochilia*. Pero *nitetlazotla* hace *ninotetlazotilia* o
–tilhtia.

75 También se sacan los acabados en *–za*, los cuales perdiendo el
–za toman *–xilia*. Ejemplo: *nictlaza*, 'arrójolo', *nicnotlaxilia*. Y
este verbo *nitetelicza*, que quiere decir 'acocear', también hace
ninoteteliczalhtia.

Sácanse también los acabados en *–ca*, los cuales vuelven el *–ca*
80 en *–qui*, y toman *–lia*, *–ltia*, *–tia*, los más de ellos. Ejemplo: *ni-
tlateca*, 'echar algo', *ninotlatequilia*, *–quilhtia*, *–quitia*. Sácase
nitlanelhtoca, 'creer', que no hace en *–quilia*, sino solamente en
–quilhtia, *–quitia*.

Segunda regla

85 Los verbos acabados en *–oa* hacen en *–huia*. Y la formación más
común y general de ellos es volver el *–oa* en *–al* y añadir *–huia*.
Ejemplo: *niquitoa*, 'digo algo', *niquinitalhuia*. Y también algunos hacen *–ilhuia*. Ejemplo: *nitlapachoa*, 'cubrir algo', *ninotla-
pachilhuia*.

90 Y estos, por ser tan varios, no se pueden dar regla cuáles harán en *–alhuia* y cuáles en *–ilhuia*. Pero por la mayor parte los
verbos que antes de la última consonante tuviere *a* en el reverencial, volverán el *–oa* en *–i*, y sobre la *–i* tomarán *–lhuia*. Ejemplo:
nitlanepanoa, 'juntar o poner una cosa sobre otra', *ninotlane-*

---

73 nitetlazotla] nitetlaçohtla *M*   74 o tilhtia] pl. ihiltia *M om. P*   76 arrójolo] arrojar
MS   80 tia] *om. M*   82 nitlanelhtoca] nitlaneltoca *M*   84 segunda regla] *add. mg.*
W   87 digo] digole *MP* || niquinitalhuia] nic nitalhuia *P*   88 algo] *post* juntar o po-
ner una cosa sobre otra ninotlapanilhuia *add. B*   94 nitlanepanoa] nitlanepanoua *M*
ninopanoa *P*

95 *panilhuia'*, etc. De esta regla se sacan los acabados en *–loa*, los cuales perdiendo el *–oa*, toman *–huia*. Ejemplo: *nitlacuiloa*, 'escribir', *ninotlacuilhuia* o *–uilia*.

También se sacan los acabados en *–tçoa*, que por la mayor parte hacen el reverencial en *–alhuia*, y también perdiendo la 100 *–a* toman *–ltia*. Ejemplo: *nitlapetçoa*, 'alisar algo', *ninotlapetçalhuia*, *–tçilhuia*, *–tçolhtia*, etc.

También se sacan los acabados en *–noa*, *–toa*, *–xoa*, que guardando la regla general también pierden la *–a*, y toman *–ltia* o *–olhtia*: *nitlatepitonoa*, 'achicar algo', *nitlatepitonalhuia* 105 o *–olhtia*; *nitlatoa*, 'hablar', *ninotlatalhuia* o *–tolhtia*; *nitlapipixoa*, 'esparcir cosas menudas', *ninotlapipixalhuia*, *–xolhtia*, y también hace *–xilhuia*. Pero algunas de estas terminaciones no las tendrán todos, etc.

Tercera regla

110 Los acabados en *–i* toman *–lia* y también *–ltia*. Y estas dos terminaciones son las más comunes. Y la formación de estos es añadir las dichas partículas sobre la *–i*. Ejemplo: *nitlapi*, 'cortar verdura', *ninotlapilia* o *pilhtia*.

Pero algunos hay que teniendo estas dos terminaciones to-115 man también *–tia*. Ejemplo: *nitlacui*, 'tomar algo', *ninotlacuilia*, *–cuilhtia*, *–cuitia*; *nitlai*, 'hacer algo', *ninotlailia*, *–ilhtia*, *–itia*, etc. Lo mismos tendrá cuando quiere decir 'beber'.

De la regla general se sacan los verbos acabados en *–ci*, los cuales, perdiendo el *–ci*, toman *–xilia*. Ejemplo: *niteimacaci*, 'te-120 mer', *ninoteimacaxilia*, *–xilhtia*.

También se sacan los acabados en *–ti* que, perdiendo el *–ti*, toman *–chitia* o *–chielia*. Ejemplo: *nitetlacamati*, 'obedecer', *ninotetlacamachitia*, etc. Pero algunos de estos en *–ti* varían en otra manera.

96 o huia] *om. T*   **98-102** que por la... noa] *om. T*   **99** alhuia] *post* ilhuia *add. MS*   **104** o –olhtia] *om. W*   **106-107** xolhtia... xilhuia] *om. B* ‖ terminaciones] *om. M*   **109** tercera regla] *add. mg. W*   **118** regla] reverencia *W*

125   Dᴇ ʟᴏs ʀᴇᴠᴇʀᴇɴᴄɪᴀʟᴇs Qᴜᴇ sᴀʟᴇɴ ᴅᴇ ᴠᴇʀʙᴏs ɴᴇᴜᴛʀᴏs

Primera regla

Los verbos neutros acabados en *–a* por la mayor parte toman
–ltia. Y la formación de estos es como en los activos. Ejemplo:
aauia, 'alegrarse', *ninauilhtia* o *ninaauilhtia*, etc.

130   Esto es lo más general, pero algunos, con tomar *–ltia*, toman *–tia*. Ejemplo: *nipeua*, 'comenzar', *ninopeuilhtia*, *–peuiltia*,
–peualhtia. También hay algunos que con el *–ltia* toman *–lia*,
aunque sean neutros. Ejemplo: *nimaceua*, 'bailar', *ninomaceuil-
htia* o *–uitia*, *–uilia*, *–uitia*. Otros las toman todas tres en diver-
135   sas maneras. Ejemplo: *nitlauana* 'emborracharme', *ninotlauani-
tia*, *–nilhtia*, *–nalhtia*, *–uantia*, *–uanilia*; *nichoca*, 'llorar', hace
ninochoquilia, *–choctia*, *–choquilhtia*, *–choquitia*; *tlatla*, 'arder',
hace *ninotlatilhtia* o *–tilia*, etc.

        En estos que aquí he puesto podrá ver cada uno la variedad
140   que hay en estos reverenciales neutros. Y la misma y aun mayor
la hay en los activos. Y por eso tengo por cosa dificultosa que se
pueda dar regla para todos, ni se pueda decir la variedad que cada
uno tienen, si no fuese hablando de cada uno por sí. Y esto sería
más hacer vocabulario que no arte. Y por eso, poniendo lo más
145   general por reverencia, lo demás el uso lo dará a entender, etc.

Segunda regla

Los verbos acabados en *–oa* vuelven el *–oa* en *–al* y toman *–huia*;
y también perdiendo la *–a* toman *–ltia*. Ejemplo: *nineucxoa*, 'estornudar', *nineucxalhuia* o *–xolhtia*. Sácase *ninotlaloa*, que hace
150   *ninotlachtia* o *–lolhtia*.
        También se sacan los acabados en *–poua* y *–oua*, los cuales
hacen *–ltia* y también *–lia*. Ejemplo: *cepoua*, 'entumecerse',
ninocepouilhtia, *–poilia*; *nixtlayoa*, 'no ver', *ninixtlayouilhtia*,

---

125 de los reverenciales … neutros] de los verbos que salen de verbos neutros *P*   **126**
primera regla] *add. mg. W*   **134-135** todas … maneras] en diversas manera todas tres
B   **136** nilhtia] ualtia *M* ‖ nichoca] *om. M*   **143** no] *om. M*   **144** no] *om. M*   **146**
segunda regla] *add. mg. W*   **153** ninocepouilhtia] cepolia, poilia. *M*

–uilia. Y de estas dos terminaciones y de las demás algunos harán en otra manera y serán varios, etc.

Tercera regla

Los verbos acabados en *–i*, por la mayor parte, toman *–ltia*
o *–tia*. Y la formación es como en los activos. Ejemplo: *nicua-
lania,* 'yo me enojo', *ninocualanalhtia, –nitia, –naltia.* Sácase
miqui, 'morir', que hace *ninomiquilia, –quitia.* También se sacan los acabados en *–ci, –tçi,* los cuales perdiendo las dichas
terminaciones toman *–xilhtia* o *–xitia.* Ejemplo: *naci,* 'allegar',
ninaxilhtia o *–xitia; niuetçi,* 'caer', *ninouetçilhtia, –uetçitia.* Sácanse también algunos de los de *–ui,* que hacen en tres maneras,
a saber *–ltia, –itia, –lia.* Ejemplo: *nelhciciui,* 'suspirar',
ninoelhciciuilia, –ilhtia, –itia.

También se sacan los acabados en *–ti,* que por la mayor parte
sobre la *–i* toman *–lia.* Ejemplo: *nitlacati,* 'nacer', *ninotlacatilia;
ati,* 'derretir se'; *moatiliacualhti,* 'hacer se bueno', *ninocualhtilia.*

Cuarta regla

Las reglas sobredichas se han dado para los que toman al fin
estas partículas: *–lia, –ltia, –tia, –huia.*

Resta ahora que digamos a quién se puede juntar esta partícula *–tçinoa.* Para lo cual, es de notar que esta partícula *–tçinoa*
se puede juntar a todos los verbos reverenciales ya dichos, y los
demás que hubiere en las terminaciones dichas. Y la formación
será perdiendo la *–a* añadir el *–tçinoa.* Y el significado será denotar supremo género de cortesía o reverencia con el verbo a
quien se ayunta. Ejemplo: *omotlacatilitçino in Totecuyo,* 'nació
nuestro Señor'.

También se junta esta partícula *–tçinoa* a verbos neutros que
tienen *nino–, tino–, mo–,* etc. Ejemplo: *ninozaua,* 'ayunar', *nino-
zauhtçinoa,* etc. Y esto es lo más común.

156 tercera regla] *add. mg. S trasp. infra W*   **170** cuarta regla *add. SRL*   **176** hubiere]
acabaren *P*   **178** supremo] su primero *M* ‖ genero] grado *M*

Y otros muchos verbos neutros, aunque no tengan el *nino–*,
185   *timo–*, etc., podrán tomar el *–tçinoa*, y también algunos verbos
activos. Y aunque estos más toman las partículas ya dichas, que
no el *–tçinoa*, si no es sobre el verbo reverencial, como está dicho, etc.

Notables

190   1° Y es de notar que a estos verbos reverenciales, y aunque salgan de verbos activos, no se usa darles pasiva ni impersonal.
Y aunque se le de más en nuestro castellano, y el verbo simple
de donde se forman le tenga. Y así, puesto caso que dijimos
nitlazotlalo, 'soy amado', no diré *ninotlazotlalilo*, y aunque
195   algunos dicen se puede decir en la tercera persona de la pasiva
solamente. Ejemplo: *tlazotililo in Dios*, es 'Dios amado', etc.
2° Es también de notar que muchos de los verbos reverenciales
que salen de verbos neutros se pueden hacer activos, y esto se
hará quitando les los pronombres *–no, mo–*, etc., y añadiendo
200   las partículas *–te* o *–tla*. Ejemplo: *ati* es verbo neutro, quiere
decir 'derretirse', su verbo reverencial es *moatilia*; quitando el
mo– y anteponiendo *tla–* se hará activo, y diremos *nitlaatilia*,
'yo derrito algo'; *cualhti* es 'hacer se bueno', *ninocualhtia* es su
reverencial, el activo será *nitecualhtilia*, 'hacer bueno a otro'.
205   Y así, como decíamos en el capítulo undécimo de esta segunda parte, que muchos verbos activos se podían hacer neutros, así digo ahora que muchos verbos neutros se podrán hacer activos en la manera sobre dicha, lo cual se note también
para la materia de los derivados, etc.
210   3° Lo tercero, es de notar que todos estos verbos reverenciales
acabados en *–lia*, así los que salen de verbos activos como
los que salen de neutros, quitándoles los pronombres *no–*,
mo–, mo–, etc., se pueden hacer verbos que rijan dos casos,
esto es acusativo y dativo o acusativo y ablativo, como de-
215   cimos en nuestro castellano 'enseño a Pedro su hijo', 'tomo
a Pedro la capa'. Y es de notar que estos dos romances 'en-

190 reverenciales] *om. M*   203 cualhti] cualli *M*   204 nitecualhtilia] nitecualtilia
M   206-208 neutros, así...se podran hacer] *om. M*   209 derivados] derivos *M* dr°s *P W*

seño al hijo de Pedro' y 'enseño a Pedro su hijo', 'tomo la capa de Pedro' o 'tomo a Pedro su capa', en esta lengua son muy diferentes, pues para decir estas tales oraciones donde
220 hay estos dos casos ya dichos, se ha de añadir al verbo un –*lia*. Ejemplo: para decir 'tomo a Pedro su manta', no se podrá decir por este verbo *nitlacui* que quiere decir 'tomar', sino para regir estos dos casos se le ha de añadir esta partícula –*lia* al verbo *nitlacui* y diré *nic-*
225 *cuilia Pedro itilhma*, y si digo: '*niccui Pedro itilhma*', querrá decir 'tomo la manta de Pedro'.

Y porque estos verbos reverenciales que salen de verbos activos, por la mayor parte, sobre el verbo simple toman este –*lia*, digo que a los tales verbos reverenciales, quitándoles los
230 pronombres *no–*, *mo–*, etc., los harán verbos que rijan dos casos, etc.

4° Lo cuarto es de notar que a los reverenciales acabados en –*lia* que salen de verbos activos no es menester más para hacer los que rijan dos casos, sino quitar los pronombres *no–*, *mo–*,
235 *mo–*, etc. Ejemplo: *ninotlazotilia* es reverencial, *nictlazotilia Pedro ipilhtçin*, 'amo le Pedro su hijo', rige dos casos.

Pero a los reverenciales en –*lia* que salen de verbos neutros es menester quitar les los pronombres y añadirles –*te* o –*tla*, y sobre esto añadir les otro –*lia*. Porque con las dos
240 cosas primeras se hacen ellos activos. Y para hacer que rijan dos casos después de hechos activos, es menester añadir les otro –*lia*. Ejemplo: *cualhtia* es 'hacerse bueno', *nitecualhtilia* es 'yo hago bueno a alguno'. Para decir 'yo hago a Pedro bueno su hijo', diré: *nicualhtilia Pedro ipilhtçin;* y si digo *nic-*
245 *cualhtililia,* es decir que: 'hago bueno a su hijo de Pedro', etc.

Y de esto último podremos sacar que, cuando el verbo activo tuviere de suyo un –*lia*, si le queremos hacer que rija dos casos, le pondremos otro –*li* antes del –*lia*; y, si al tal verbo

217 al hijo de … a su hijo] *om. M* ‖ tomo] yo tomo *P*   **222** nitlacui] *om. B*   **224-225** niccuilia] nicaulhya *M*   **232** –lia] *post* ex. cualhtia es hacerse bueno nitecualhtillia es yo hago bueno a alguno, para decir yo hago a Pedro bueno su hijo diré nic cualhtilia pedro ypilhtçin y si digo nic cualtia [*n.l.*] es decir que hago bueno a su hijo de pedro *add. M*   **235** ninotlazotilia] nimotlaçotillia *MP*   **244-245** niccualhtililia] nicualhtilia *P*

250 que rige dos casos le queremos hacer reverencial, anteponer
le hemos los pronombres *no–*, *mo–*, etc., y añadir se a otro *–li*,
que será tres. Ejemplo: *nitlacelia*, es 'recibir', tiene de suyo
–lia; si quiero hacer que rija dos casos diré *niccelilia* Pedro
inemac 'recíbole a Pedro su don'; y si con regir dos casos, si
quiero hacer reverencial diré: *nicnocelililia Pedro inemac*. Y
255 esto baste en esta materia.

EXTRAVAGANTES

Este verbo *nicnilhuia* hallo tener *–c–* sin tener persona o caso que
rija expreso, ni sufrirle. Y quiere decir *ninononutça*, 'tomo conmigo consejo o parecer'; y lo mismo sin la *–c– ninolhuia*, aunque
260 sin la *–c–* también quiere decir *ninochicaua*, 'esforzarme haciendo
algo recio o con fuerza'. Y así no sufre la *–c–*; podrá ser adverbio
otro alguno, que no se me ocurre. *Cf.* 2ª persona, *ticmolhuia*, 3ª
quimolhuia.

No me acuerdo si está dicho que cuando en el verbo se pone *–c*
265 siguiéndoselo *–i–* en el singular, bien se sufre aunque no se vuelva
la *–c* en *–qui*. Ejemplo: *niteyolalia* o *teyollo nictlalia*, 'consuelo
de alguno', *nicyulalia in*; plural *nictlalia in iyollo in* Pedro, 'consuélole'; plural *nictlalia*, 'consuelo a alguno', *nicyulalia in nictlalia inyollo in* Pedro, 'consuélole'; plural, *niquiyulalia inoquichi*,
270 'consuelo los hombres', no sufre la *–n*, *–m* antes de la *y*, etc.

De cómo se sacan adverbios del pretérito pluscuamperfecto
del indicativo de la voz activa y si anteponen y entreponen con el
verbo. Ejemplo: *tetlazotlacaninemi* o *nitetlazotlacanemi*, 'vivo
amorosamente', *niyocuxcanemi nitlapatca nipatca*, 'vivo quieta,
275 pacificamente'.

De nombres hallo salir este ejemplo: *tlaueliloc*, 'bellaco',
toma *–a* y dice *nitlauelilocanemi* o *tlauelilocaninemi*, 'vivo be-
llacamente'.

---

249 queremos] podremos *B* ‖ hacer... quiero hacer] *trasp. B*   **255** esto] *om. P* ‖ mate-
ria] *post add.* finis hujus 2ª partis *M* aqui se acaba la segunda parte *add. SPWB*   **256-
270** extravagantes... antes de la *y*, etc.] *add. WT*   **271-282** de como se sacan... puede
tener] *add. W*   **274** amorosamente] amorose *ego em.*   **275** pacificamente] paçifiçe
ego em.

280   De los de –*liztli,* pierden el –*tli* y toman –*tica.* Ejemplo: *tetlazotlalizticaninemi* 'vivo amorosamente o con amor'. Porque más parece estar –*tica* en lugar de –*cuz* preposición y ambos sentidos puede tener.

Libro III

Comienza la tercera parte

En la cual se tratará de las partes de la oración indeclinables y de
la ortografía; y también de algunas maneras de hablar, así comunes como otras que usaban en su tiempo.

Esta tercera parte tendrá ocho capítulos:

El primero será de las preposiciones
El 2º de adverbios en general
El 3º de adverbios locales y temporales
El 4º de adverbios numerales
El 5º de las conjunciones e interjecciones
El 6º de la ortografía
El 7º de unas maneras de hablar comunes
El 8º de la manera de hablar que tenían los viejos en sus pláticas;
y después se pondrá una plática de las que solía hacer antigua-
mente un padre a su hijo, en que se descubre mucho de la pro-
piedad de la lengua. Y en esto se incluye y concluye la tercera
parte.

2 tercera] primera *PB*   7 primero] fol. lxxx *add. W*   8 2º] fol. lxxxiii *add. W*   9 3º] fol.
lxxxvii *add. W*   10 4º] fol. lxxxviij *add. W*   11 de las conjunciones e interjecciones] de
los adverbios, conjunctiones e interjectiones *PB* ‖ 5º] fol. xcj *add. W*   12 6º] fol. xcij
add. W   13 7º] fol. xcv *add. W*   14 de la manera] de unas maneras *P* ‖ 8º] *fol. c add. W*

Capítulo primero

De las preposiciones

Las preposiciones no se hallan por sí solas en esta lengua, sino ayuntadas a los pronombres o nombres. Y algunas de ellas se anteponen y posponen a los nombres. Y las que se juntan solamente a los pronombres *no–*, *mo*, *i–*, etc. siempre se pospondrán a los tales pronombres, los cuales con las preposiciones absolutamente puestas no denotan posesión, antes están en lugar de los primitivos, pero denotar la han cuando la preposición se pospone al nombre, el cual tiene consigo el pronombre, como parecerá más claro en los ejemplos que se pondrán cuando de cada una se tratare.

Y es de notar que cuando en el discurso de esta materia se dijere que tal preposición tiene dos o tres o más romances, ha se de entender que será en diversas oraciones, y no siempre en una, porque si tuviere en una, dos o tres, en otra no tendrá más de uno; y por tanto bastará que todos los romances que le cuadran se hallen o verifiquen donde cupieren, ahora sea en una o en diversas oraciones. Pero no cada cual indiferentemente cuadrará con cada nombre. Queda al uso esto.

–CA: esta preposición –*ca*, por sí sola, está en lugar de cuatro preposiciones: 'en', 'de', 'a', 'por'. Ejemplo: *coyonqui*, 'agujero o ventana', *coyonca*, 'en la ventana', 'de la ventana' 'a la ventana' y 'por la ventana'. Y puesto el nombre con el pronombre dicen *nocoyonca*, 'en mi ventana', 'de mi ventana'; *zacen teixcueyunca* o *zacen neixcueyunca* o *zacen neixcueyuniliztica tetlazontequiliz Dios*, 'en un momento o en cierra y abre el ojo, juzgará Dios'. Con el pronombre *i–* en la tercera hace –*ica*, la cual distinta se antepone y pospone al nombre; y algunas veces pospuesta, perdiendo el nombre letras, hace –*tica*, porque ruede mejor.

Este –*ica* o –*tica* vale por cinco preposiciones, a saber: 'con', 'en', 'de', 'por', *'propter'*. Ejemplo de todo: *ica tetl*, 'con la piedra'. Y pospuesta dicen *tetica* o *tetlica*.

5 nombres] pronombres *B*   11 claro] claramente *MSPT*   13 y es de] y este *B*   20 con cada] contada *B* ‖ esto] *om. S*   23-24 coyonca... y] *om. S*   26 zacen] *ante* etc. *add. M*

Y cuando está en el lugar de '*cum*' no se usa sino en la tercera
35   del singular y plural de los pronombres *no–*, *mo–*, *i–*. Ejemplo
del plural: *inca pipilhti* o *pipilhti inca muchiuaz,* 'y con los principales o por mano de los principales se hará esto'; *apilolhtica
icac in atl,* 'en el jarro está el agua'; y si está en jícara o escudilla
dicen *caxtica mani in atl noca uetçca* Pedro, 'ríese de mí Pedro';
40   *moca onicchiuh,* 'por ti lo hice' o 'para ti'.
Varíanse estas y las demás que se juntaren con los pronombres
de esta manera:

singular	1ª *noca*	2º *moca*	3º *ica*
plural	1ª *toca*	2ª *amoca*	3ª *inca*

45   *–C*, *–CO*: estas dos significan 'en', 'de', 'por', 'a la'. Ejemplo:
tepexitl, 'peña', *tepexic* 'de la peña', 'en la peña', etc.: *tlapantli,* 'azotea o terrado', *tlapanco,* 'del terrado', 'en el terrado',
'por...', etc.
Y es de notar que para se juntar estas preposiciones a los
50   nombres hay esta diferencia: que, cuando el nombre, perdido lo
que ha de perder, quedare en consonante, siempre el tal nombre
tomará el *–co*; pero cuando quedare en vocal, por la mayos parte
tomará la *–c,* como parece en los ejemplos ya dichos.
–COPA, *–CACOPA*: estas están en lugar de 'de', '*ad*'. Ejemplo:
55   *noyolocopa* o *noyolocacopa,* 'de mi corazón o voluntad'. Pero
cuando se ha de ayuntar solamente a los pronombres, hácele de
anteponer la preposición *–tech.* Ejemplo: *notechcopa tlatoa in
Pedro,* 'habla de mí Pedro'; *ilhuicacopa uala in angel,* 'del cielo
vino el ángel'; *ilhuicacopa nitlachia,* 'miro al cielo, o hacia él', etc.
60   *–CPAC*: esta significa 'encima' o 'sobre'. Dícese de cosas que
están altas, enhiestas, como árbol, sierra. Ejemplo: *nocpac,* 'sobre
mí', esto es, 'en lo alto de la cabeza'; *tepetl icpac,* 'en lo alto de
la sierra'.
–ICAMPA: esta significa 'detrás'. Ejemplo: *nicampa,* 'detrás' de
65   mí', etc.; *teycampa,* 'detrás de alguno o algunos'.
–INTLACA: esta parece estar en lugar de 'sin'. Ejemplo: *intlaca
neh amo tiaz,* 'sin mí no te irás'; *intlaca tlaxcalli, amo nitlacuaz,*

'sin pan no comeré'. Otras veces es adverbio, y entonces significa "*nisi*", y por tal parece más estar o tomarse siempre.

70   *–LA, –PA*: estas tienen estos romances: 'en', 'de', 'por', 'a'. Ejemplo: *milli*, 'heredad', *milla*; 'en la heredad'; 'de la heredad'; 'por la heredad'; 'a la heredad'; *milhpa*, 'en la heredad', etc.

    La dicha preposición *–pa*, juntada a los nombres verbales
75 acabados en *–liztli*, perdiendo el *–tli* estará solamente en lugar de 'en'. Ejemplo: *nezaualiztli*, 'ayuno', *nezaualizpa*, 'en el ayuno'. Y anteponiendo este adverbio *–ye*, tendrá el romance del gerundio de genitivo. Ejemplo: *yenezaualizpa*, 'ya es tiempo de ayunar'.

80   Ítem, *–pa*, armada sobre otra preposición, significa 'hacia'. Ejemplo: *Mexicopa itçtiuh Pedro*, 'hacia México va Pedro', *Tezcucopa ualitçtiuh Juan*, 'de, hacia, Texcoco viene Juan'.

    Con algunos nombres tales, aunque pocos, usan sincopados poner la dicha *–pa*. Y por ventura, alguno otro que no ocurre
85 aquí. Ejemplo: *cochiztli* o *cochiliztli*, 'dormición'; *tecochpa*, 'en la tal dormición de algunos'; *nocochpa*, 'en mi sueño o dormición', pero **cochpa* no se dice, sino *cochizpa* o *cochilizpa*; *nemachpa* por **nemachilizpa*, etc., con los pronombres.

    –N: esta parece estar en lugar de preposición con este nombre
90 *–chan*, que sin el pronombre no significa nada y con él quiere decir casa, y con los verbales que salen del pretérito imperfecto del indicativo de la voz activa, la cual *–n* denota estar en lugar de estas preposiciones: 'en la', 'por la', 'a la', 'de la'. Ejemplo: *nochan oniuala*, 'de mi casa vine', etc.; *nocochian*, 'en mi cámara donde
95 duermo', etc. Y si dijere que la *–n* no hace al caso, han de suplir de necesidad las dichas preposiciones en estos dos nombres.

    –NAUAC, –TLAN, –TLOC: estas significan: 'cerca', 'con'. Ejemplo: *nonauac*, 'cerca de mí'; *notlan ximotlali*, 'siéntate cerca de mí'; *notloc ximonemiti*, 'vive conmigo'; *nixnauac*, dicen *cuix nix*
100 *nauac*, quiere decir 'lejos es de mí, donde yo no sé'.

---

69 y por tal... siempre] *om. MS*   **70** la, pa] *om. M*   **72** de la heredad] *om. MSB*   **83-88** con algunos... pronombres etc.] *om. MS*   **83** nombres] *om. P*   **84** alguno otro que no ocurre] alguna otra que ahora no me ocurre *P*   **98** cerca de] teca he *M* cabe *SW* cave *P*   **99-100** nixnauac... yo no se] *om. MS*

–NALHCO: esta significa lo que '*ultra*' y '*citra*', esto es, 'de la otra parte o de esta parte del río'; y así mismo incluye las otras cuatro preposiciones: 'a', 'por', 'de', 'en'. Ejemplo: *analhco motlalia in Pedro*, 'de la otra parte del agua o del río está Pedro';
105 *ualan alhco motlalia in Juan*, 'de esta parte del río está Juan'; *analhco niualauh*, 'de esta o de la otra parte del río vengo', etc. Y no se usa otra preposición ni con otro nombre, sino es con *atl*.

–NEPANTLA, –TÇALAN: estas significan: 'en medio' o 'entre'; *nepantla* por sí sola es adverbio, y ayuntada a los pronombres *to–*,
110 *amo–, i–*, en el plural será preposición y estará en lugar de 'en' o 'entre'. Ejemplo: *tonepantla icac Pedro*, 'en medio de nosotros o entre nosotros está Pedro'; *tetçalantçinco motlalia in Juan*, 'entre algunos está Juan'.

–PALH: esta tiene lugar de 'por', 'con'. Ejemplo: *nopalhtinemi*,
115 'por mí vives o conmigo'. Y diciendo *ipalhtçinco in Dios tinemih*, 'vivimos por Dios', *ipalhtçinco in Dios amo onicchiuh* 'por Dios que no lo lo hice', aquí es juramento.

–PAMPA: de esta usan en lugar de '*propter*', 'de'. Ejemplo: *nopampa otiuala*, 'por mí, o por amor de mí, viniste'; *ixtli*, 'cara',
120 dicen *teixpampa neua*, 'huyo de la cara o presencia de alguno'. Pero cuando esta preposición se ayunta al pronombre *–i* en el singular, algunas veces estará en lugar del adverbio '*ideo*', o de la conjunción '*quia*'. Ejemplo: *ipanpa in otitlatlaco amo nimitçmacaznequi*, 'porque pecaste no te lo quiero dar'.

125 *–PAN*: esta usan en lugar de las preposiciones 'en', 'sobre', 'delante', 'con', 'de'. Ejemplo: *nopampa omochiuh*, 'en mi tiempo o sobre mí o delante de mí se hizo o acaeció'; *ipan tilhmatli tiualaz*, 'vendrás con la manta', esto es, 'vestido'; *teixpan neua* 'pártome de la presencia de alguno'.

130 *–TECH, –TECHPA*: estas preposiciones están en lugar de 'en', 'de', 'a', 'cerca', 'con'. Ejemplo de todos: *notechca in tilhmatli*, 'en mí está la manta'; *notech timixcuitiz*, 'tomarás ejemplo de mí'; *motech niccaua in tequitl*, 'a ti dejo el cargo'; *notechtimopachoz*, 'llegarte has cerca de mí'; *motech nimomati*, 'contigo me
135 hallo bien'; *notechapa xipui*, 'sé conmigo' o 'de mi parte o ban-

104 del agua] de la laguna *P*   111 icac Pedro] ycac in Pedro *MP*   **115-116** tinemih… ipalhtçinco] *om. B*   **131** notechca in] notechpa in *MS* notechpa ca in *P*

do'; *notech* o *notechpa titlamia*, 'acusas me de falso testimonio o levantas me lo'.

Y es de notar que cuando *–itech* se pospone a algún nombre, toma *–t*, que hiere al pronombre *i*, y dice *tech*. Ejemplo: *cali-*
140 *tech xicquetça in cuauitl,* 'pon el palo enhiesto', 'cabe la cabeza', es decir, arrimado.

–TLA: esta preposición está en lugar de 'a', 'por', 'en', 'de', y se junta a los nombres, aunque tengan los pronombres. Ejemplo: *cuauitl*, 'árbol', *cuauhtla*, 'en el monte', 'por el monte', *nocuauh-*
145 *tla*, 'en mi monte', etc.

–UAN: esta significa 'con'; *mouan nitlacuaz*, 'contigo comeré'; *nouan tiaz*, 'conmigo irás', etc.

–UIC, –UICPA: estas significan 'cerca', 'de', 'a', 'contra', 'por', 'hacia'. Ejemplo: *nouic* o *nouicpa ximotlali*, 'siéntate cerca de
150 mí', Tlaxcala; *iuic* o *iuicpa oninomaquixti in diablo*, 'líbreme del diablo'; *nouic* o *nouicpaximoquetça*, 'llégate a mí o ayúdame'; *iuic ninoquetça*, 'soy contra aquel' o 'por él', como cuadraré el propósito del que se habla; *iuicpa onitlatlaco in Dios*, 'pequé contra Dios'; *iuicpa xitlachiacan in Dios*, 'mirad hacia Dios o
155 volveos a Dios'.

–ITIC: ítem, es de notar que para decir dentro de lo interior de alguna cosa, es decir, 'hay esto', etc., toman esta preposición *–c*, con este nombre *–ititl* o *itetl*, que significa 'vientre' o 'lo interior del cuerpo'; y perdido el *–tl* del nombre y ayuntado todo
160 pronombre, estará en lugar de '*intra*' o '*intus*'. Ejemplo: *nitic*, 'dentro de mí', *calitic*, 'dentro de la casa'. Y así de las de las otras cosas.

–TEPUTÇ, –CO: ítem, estas dos preposiciones *–co*, *–pa*, con estos dos pronombres, *teputçtli*, que es 'lomo', y *cuitlapantli*, que
165 es 'espalda', juntado todo a los pronombres, y perdido lo que han de perder los nombres, valen tanto como 'detrás de alguna cosa'. Ejemplo: *noteputçco*, 'detrás de mí o a mis espaldas', etc.; *icutlapa in tepetl*, 'detrás de la sierra'.

–CUAC, –TÇONCO: ítem, estas preposiciones *–c*, *–co*, *–tla*, con
170 estos nombres *tçontli*, 'cabello', *cuauitl*, 'árbol', perdiendo lo

139 tech] titech *MSP*   143 nombres] pronombres *P* ‖ aunque... pronombres] *om.* *M*   150 mi] *post* es de tlaxcalla *add. PB* ‖ iuic vel] *om. B*   153 peque] porque *M*   158 vel itetl] *om. M*   166 nombres] pronombres *W*

que han de perder, con los pronombres significa todo junto lo que esta preposición *"super"* o 'lo alto de la cosa' o 'el cabo de ella'. Ejemplo: *icuac in cuauitl* o *izcaloca* o *itçonco in cuauitl*, 'sobre el árbol' o 'en lo alto del', etc.; *notçontla*, 'a mi cabecera'
175   o 'por mi cabecera', etc.

   –NAUAC: ítem, estas preposiciones *–nauac, –pan, –tlan*, ayuntadas a este nombre *ixtli*, que significa 'cara' o 'rostro', y perdido lo que ha de perder el nombre con el pronombre, querrá decir todo junto '*coram*', 'delante'. Ejemplo: *nixnahuac cuix*
180   *nixnauax*, 'pues es a mí notorio', quiere decir 'lejos es, dónde yo no sé', como arriba, *mixpan*, 'delante de ti'; *ixtlan*, 'delante de aquel'.

   Es, asimismo, de notar que esta partícula *–tçinco* se añade por reverencia o disminución casi a todas las preposiciones ya di-
185   chas, y a algunas les hace perder letras, excepto *–ca, –co, –intlaca, nalhco*, que no la pueden recibir.

173-175 ejemplo... etc] ex. yquac yn tlacatl vel izcaloca vel ytçonco yn quauitl, sobre la persona, scilicet, la cabeça, el arbol o en lo alto del; notçontla vel noquatla, a mi cabeçera, etc. *P* yn tlacatl vel izcaloca vel ytçonco *om. B* sobre o alto s. la cabeça o en lo & del arbol *B* del, etc. ejemplo notzontlan a mi cabeçera o por mi cabeçera *T*   **179** coram] *om. W* ‖ nixnahuac] mixnahuac *T*   **179-181** cuix nixnauax... delante de ti] delante de mi, mixpan delante de ti yxtlan *S*   **180-181** pues es... como arriba] *om. M*   **181** mixpan delante de ti] *om. MW*   **186** recibir] *post* item es de notar que los nombres de pueblos con sus preposiciones segun la sentencia o romance les dieren podran estar sustantivados a veces tambien algunosotros locales como algunos lo sienten como xuchitla. ejemplo de los pueblos mexico quipanauya yn tetzcuco ynic uey altepetl mexico excede a tetzcuco en ser mayor pueblo *add. T*

Capítulo segundo

De los adverbios en general

Cuanto a los adverbios, es de notar que algunos son propios y otros derivados de verbos o de nombres. Algunos se hallan por sí solos, antepuestos por la mayor parte a los verbos, y otros injertos con los verbos. Y porque sería prolijidad ponerlos aquí todos, notar se han algunos, remitiendo los demás al vocabulario.

A cuatro diferencias se pueden reducir los adverbios: a equívocos o de diferentes significaciones, y a locales, temporales y numerales. De los primeros se pondrán algunos y de los otros los más necesarios.

De algunos adverbios equívocos y de otros comunes

A: este está sincopado en lugar de *amo*, que quiere decir 'no'. Y antepónese a verbos y nombres. Ejemplo: *acualli* o *amo cualli*, 'no es bueno'; *anitlacaqui*, 'no entiendo' o 'no oigo'. Otras veces ponen la *a* en fin de nombre o verbo, etc., para llamar o pedir. Ejemplo: *atl axiccaqui ai hau*, etc.

ACHTO, ACACHTO, ACACHTOPA: estos quieren decir 'primeramente'.

AZO: este, según México, quiere decir 'por ventura', respondiendo o dudando; pero según otros pueblos, como Zacatlán, está en lugar de 'no', negativo.

AIC: 'nunca'.

AMONO: este con el verbo parece tener dos sentidos contrarios. Ejemplo: *amono oncah tlaxcalli*, 'pues ¿no hay pan?', como si dijese 'sí ay'. En la segunda manera quiere decir 'ni tan poco hay pan'. Lo mismo significa *amonozo*, en el primer sentido.

ANCA: este, a veces, parece estar en lugar de *azo*, 'por ventura'.

---

2 general] comun *MPWBT*   **3** cuanto] cuando *MB*   **3-6** y otros... verbos] *om. T*   **14** antepónese] *post* y posponese *add. S*   **15-17** otras veces... hau etc] *om. MS* otras veces la en fin de nombre o verbo para pedir. ex. atl a, etc, agua, hau vel ha xiccaqui a oye haun achto acchto *PB*

AQUEN: *aquen ninochtiua,* 'ninguna enfermedad ni mal sien-
30   to'; *aquen nicah,* 'bueno estoy'; *aquen nopan,* 'no se me da nada',
esto es, de lo que decís o no es mi culpa.

AUCMO: Este dicen en lugar de 'no' para decir que no harán otra vez lo que querían hacer o hizo. Ejemplo: *aucmo
nicchiuaz,* 'no lo haré', esto es, otra vez. Y lo mismo parece
35   que significa este adverbio *aucquic*: *aucquic niaz,* 'nunca más
iré', o *ayocquic.*

AUELH: Este es compuesto de *amo* y *uelh.* Quiere decir 'no
bien' o 'no se puede hacer'. Ejemplo: *auelh mochiuaz.* Y si otra
vez se ha hecho la cosa, para decir que no se puede más hacer di-
40   cen *aucuelh mochiuaz,* que es tanto como *aucmo uelh muchiuaz.*

AUIC: quiere decir 'a una parte y a otra', y se suele incorporar
con verbo. Ejemplo: *nauictlaloa,* 'corro a una parte y otra', o
bien, *auic ninotlaloa.*

AYAMO: 'aún no'.

45   *CA*: esta partícula denota algunas veces afirmación en plática,
o es modo, o ornato que tienen en el decir; otras veces es verbo
'*sum, es, fui*', y diferenciar se ha con la *h* que se escribe, como
parece en la conjugación; otras veces es preposición; otras veces es adverbios local. Ejemplo: *cayauh in Pedro* o *campa yauh
50   Pedro,* 'a donde va Pedro'.

ZAN o *ZANIO*: quiere decir 'solamente'. Ejemplo: *zan* o *zanio muchiuaz y,* 'y solamente se hará esto'. Otras veces están en
lugar de pronombre y entonces quiere decir 'aquel solo', apartado el *zan.* Otras veces el *zan* está en lugar de 'mas' o deno-
55   ta afirmación o se pone por ornato.

ZANEM: 'en vano' o 'por demás'.

*ZAN YULIC, ZAN QUIMAN, ZAN QUIMACH, ZAN YUIA, ZAN ICEME-
LH, ZAN TLAMACH*: 'paso a paso', o 'con tiento', o 'blandamente'.

ZA HUEL IPAN: quiere decir 'buena', o 'medianamente', o 'en
60   buena manera', que 'ni mucho ni poco'. Ejemplo: *za huel ipan*

---

32 aucmo] *ante* ayucmo *add. PB*   **34** aucmo nicchiuaz] ayucmo nicciuaz *PB*   **35** au-
cquic aucquic niaz] ayuquic ayuquicniaz *P* ayequic *B*   **40** mas] *om. T* || aucuelh] ayuc
uelh *P* ayoc huel *B* || que es... muchiuaz] y si otra vez se ha hecho la cosa para decir que
no se puede mas hacer dicen aocmohuel mochihuaz es tanto y otra mas decir oachuel-
mochiuaz *T*   **43** o bien auic ninotlaloa] *om. M*   **51** zan... ejemplo] *om. T*   **58** zan
yuia... zan tlamach] *om. B*   **59** za uel ipan] çan uelipan *M*

moztauiz nacatl, 'en buena manera o moderadamente se te salará la carne'. Y escribiendo se las partes de este adverbio, distintas hay en el adverbio y preposición con pronombre; y así tendrá distinto significado. Ejemplo: *za uelh ipan tilhmatli xicmana in amatl*, 'mas pon bien sobre la manta el papel'.

–CEN– o –CEPAN–: estos se anteponen y se entre ponen al verbo. Quieren decir 'del todo' o 'juntamente'. El *–cepa–* no se antepone y es para cosas inanimadas: *ticeyazqui* o *ticepayazque*, 'iremos juntamente'.

CENCA: 'muy'.

CENQUIZCA: este significa 'del todo', esto es, bueno o malo. Ejemplo: *cenquizca cualli*, 'del todo muy bueno'; *cenquiztoc in cualli in ilhuicac*, 'todo está lleno de bien y gloria en el cielo'; o *cenquiztica cualhca in ilhuicac*, 'y por el contrario en el infierno'.

CHICO: este se antepone al verbo, quiere decir 'aviesamente' o 'al revés'. Ejemplo: *chicoximotlali*, 'siéntate al lado'; *nitlachicocaqui*, 'entiendo algo al revés'. Pero es de notar que no lo tomarán para decir *'al revés vestí el sayo', porque para esto dirán *amo uelh onicnoquenti* o bien, *oniquix cuep notilhma*.

CUIX: 'por ventura'.

CUIXMO: 'pues no'.

IC, INIC: este adverbio tiene diversos romances. Y con los verbos siempre se antepone y algunas veces sufre otras partículas o dicciones en medio. Y porque los romances son diversos, tomarse han de los ejemplos infra escritos:

yehica tinechnotça ic niaz mocha	'porque me llamas, por tanto, o por [eso, iré a tu casa'
tinechnutça inic niaz teupan	'llámasme para ir a la iglesia'
inic ce oquichtli	'el primer hombre'
inic centetl tetl	'la primera piedra'
inic oquichtli	'en cuanto hombre'
inic ciuatl	'en cuanto mujer'; también denota [en esta manera de decir la natura o [parte vergonzosa de la mujer

62-63 adverbio... en el] *om. B*   **66** cen cepan] çen, çepan *P*   **66-67** al verbo] ar berbo *M*   **74** cualhca in ilhuicac] *om. M*   **75** antepone] *post* y entrepone *add. P*   **82** romances] sentidos *MSP*   **86-87** casa] *post* tinechnotza yn ycniaz topan llamasme para ir a la yglesia *add. T*   **89** piedra] *post* ynic oquichtli en cuanto hombre *add. T*

ic tiaz o *iquintiaz*   'cuando te irás'
tilhmatli ic titla pupuaz   'con la manta lo limpiarás'

ICIUHCA: 'presto'.

95   *INAYAMO*: 'antes que' o 'cuando no'.

ICHTACA: 'escondida' o 'secretamente'.

–ICNO–: este adverbio se ayunta a nombres y a verbos. Antepónese a los nombres y entrepónese a los verbos. Significa 'pobreza' u 'orfandad', o 'viudez', o 'ingratitud'. Ejemplo: *ic-*
100 *nociuatl*, 'mujer viuda o pobrecilla'; *icnopilhtçintli*, 'huérfano o pobrecillo'; *icnoyotica ninemi*, 'vivo pobremente', aquí viene de *icnoyutl*, que es 'pobreza', etc.; *nicno pillauelilocati*, 'hágome ingrato'.

YEUA: este algunas veces es adverbio y significa 'rato ha'. Otras
105 veces es tercera del pronombre sincopado y significa 'aquel': *ye-hua oacico Juan*, 'rato ha que llegó Juan'.

IN: esta partícula por la mayor parte no significa nada en plática, mas de solo de ornato, aunque algunas veces parece estar en lugar de estas partículas que en castellano decimos 'el', 'la', 'le',
110 'lo', 'las', 'les', 'los'. Otras veces es adverbio en lugar de *sicut* 'casa'. Ejemplo de cómo es adverbio: *in mani in calli*, 'así esta la casa'. Pero es de notar que para decir 'así es esto', como 'esto' no lo dirán por aquí, sino por este adverbio *neneuhqui*, plural *neneuhque*: *in nican mani in calli zan noyuh in mani iehuatl*, 'así
115 está aquí la casa, como aquella'.

INOC, IN, OQUIC: estos significan 'entretanto' o denotan un poco de tiempo; antepónense al verbo. Ejemplo: *inoc nitlacuiloa nican timotlaliz*, 'entretanto que yo escribo, asentarte has aquí'; *oc ximotlali* o *tlaocximotlali*, 'siéntate un poco'.

120 *INTLACAMO*: 'sino'.

YUHQUI: 'así como', denota semejanza.

MACH: este dice Tlaxcala en lugar de *cuix* 'por ventura', interrogativo. Y anteponiéndole una *o–* lo tiene el mexicano en lugar de *cenca* 'muy mucho'. Ayúntase a diversos verbos, en tres solos
125 tiempos del indicativo, que son imperfecto, perfecto, pluscuam-

---

92 cuando te iras] *om. B*   96 ichtaca] noychtaca *B*   109 castellano] castilla *SL*   111-112 ejemplo.. casa] *om. W*   114 nican] *om. M* || zan noyuh] *om. M*   115 aquí] *om. M*

perfecto. Ejemplo: *omach nitlacuaya,* 'coma yo mucho'. Otras veces está en lugar de *ca,* que denota afirmación en la plática. Ejemplo: *mach amo oniquito* o *ca amo oniquito,* 'cierto no lo dije'. Los de Tlaxcala dicen *machmo* en lugar de *amo.*

130   *MIECPA:* 'muchas veces'.

NENOC: 'de entramas partes' o 'de una y otra'.

NELLI: este tiene tres sentidos: cuando es adverbio significa 'verdaderamente'; cuando es nombre sustantivo significa 'verdad'; cuando adjetivo 'cosa verdadera': *nelli niaz,* 'cierto o ver-

135   daderamente iré'; *nelli otiquito,* 'verdaderamente dijiste'; *nelli tlatolli in oniccac,* 'palabra verdadera he oído'.

NEPANOTL: 'juntamente' o 'de común'.

NEPANTLA: 'en medio'.

NIMAN AMO: 'en ninguna manera'.

140   *OCMAYA* o *OCACHICA, OCCUELACHIC, TLAQUICH, OCCACHIC, TLAOCACHIC, OCCACHITÇINCA:* estos tienen a manera de verbos para decir a alguno que espere o se detenga un poco. Y para lo mismo dicen *maocixqui cauitl ximotlali,* 'espera o siéntate un poco', o *maixquichcaui; inoc ixquich cauitl ninemiz amo nica-*

145   *laquiz mochan,* 'entre tanto, o todo el tiempo que viviere no entraré en tu casa'. Ítem, la dicha partícula *oc* denota afirmación o quiere decir 'primero'. Ejemplo: *amotiaz mochan ocxicchiuai,* 'no irás a tu casa, primero harás esto'.

QUENTETL: 'algo mejor', así como el enfermo.

150   *QUEMA, QUEMACA:* 'sí'.

QUEMAN, QUENMAMIAN, QUEMAYA: estos quieren decir 'a qué hora' o 'tiempo'. Y apartando el *quen* del *mania* quiere decir 'cómo estaba', a saber pueblo. Ejemplo: *queman in axcan,* 'qué hora es ahora'; *queman tiuala,* 'a qué hora viniste'; *quenmania*

155   *in altepetl,* 'cómo estaba el pueblo' o 'qué costumbres tenían'.

QUEN IN, QUEN: 'cómo' o 'en qué manera'.

QUILHMACH: 'dizque'.

---

126 coma yo mucho] comi ya mucho *T post* otras veces está en lugar de quilmach que quiere decir dizque. ex. quilmach niaz mochan dizque iré a tu casa *add. MSPBT*   **128** amo] *post* miecpa muchas veces *add. T*   **129** machmo] anechmo *S*   **132-135** nelli.. dijiste] *om. M*   **140** ocmaya] *redup. P*   **141** tlaocachic] *om. PB*   **143** maocixqui] maocyxquich *T*   **146** partícula] *om. T*   **149** quentetl] quentelli *T* || mejor] *post* está *add. MP* || mejor ... enfermo *om. S*   **151** queman] *om. T* || quemaya] *om. P*   **155** in] *om. T* || altepetl] alhtepetl *W*

QUEXQUICHCA: 'qué tanto está' o ' cuánto hay', es decir, hasta tal pueblo o lugar. Y respondiendo usan *ixquichca,* 'tanto', no
160 preguntando, sino comparando la distancia que hay de un lugar a otro dicen: *in quexquichca Mexico no ixquichca in Tetçcuco,* 'cuanto dista México, tanto dista Texcoco'.

–TEQUI–: siempre se entrepone al verbo y significa 'mucho'. Ejemplo: *nitequitlacua,* 'como mucho'. Otras veces está sinco-
165 pado, *–te–* por *–tequi–.* Ejemplo: *nitlatecuechoa,* 'golpeo o aporreo o muelo algo mucho, aunque no sea con piedra'; *nitlaltexcualoa,* 'fregar mucho lavando'. Y no lo toman muchos verbos.

TEQUITL: cuando es adverbio se antepone y quiere decir 'solamente'; y cuando es nombre quiere decir 'oficio', 'cargo',
170 'trabajo'. Ejemplo del adverbio: *zan tequitl in icticcauhtiquizas amatl,* 'solamente pasarás dejando la carta'.

–TETEUH–: este tienen en su lugar de 'muy' y siempre se entrepone al verbo. Ejemplo: *nitlateteuhtçtçquiz,* 'muy asido tengo algo'.

175 *TLEIPAMPA*: 'por qué', úsase preguntando y respondiendo *yehica,* 'porque'.

YE: vale tanto como 'ya' del castellano.

YAPPA VEL *ICIPA*: 'antes' o 'el tiempo pasado'.

YEIPAN: vale tanto como si dijésemos 'ya llegamos al tiem-
180 po'. Ejemplo: *yeipan ticate in nezaualiztli,* 'ya somos llegados al tiempo' o 'ya estamos en el tiempo del ayuno'.

TLACUAUH: este se antepone al verbo y quiere decir 'mucho'. Ejemplo: *tlacuauh xitlacua,* 'come mucho' o 'come bien'. Y vale tanto como si dijese *xixhui,* 'hártate bien'. Otras veces para lla-
185 mar dicen *tlacuauh,* como si dijesen *xiualauh.*

–TÇIN–: este siempre se entrepone al verbo y quiere decir 'atrás' o 'hacia'. Ejemplo: *nitçinquiza,* 'torno atrás' o 'salgo hacia atrás'. Otras veces es partícula de reverencia, juntándola a los nombres.

190 *UELH*: este algunas veces está en lugar de *"bene"* y otras de *"posum".* Ejemplo: *uelh nicchiuaz,* 'bien lo haré' o 'podré hacer'.

<hr>

159 lugar] *om. SWT* ‖ tanto] *post* ynquexquichta *add. PB*   **163** tequi] nitequi *M*   **168** entrepone] antepone *P*   **172** su] *om. SB*   **178** yappa] yeppa *MST* yecpa *P* yeepa *B*   **179** dijésemos] *post* al tiempo *add. PB*   **183** come] comer *M*   **187** hacia] *post* atras *add. ST*

Otras veces está en lugar de 'cierta' o 'verdaderamente'. Ejemplo: *uelh oquichtli* , 'cierto hombre'.

UECA: 'lejos'.

195   *UEUHUECA*: este se antepone a los verbos y significa 'ralamente' o 'esparcidamente'. Ejemplo: *ueueca mani in calli*, 'ralamente están las casas', como si dijese *chachayacatoc in calli*, 'esparcidas están las casas'. Y lo mismo será diciendo *xexeliuhtimani in calli*.

Capítulo tercero

De los adverbios locales y temporales

Estos locales tienen cada cual cuatro significaciones, scilicet, 'en lugar', 'de lugar', 'al lugar', 'por el lugar'.

5	*nican* o *iz*	'aquí', 'de aquí', 'acá', 'por aquí'
	onca u *oncano*	'ahí', 'de ahí', 'por ahí', 'a ahí'
	nepa, ompa, nechca, nechcapa	'allí', 'de allí', 'por allí', 'a allí' o 'acu-[llá', 'de acullá', 'por acullá', 'a acullá'
	acan	'en ningún lugar', 'por', 'de', etc.
	can, campa, canin	'en donde', 'por', 'a', 'de'
10	*cana, canapa*	'a alguna parte', 'de', 'por', 'en'
	zazo campa, zazo canapa, zazo canin, zazo cana, zazo cacampa, zazo can	'mas donde' o 'dondequiera', o etc.
	caye, campaye, cayepa	'a donde' o 'por donde'
15	*nouyan, nouiyampa*	'en toda parte o lugar', etc.
	oc achi nican	'más acá' o 'hacia acá', etc.
	oc achi oncano	'más ahí' o 'hacia ahí'
	oc achi nepa, oc achi nechca, oc achi nechcapa, oc achi ne,	'más allá' o 'un poco más acullá'
20	*ye nepa*	
	oc cenca, nepa	'muy más allá' o 'acullá'
	oc nepa, oc yenepa	'más allá' o 'más acullá'
	auic	'a una parte y a otra', esto es, ando o [miro *non aliter*
	oc cecca	'en otra parte', 'o por', etc.
25	*oc cececca*	'en otras partes', 'de', 'por', etc.
	cenci	'en otra parte', 'por', etc.

De los temporales

	achica, achitçinca, achitonca	'un poco de tiempo'
	axcan	'hoy', 'ahora'
30	*axcampa*	'ahora', 'luego'
	axca muchipa	'de aquí en adelante'

---

5 de aquí] *om. T*   **10** canapa] campa *M*   **14** cayepa] campayepa *P*   **15** nouyan, noui-yampa] nouiyan, nohuiyampa *M* nouian, nouiampa *PB*   **22** oc nepa... acullá] *om. P*   **23-24** esto... aliter] *add. WT*

	cemicac	'siempre'
	ic, iquin	'cuándo'
	icuac	'entonces' o 'cuando'
35	*yeua*	'rato ha'
	icipa	'por la mañana'
	imani	'a esta hora'
	imuztlayoc	'un día después'
	in icuac	'cuando'
40	*icuac*	'entonces'
	inoc, inoquic	'entretanto'
	iuiptla, yuiptlayoc	'anteayer'
	ye nauhyupa	'ya ha cuatro días'
	muchipa	'siempre'
45	*mumuztlae*	'cada día'
	muztla	'mañana'
	niman	'luego'
	oc	denota un poco de tiempo
	cualhca	'a buen tiempo o sazón' o 'buena hora'
50	*quin, quin axca, quin izqui*	'aun ahora', 'poco ha'
	quin icuac	'entonces'
	quemman o *quimmannia*	'a qué hora', en el capítulo antes están [dichos
	tlauizcalhpa o *nonchipa*	'en amaneciendo'
	teutlac	'tarde'
55	*uiptla*	'después de mañana'
	yalhua	'ayer'
	youac	'noche' o 'de noche'
	youatçinco	'por la mañana'

33 cuando] *post* interrogando *add.* *PB*　34 entonces o cuando] no interrogando *PB*　36 icipa] *post* youatonco *supra add.* *P*　39 cuando] *post* no interrogando *add.* *P*　40 iquac entonces] *add.* *PB*　50 quin izqui] *post* quin icay *add.* *PB* ‖ poco ha] *post* quiniquic entonces *add.* *T*　52 quemman... dichos] *add.* *W*

Capítulo cuarto

De los adverbios numerales

La manera que tienen de contar en esta lengua es hasta diez. Y
para multiplicar sobre el diez dicen 'diez y uno', hasta quince;
y después vuelven a tomar el uno, etc., hasta veinte; y proceden
multiplicando los veintes hasta cuatrocientos, porque allí mudan
el vocablo y no le pierden, multiplicando con él hasta ocho mil,
que llaman *cexiquipilli*, que es la última cuenta que tienen, según
que en breve suma se pone aquí.

**Cuenta general para personas, animales, maderos, mantas,
chille, cacao, papel, tunas, tortillas, tamales, etc.:**

1 *ce*	21 *cempualli oce*
2 *ome*	30 *cempualli ommatlactli*
3 *yei*	31 *cempualli ommatlactlioce*
4 *naui*	40 *ompualli*
5 *macuilli*	41 *ompualli oce*
6 *chicuacen*	60 *epualli*
7 *chicome*	80 *nappualli*
8 *chicuei*	100 *macuilhpualli*
9 *chicnaui*	200 *matlacpualli*
10 *matlactli*	300 *caxtolhpualli*
11 *matlactli oce*	400 *centçontli*
12 *matlactli omome*	500 *centçontli ipan macuilhpoalli*
13 *matlactli omey*	600 *centçontli ipan matlacpualli*
14 *matlactli onnaui*	700 *centçontli ipan caxtolpualli*
15 *caxtolli*	800 *ontçontli*
16 *caxtolli oce*	1200 *etçontli*
17 *caxtolli omome*	1600 *nauhtçontli*
18 *caxtolli omei*	2000 *macuiltçontli*
19 *caxtolli onnaui*	4000 *matlactçontli*
20 *cempualli*	8000 *cexiquipilli*

3 que ...contar] de contar que tienen *PB* ‖ contar] notar *T*   **7** y no le] y en el se
M   **9** suma] sumada *PBT*   **12** s ...pualli] ...puualli *M*   **27** 1200] 120 *M*   **28** 1600]
160 *M*

Y es de notar que, llegando a cuatrocientos, para multiplicar los demás toman esta partícula *ipan,* sobre la cual tornan a multiplicar, tomando la cuenta menuda hasta llegar al *cexiquipilli,* sobre el cual tornan al principio de la cuenta, diciendo *onxiquipilli,* etc. Ítem es de saber que, presupuesta la cuenta general, para contar otras diversas cosas tienen diversas cuentas, aunque todas se arman sobre la general, como más a la larga se verá en el vocabulario. Poner se han aquí algunas por ejemplo.

Para contar piedras, gallinas, cacao, tunas, tamales, cerezas, huevos, vasijas, casas, sentaderos, frutas, chille, maíz, frijoles, calabazas, nabos, jícaras, cosas redondas y rollizas, dicen de esta manera:

1 *centetl*	6 *chiquecentetl*
2 *ontetl*	7 *chicontetl*
3 *etetl*	8 *chicuetetl*
4 *nauhtetl*	9 *chiucnauhtetl*
5 *macuitetl*	10 *matlactetl*

Cuenta para contar renglones, o surcos, o heredad, o paredes, o renglera de personas, o de otras cosas por orden puestas a la larga:

1 *cenpantli*	6 *chicuacenpantli*
2 *ompantli*	7 *chicompantli*
3 *epantli*	8 *chicuepantli*
4 *nappantli*	9 *chiucnapantli*
5 *macuilhpantli*	10 *matlacpantli*

Para contar pláticas o sermones; y para cacles, cajetes, papel, trojes, cielos, esto se entiende cuando una cosa sobre la otra está doblada o pareada, o para cuando una cosa es diferente de otra, etc.:

1 *centlamantli*	6 *chicuacemantli*
2 *ontlamantli*	7 *chicontlamantli*
3 *etlamantli*	8 *chicuetlamantli*

42-43 de esta manera] *add. SW*   **57** cacle] cartas *B*   **59-60** una cosa es diferente de otra] una cosa de otra es diversa *MPB*

	4 *nauhtlamantli*	9 *chiucnauhtlamantli*
65	5 *macuillamantli*	10 *matlactlamantli*

Para contar montones, de cualquiera cosa que sean, y comida puesta en orden en platos o cajetes, o para decir en una parte o por, etc., dicen de esta manera:

	1 *cecca*	6 *chicuaceca*
70	2 *occa*	7 *chicocca*
	3 *exca*	8 *chicuexca*
	4 *nauhca*	9 *chiucnauhca*
	5 *macuilhca*	10 *matlacca*

Para decir una vez, dos veces, etc., dicen de esta manera:

75	1 *ceppa*	6 *chicuaceppa*
	2 *oppa*	7 *chicoppa*
	3 *expa*	8 *chicuexpa*
	4 *nappa*	9 *chiucnappa*
	5 *macuilhpa*	10 *matlacpa*

80 Es de saber que anteponiendo a cualquiera de las dichas cuentas particulares esta partícula *oc–*, quiere decir 'otro', semejante al género de la cuenta que se le antepone. Ejemplo:

	occe	'otro'
	ocome	'otros dos'
85	*occepa*	'otra vez'
	occopa	'otras dos veces', etc.
	occeca	'en otra parte'
	ococca	'en otras partes'
	ocexca	'en otras tres partes'

90 Para decir de dos en dos o cada dos, dicen de esta manera: *oamentin, eeintin, nanauintin*, etc., redoblando la primera sílaba. Para decir ambos o entrambos hombres, o palos, o petates dicen:

	2 *inmomextin*	6 *ichiquacemixti*	10 *matlacixti*
	3 *imextin*	7 *ichicomextin*	
95	4 *in nauixtin*	8 *ichicuix*	
	5 *imacuilixtin*	9 *chiucnauixti*	

92 para... dicen] *om. W*

Para decir cada sendos, según la diferencia de la cuenta, redoblando la primera sílaba del número, dicen:

	ce	'uno'
100	*cece*	'cada uno' o 'a cada uno', o *ceceyaca* o *ceceme*
	ceppa	'una vez'
	ceceppa	'cada sendas veces'
	cecca	'en una parte'
	cececca	'en cada parte'
105	*centlamantli*	'una cosa'
	cecentlamantli	'cada sendas cosas'

Para contar por veintes, según la diversidad de las cosas, dicen así:

	centecpantli	' veinte personas'
110	*cemipilli*	'veinte mantas'
	tlamic	'veinte mazorcas'
	cenpualhtetl	'veinte piedras', etc.

Capítulo quinto

Las diferencias de conjunciones que en esta lengua puede haber son las siguientes:

5 — Copulativa: así como 'y', *iuan, yequene, auh*. Ejemplo: *Pedro iuan Andres*, 'Pedro y Andrés'. Y lo que decimos 'también' o '*etiam*', dicen: *nocuel, yequene*; y el *auh* se usa en medio de sentencias para trabar una oración con otra.

— Causal y colectiva: así como 'porque' y 'por lo cual' y 'por 10 tanto'. Dicen *yehica, ic, inic, ipampa. Auh* también se suele poner en lugar de "*ergo*".

— Disyuntiva: así como 'esto' o 'aquello', *azo, anozo, acanozomo, anoce*.

— Adversativa: así como 'dado que', 'aunque', 'puesto que', 15 dicen: *maciui, mazonelh, manelh, intlanelh. Za* se usa muchas veces en lugar de '*sed*', 'mas'.

— Condicional: así como 'si', dicen *intla*.

— Comparativa: así como 'cuanto más', 'cuanto mejor', usan *quen moce, quen moque, quen noque, quen nin ocenca*.

20 —Dubitativa colectiva: así como 'de manera que', *anca, ma, no*. Ejemplo: *anca amo nicchiuaz, amo ma niaz* o *amo no niaz*, 'de manera que no lo haré' o 'que no iré', etc.

Cue, ecue, yeue, iyo, yuyaue, oo, aa, xio: son para llorar o pa-
25 ra se quejar.

Para temer: *yuh*.

Para se admirar: *yuh, xiih, yuyaueh, uih*.

Para se exclamar: *oa, hui, ye*.

Para mofar: *yuyaueh, yuya, oo*.

30 Para vedar: *xu, xi*.

1 quinto] 5ª *add. supra* S   5 y] *om.* W   7 nocuel … auh] noyequenauh *B*   16 sed, mas] *om.* W ‖ *manelh om.* M   17 como] *post* cuanto mas *del.* W   29 oo] *post* yeye *add. P*

Para llamar: *hui, xi, nica.*

Para el que toma a otro en algún delito: *oui.*

Onatleuelilhtic: 'heu, me misero' o 'desdichado de mí', viene de este verbo *nitlauelilhti,* que quiere decir 'soy desdichado', que no tiene más del presente y los dos pretéritos perfecto y pluscuamperfecto. Y para exclamar en el modo dicho usan del perfecto.

Onouitic: "heu, me miserum", '¡ay de mí, miserable!', viene de *nouiti,* que es ser 'mísero' o 'desdichado'. Tiene todos los tiempos que el de arriba y úsase de la manera ya dicha.

Y es de notar que los dichos dos verbos son particulares porque van con los pronombres *no-, mo-, i-,* etc. Y así mismo los siguientes, pero no en el lugar de interjecciones: *naxcati, maxcati, yaxcati,* etc., 'enriquecen', etc.; *nolhuilhti, molhuilhti,* 'ut sum', esto es, *ninotlamachtia, nomaceualhti, moma* etc.; 'ut sum', *nocnopilhti mocno,* etc. Y en el pretérito toman *–c* y anteponen al verbo la *o–.*

Pocos pienso a verbos semejantes. El siguiente es irregular y usase en segundas y terceras personas para saludar en presente también, *tleticmomachiticatçintli in quen timomachititçnoa.*

---

33 me] *om. M*   **34** soy] fui *T*   **41-48** y es de ...semejantes] *add. WT*   **48-50** el siguiente... timomachititçnoa] *add. W*

Capítulo sexto

De la ortografía

La ortografía y la manera de escribir y pronunciar suélese tomar de las escrituras de los sabios y antiguos donde las hay. Pero en esta lengua que no tenían escritura, falta esta lumbre; y así, en ella hemos de andar adivinando, pero pondré aquí lo que me parecerá acerca de la ortografía y pronunciación. Y si cuadrare, podráse poner en uso, para que en todos haya conformidad en el escribir y pronunciar de aquí en adelante; y, si no cuadrare lo que aquí pusiere, perderé mi opinión, pues no estoy tan casado con mi parecer que no me sujetare al de otros siendo mejor.

Cuanto a lo primero, es de saber que en esta lengua les faltaban algunas letras de las que nosotros tenemos en nuestro abecé, porque en ninguna dicción que sea propia de su lengua hallarán pronunciadas, ni ahora las tienen si no es dicciones que de nuestro romance o del latín han tomado. Y las letras que les faltan son las siguientes: *b, d, f, g, r, s, v* consonante.

Y puesto caso que cuanto a la congruidad de la lengua los mexicanos y texcocanos hagan ventaja a otras provincias, pero México no lo hace en la pronunciación, porque los mexicanos no pronuncian la *m* ni la *p*, y así por decir *Mexico* dicen *Exico*. Y en todas esas otras provincias no tienen *v* consonante; y las mujeres mexicanas y texcocanas la pronuncian, y no es buena pronunciación. Ejemplo: dicen *xiualhmovica*, y habían de decir *xiualmouica*. Y por eso quitamos del abecé la *v* onsonante, porque donde se pronuncia no es bien pronunciada, y sería antes abuso que buen uso.

La *h* unas veces parece que la comen y otras veces la pronuncian mucho. Pero, cuanto a las letras que hemos dicho que no tenían, hay alguna dificultad porque parece algunas veces pronunciar algunas de ellas. Y una de estas es la *g*, porque en esta dicción *Uexotçinco,* y aunque escriben con *c*, parece que pronuncian *g*; y lo mismo es en esta dicción *cenca.* Y, aunque parezca a algunos

5 tenían] tenía *RL*   **20** pero México no lo] no la *S*   **25** xiualmouica] ximouica *M*   **26** sería] sera *M*

por esta pronunciación que se ha de escribir *g* y no *c*, a mí me
35   parece que ni en la pronunciación es *g*, ni se debe tan poco escribir, pues la *c*, cuando se pone después de la *n*, parece que tira a
pronunciación de *g* cuando está en una misma dicción, pero en
la verdad no es sino pronunciación de *c*; y así no se ha de escribir
ni pronunciar *cenga*, sino *cenca*.

40   También cuanto a la *s* hay dificultad, porque algunos parece que la pronuncian cuando escriben *x* y no la pronuncian mucho la *x* sino como *s*. Pero si bien miramos en ello, las tales dicciones se han de escribir con *x;* aunque algunas veces parezca
tener pronunciación de *s*, no lo es, sino *c* y *s*; y este es el valor
45   de la *x*, que dice Antonio de Nebrija que vale por *c* y *s*. Y esta
pronunciación parece más clara en el latín, que en algunos donde
está escrito '*dixi*' pronuncian '*dicsi*', etc.

A las otras letras que tienen comunes con nuestro romance les
dan el mismo valor que nosotros, y aunque en la pronunciación
50   más parece allegarse al latín que no a nuestro romance en algunas
sílabas o letras. Y así usan de dos *ll* como en el latín que decimos
'*villa*' y no como en el romance que decimos 'maravilla'.

Y también la pronunciación que nosotros tenemos de estas
sílabas *ja, je, ji, jo, ju,* ellos no la tienen.

55   Y es de notar que entre estas dos vocales *o, u* hacen muy poca
diferencia en la pronunciación y escritura, porque una misma
dicción unos la pronuncian con *o* y otros con *u*. Ejemplo: unos
dicen *ocelutl* y otros dicen *ocelotl*. Y para esto, cuáles se hayan
de pronunciar y escribir con *o* y cuáles con *u* no se podrá dar
60   regla general. Pero paréceme que cuando la *o* estuviere entre dos
vocales, se pronunciará y escribirá mejor con *u* que no con *o*.
Y la razón que a esto me mueve es que en las tales dicciones
las mujeres mexicanas y texcocanas pronuncian *v* consonante, lo
cual no harían si fuese *o*. Ejemplo: *nitlaalaua* 'resbalar', porque
65   la mujer pronuncia *nitlaalava*, y la *u* se pone entre vocales. Pero
esta dicción *valh* escríbese con *u*, y las mujeres no pronuncian en
ella la *v* consonante, lo cual es singular.

38 no es sino… y así] *om. T*   **39** cenca] *post* otros dicen tianguizco y no se ha de decir,
sino tianquizco *add. P n.l. B*   **52** maravilla] de manera que no tienen. lla. lle. lli. llo. llu.
ña. ñe. ñj. ño ñu, etc., como lo pone mas claro el arte de rangel al principio *add. P*   **66**
escríbese] se escrive *PB* || no] *om. W*

De cómo se añaden o mudan letras

Unas veces en esta lengua será menester añadir letras, y otras
70 veces se perderán. Y una de las letras que se añaden es la *h*, de la
cual diré lo que siento.

Cuanto a la *h*, y aunque en la pronunciación no haya diferencia, porque todos casi la pronuncian de una manera, hayla,
empero, en la escritura, porque unos la escriben antes de la vo-
75 cal y otros después de ella.

Razones hay de una parte y de otra, pero me asienta más que
se haya de escribir después de la vocal, porque esto parece más
conforme a la pronunciación de los naturales. Y también conforma esto porque en algunas dicciones donde viene *h* con vocal
80 parece que otras lenguas tienen la misma pronunciación que en
esta dan los naturales a la *h* después de la vocal. Y aquellas tales
dicciones, otras lenguas las scriben con *h* después de la vocal,
porque en la pronunciación parece que la *h* hiere de reflejo; y
lo mismo es en esta lengua en muchos vocablos que hiere la *h*
85 de reflejo. Ejemplo: *notlacauh*, 'mi esclavo', y no escribiremos
notlacahu.

También es de notar que la *h* en esta lengua nunca se halla en
principio de dicción, pero hallase en fin y en medio de dicción.

Cuando se hallare en fin, siempre se escribirá después de la
90 vocal. Ejemplo: *nicah*, 'yo estoy'.

Pero cuando se halla en medio de dicción, si se sigue después
de consonante que no hiera en la vocal siguiente, sino que hace
sílaba con la vocal pasada, entonces por la mayor parte se escribirá la *h* antes de la vocal que se sigue, porque en la pronuncia-
95 ción no parece herir de reflejo. Ejemplo: *nitetlatlacalhuya*, 'yo
ofendo a otro'. Pero si la *h* estuviere en medio de dicción y tuviere la vocal alguna consonante que hiera en ella, entonces la *h* se
pondrá después de la vocal, porque herirá de reflejo, pues tiene
la vocal consonante antes de sí que la hiera de directo. Ejemplo:
100 *tlahtoani* y no escribiremos *tlatoani*, etc.

<hr>

72 cuanto] cuando *T*   84 vocablos] que *add. MSP*   92 consonante] *post* la cual consonante *add. S*   97-99 que hiera... consononte] *om. S*   99 la hiera] hiera *W*

También es de notar que cuando alguna dicción acabare en *l*, después de la *l* se ha de escribir *h*, porque los naturales pronuncian más que *l* y parece ser pronunciación de *h*. Ejemplo: *nocalh*, 'mi casa'. Pero cuando se siguiere luego otra dicción que
105 comience en vocal no se escribirá *h*, porque entonces tiene la *l* su simple pronunciación y no se pronuncia *h*. Ejemplo: *otiyol otitlacat*, 'naciste'. También algunas veces, en medio de dicción, se pondrá *h* después de la *l*, porque la pronunciación lo requiere. Ejemplo: *nicalhchiua*, 'hago casa'.

110 Pero es de notar que en todos los plurales que no se diferencian en la voz ni pronunciación de sus singulares pondremos una *h*. Y esto no porque en la pronunciación se señale la *h*, sino solamente para denotar esta diferencia del plural al singular. Y esto así en los verbos como en los nombres donde no hubiere
115 otra cosa por la cual se diferencien. Ejemplo: *tlatlacoani*, 'pecador', plural, *tlatlacoanime* o *tlatlacoanih*; *tlacua*, 'aquel come', plural, *tlacuah*, 'aquellos comen', *titlacua*, 'tú comes', es segunda del singular, *titlacuah* nosotros comemos, es primera del plural.

120 Y también se pondrá la *h* en la escritura en algunas dicciones para diferenciarlas en el significado de otra o otras, que son semejantes a ellas en la voz, si en el acento o en otra cosa no se diferencian. Ejemplo: a este verbo *nicah* por 'estar', ponemos *h* por diferenciar le de *nica*, que quiere decir 'hermano' o 'amigo', etc.

125 También es de notar que cuando la *n* se pone antes de estas vocales *a, e, i, o*, por la mayor parte se vuelven en *m*. Ejemplo: *imamauh*, 'su papel', y había de decir *inmamauh*; *amelimiqui*, 'vosotros hacéis vuestra heredad', y había de decir *anelimiquih*, etc. Sácanse estos adverbios *zan* y *on*, que, aunque después de
130 ellos se siga vocal, no volverán la *n* en *m*. Ejemplo: *zanicel*, 'aquel solo', y no diremos *zanicel*; *nonaci*, 'yo allego', y no diré *nomaci*, etc.

<hr>

111 de sus singulares] *om. S*   118 es segunda del singular] *om. S* ‖ es primera del plural] *om. S*   130 se siga vocal, no volveran la] se siga alguna de las vocales ya dichas, no bolvan S   132 nomaci etc.] *post* y ante x, ex. yxalhtzi su arena de aquellos *add. P*

De cómo algunas veces se pierden letras

Algunas veces, cuando se sigue *u* después de *c* se hace la *v* líquida
135 y, aunque no se pierda en la escritura, en la pronunciación parece
perderse o, a lo menos, suena muy poco y parece que la *c* queda
en la pronunciación con la vocal precedente y que no hiere en la
u. Y esto es hacerse líquida. Ejemplo: *neuctli*, 'miel', etc.

Cuando después de la *l* se sigue la *tl* se ha de perder la *t*. Ejem-
140 plo: *xiuallapo*, 'ven acá a abrir', y habíase de decir *xiualhtlapo*,
no perdiendo se la *t*.

También es de notar que cuando después de la *n* se sigue *c*,
tç, *u*, *x*, *y* consonante se pierde la *n* del todo. Ejemplo de todas ellas por su orden: *nitececelia*, 'yo recibo del todo algunos'
145 o 'alegrarles', y había de decir *nitecencelia*; *aualanque*, 'vosotros vinisteis', y había de decir *anualaque*; *nicexuchinechcoua*,
'allego del todo flores', y había de decir *nicenxuchinechicoua*;
muztla ayazque, 'mañana iréis', y había de decir *muztla anyaz-
que*, etc.

150 Ítem, es de notar que cuando estas letras *ch*, *x*, *z* vienen antes
de cual quiera de estas *c*, *tç*, *ch*, *x*, se perderá la que precede.
Ejemplo de todas: *namecelia*, 'yo os recibo', y había de decir
namechcelia; *tenextli*, 'cal', *tenetçintli*, 'calicilla', y había de decir
tenextçintli; *tçoaztli*, 'lazo', *tçoatçintli*, 'lazuelo', y había de decir
155 *tçoaztçintli*.

Ejemplo de la *ch* siguiéndose otra *ch*: *onamechiuh*, 'ya os
hice', *onamechchiuh*.

Ejemplo de la *ch* antes de la *x*: *namexexeloa*, 'yo os reparto',
y había de decir *nemechxexeloa*.

160 Y esto baste por ahora de la ortografía.

143 tç] *add. S*   **145** o alegrarles] *om. M* ‖ nitecencelia] *post* xiccetçaqua, cierra del todo
y avia de dezir xiccentçqua *S*   **149** etc.] empero algunas provincias pronunçian la dicha. n. en todos estos ejemplos que acabamos de poner. y por esta causa me parece que
aunque se pongan en lo que se escriviere de la lengua no sera defecto *add. P*   **157** ona-
mechchiuh] onamechiuh *M*   **158** namexexeloa] dado que se puede escribir de ambas
maneras por que algunos pronuncian de la una manera y otros de la otra y ni mas ni
menos en lo que escriven *add. mg. P*

Capítulo séptimo

De algunas maneras de hablar comunes

Cosa prolija sería poner todas las oraciones en las cuales discrepa nuestro romance de la manera de decir de esta lengua. Quiero decir que lo indio no corresponde al castellano. Pondremos algunas que son comunes. Y ponerse han por la orden de los adverbios principales que en las tales oraciones se ponen, para que mejor se halle la oración que queremos convertir en la lengua. Después, pondremos algunos otros romances extravagantes. Y de estos que aquí se pusieren, así de los unos como de los otros, podremos tomar tino para por ellos hacer oraciones semejantes.

Romances del 'si'

si Este romance:

§1 Si yo enseño ¿por qué me han de culpar?, se hace en esta manera: *intla nitemachtia, tlein ic notech tlamiloz tlatlaculi?* o *intla nitemachti...*, etc., por el presente de subjuntivo.

§2 Si yo viviera o hubiera vivido bien, no me sucediera o no me hubiera sucedido mal: *intla uelh ninemini, aquen ninochiuazquia.*

Y esto es de notar en todos los romances que fueren por este tiempo acabado en *–ni*, que sirve de pretérito imperfecto y perfecto y pluscuamperfecto del subjuntivo y optativo, que en las oraciones del subjuntivo, por la mayor parte, le responde a esta partícula *quia.* Y aunque otras veces se dice también respondiéndole el mismo tiempo acabado en *–ni* en la segunda oración.

§3 *Intla onitemachtiani, amo ic onitlatlacoani*: si yo hubiera predicado, no hubiera errado en ello o pecado.

§4 Si yo hubiera o hubiese comido, no comería o comiere otra vez: *intla onitlaquiani, amo occepa nitlacuazquia.*

13-64 este romance] *ego om.*   **14-64** se hace en esta manera / se dira en esta manera / se dice asi] *ego om.*   **15** nitemachtia] nitemachtiani *M*   **22** subjuntivo y optativo] optativo y subjuntivo *S*   **24** se dice también] tambien se dice *S*   **26** intla… onitlatlacoani] *trans. post* se hace en esta manera *add. S*   **29** otra vez] *post* se hace en esta manera *W* se hace assi *S*

30   §5   Si yo hubiera de predicar o hubiese de predicar, ya
hubiera predicado: *intla onitemachtiani, ye onitemachtizquia* o
intla nitemachtizquia, ye onontemachtiani.

§6   Si no me lo dijeras, ya yo quería comer la manzana: *intla
camo xinechmolhuiani, ye onicuaca ixocotl* o *niccuazquia* o *ye*
35   *nicuaznequia.* El primero no es mucho en uso.

§7   Si querías comer carne ¿por qué no me pediste primero
licencia?: *intla oticcuaca in nacatl* o *intla ticcuaznequia in nacatl,
tleica amo achto ic otinechmonauatili.* El primero no es mucho
en uso.

40   §8   Si yo dijere o dijese el pecado de alguno, mucho en ello
ofendería o pecaría (ofenderé o pecaré): *intla nicteilhuiz tetlatla-
colh, cenca ic nitlatlacoz.*

§9   Si enseñare o predicare ¿erraré u ofenderé en ello?: *intla
nitemachtiz, cuix ic nitlatlacoz?*

45   §10   Si a esta hora sueles predicar, ve a predicar: *intla iman
titemachtiani, ma xitemachti.*

§11   Si yo hubiere de predicar o predicare, pedir te he licencia: *intla nitemachtiz, nimitçnonahuatiliz.*

§12   Si te hallares bien conmigo ¿dejarme has? o si te hallas-
50   te bien conmigo ¿dejarme ya has?: *intla uelh notech timomatiz,
cuix tinechtlalhcauiz?*

§13   Si así has de predicar, como predicaste, no prediques:
intla yuh titemachtiz in otitemachti, ma titemachti o *macamo
xitemachti.*

55   §14   ¿Si habrá o ha llegado ahora Pedro a México?: *cuix oacic
Pedro in axcan Mexico?*
Por el pretérito perfecto.

§15   ¿Sí predicaría mañana Pedro si se lo pagasen? o ¿si pre-
dicará mañana si se lo pagan?: *cuix temachtiz in Pedro muztla,
60   intla tlaxtlauiloz?*

§16   Sí predicaré si viene la gente o sí predicaría si viniese la
gente: *nitemachtiz intla ualhuiloaz.*

§17   Sí predicaré si fuere llamado: *nitemachtiz intla nino-
tçaloz.*

---

31 onitemachtiani] onontemachtiani *W*   35 el primero... uso] *om. MS*   38-39 el pri-
mero... uso] *om. MS*   45 dice] hace *S* || iman] *post* yn *add. MSPBT*   59-60 cuix... tlaxt-
lauiloz? *om. M*

65   Romance del 'como' y 'cuando'

como   Este romance:

§1   Como yo ame a Dios, no me da pena lo que de mí se dice, redúcese a este: 'si yo amo a Dios' o 'porque yo amo a Dios'. Y se hace en esta manera: *intla nictlazotla in Dios, amo*
70 *nechyolitlacoa in tlein notechpa tlamilo.*

§2   Como yo predicase una vez en México, acaeció una maravilla, se reduce a este: 'cuando yo predicaba', etc. Y hácese en esta manera: *in ihcuac ceppa ompa Mexico nitemachtiaya, omochiuh intla mauizolli.*

75 §3   Como yo haya predicado te lo diré o como yo hubiere predicado, se reducen a este: 'cuando yo haya predicado o hubiere predicado, te lo diré'. Y hácense así: *in ihcuac onitemachti nimitçilhuiz.*

§4   Como serviría yo a Dios, se reduce a este: 'como yo sirva a Dios'. Y hácese en esta manera: *quenin* o *quen nicnotlaye-*
80 *culhtiliz in Dios.*

§5   Como amare yo a Dios, está claro, y dícese así: *quenin* o *quen nicnotlazotiliztli in Dios*

     Otros dejo de poner por ser muy claros y no haber en ellos dificultad.

85 §6   O si hubiese muerto Pedro cuando yo viniese o venga:
cuando *ma omic in Pedro, in niualaz* o *in ihcuac niualaz.*

§7   Cuando yo vine ya era muerto Pedro: *in oniualla* o *in ihcuac oniualla, ye omic in Pedro.*

§8   Cuando yo llegué acá ya era muerto o ya había muerto
90 Pedro: *omicca in Pedro, in nacico* o *in ihcuac onacico*; pero por este *omicca* entienden que tornó en sí o que tornó a vivir; mas, si no tornó a vivir, no dirán *omicca,* sino *omic.*

§9   Cuando llegares, ya yo habré comido: *in ihcuac taciz, ye onitlacua* o *ye onontlacua.*

---

68 redúcese] se reduce *MSPB* reduce *T*   **69** y... manera] y dizese ansi *S* || dios] *post* vel yehica nictlaçotla in Dios *add. S*   **71** y... acaeció] se hizo *S*   **78-79** como yo sirva a Dios] como servire yo a dios *MST* como yo servire a dios *PB*   **79** en... manera] ansi *S*   **83-84** otros... dificultad] *om. S*   **85** o si] *ante* este romance *add. R*   **85-86** o si... niualaz] *trans. S*   **85-96** se hace/ se hará en esta manera] *ego om.*   **87-88** cuando... in pedro] muerto era pedro, cuando yo vine, se hace en esta manera: omic in pedro, in oniualla vel in iquac oniualla *S*   **93** habré] euiere *M* || uelh] vel *MW* uelli *L*

95   §10   Cuando yo viviere bien, entonces me amará Dios: *in ihcuac velh ninemiz, quin icuac nechmotlazotiliz Dios.*

Romances del 'para' o 'para que'

Este romance: 'para amar', 'para servir', etc., se puede hacer de diversas maneras, según lo que adelante se siguiere. Para lo cual,
100   se debe notar lo siguiente: si en estas tales oraciones no se explica el qué ha de amar, ni a quién ha de amar, hacer se han ambas oraciones por el futuro de la voz impersonal.
Este romance:
§1   Para enseñar bien conviene aprender, se hace así: *inic*
105   *uelh temachtiloz, monequi nemachtiloz.*

Y si se explica a quién han de amar y no el qué ha de amar, esto es, que se explica la persona que padece y no la que hace, hacerse ha la primera oración por el futuro de la voz pasiva y la segunda por el futuro de la voz impersonal.
110   §2   Para servir bien a Dios es menester aparejarse, se hace en esta manera: *inic uelh tlayeculhtiloz in Dios monequi uelh ic nececencaualoz.*

Y si se explica a quién ha de amar y el qué ha de amar, se hacen ambas oraciones por el futuro del indicativo.
115   §3   Para que bien sirvamos a Dios conviene nos dejar los pecados: *inic uelh tictotlayeculhtilizque in Dios, cenca totechmonequi uelh titlatlaculhcauazque.*

§4   Para que haya llegado Pedro a México, menester ha sido darse prisa o para haber llegado, menester ha habido darse prisa:
120   *inic oacic* o *inic oacito Pedro Mexico, cenca ic ototocac* o *intla oacic* o *intla oacito Pedro Mexico velh ic ototocac.*

§5   Para llegar o que llegue Pedro a México, menester será darse prisa: *inic aciz Pedro Mexico monequi in totocaz.*

§6   Para que hubiese bien hecho la casa primero se había
125   de haber enseñado: *inic uelh oquichiuani in calli achtomonequia uelh amomachtiani.*

---

97 que] para todas estas oraciones: para amar, para servir, etc., se debe notar lo siguiente *add. S*   102 impersonal] *post* ejemplo *ego om.*   114 indicativo] ejemplo *ego om.* este romance *post add. RL*   115-135 se hace en esta manera] *ego om.*   120 mexico] *om. P*

§7   Para que yo enseñara o enseñase, había de ser llamado: *inic nitemachtizquia, ninotçalozquia.*

§8   Para que Pedro sea servido, vendrán todos: *inic tlayeculhtiloz Pedro ualhuiloaz.*

§9   Soy venido para comer: *oniualla inic nitlacuaz.*

§10   Para qué iría Pedro a México, se reduce a este, para qué fue Pedro a México: *tlein icoya Pedro Mexico.*

Los romances del 'por' o 'porque' todos se hacen por el indicativo. Y por ser muy claros no se ponen aquí.

DE OTROS ROMANCES EXTRAVAGANTES

Este romance, 'así suelo predicar, así suelo escribir', y los semejantes se hacen por aquel tiempo acabado en *–ni* del optativo y subjuntivo.

§1   Así suelo predicar, se hace en esta manera: *yuh nitemachtiani,* etc.

§2   Sé leer, sé pintar, y los semejantes, se hacen en esta manera: 'sé leer', *uelh nicpoa inamuxtli* o *nicmati inamatlacuiloli.*

§3   Quiero ir y hacer, y los semejantes, se hacen en esta manera: *niaznequi inic nitemachtiz* o *niaznequi nitemachtitiuh.*

Este romance, 'mañana, en habiendo predicado', etc. y los semejantes se hacen en diversas maneras, porque, cuando no se declara la persona que hace, se dirá por el pretérito perfecto del impersonal.

§4   Mañana, en habiendo predicado, me partiré: *muztla in otemachtiloc nompeuaz.*

---

127 enseñase] *post* aviame de llamar o *add. S*   **129** sea servido] sea amado *S*   **129-130** tlayeculhtiloz] tlaçotlaloz *S*   **134** los] *ante* de *add. RL*   **134-135** todos... aquí] no se pone aqui ninguna porque son claros y todos van por el indicativo *S*   **137** así... escribir] *om. S*   **139-141** por ... ejemplo] por el verbal acabado en ni de la voz activa yuh. ex°. este romance *S*   **140** subjuntivo] *post* ejemplo *ego om.*   **141** etc.] *post* y esto es solo en el presente, porque en los otros tiempos hazerse a por el verbo, anteponiendo este adverbio yuh. ex. yuh nitemachtiaya, ansi solia predicar. *add. S*   **142-143** pintar... amatlacuiloli] se hablar y los semejante se hazen en esta manera: velh nitlatoa l. nicmati ynamatlacuilolli *post* este romance... etc y los *del. W*   **144** hacer] *post* yr a enseñar *add. S*   **150** impersonal] *post* ejemplo: este romance *ego om.*

Y si se señala la persona que hace, decirse ha por el pretérito perfecto de la activa.

§5   Mañana, después que hayamos predicado, comeremos:
155   *muztla in otitemachtique, titlazque.*

§6   Así como se acostumbraba antiguamente, así se acostumbra ahora: *in iuh tlamanca* o *tlamania yeuecauh, noyuhtlamani in axcan.*

§7   El hombre santo con el amor se hace uno con Dios, y los
160   semejantes, se hacen en esta manera: *in cualli oquichtli tetlazotlaliztica, iuan ic ceti in Dios.*

§8   A todos alcanzó la comida o ropa, y los semejantes, se harán en esta manera: *otepanitic, otepantic* u *otepanic in tlacualli anozo in tilhmatli.*

165   §9   No me cuadra o asienta bien el oficio o vestidura, y los semejantes, se dirán en esta manera: *aompa tlauica notequiuh anozo notilhma.*

§10   Dile que haga su casa, y todos los semejantes, se harán en esta manera: *xiquilhui in quichiuaz icalh* o *xiquilhui maqui-*
170   *chiua ical*, etc.

§11   De aquí a un poco vendrás: *ocuelachic in tiualaz.*

§12   Ya ha rato que vino: *yecuelh yeua in ouala.*

§13   Antes que tú vine yo: *oyuh yeua niuala in tiuala.*

§14   Rato antes vine que tú: *quin yuh yeua niuala in tiuala.*

175   De manera que para decir estos romances de 'rato antes', etc., se dirán anteponiendo este adverbio *oyuh yeua*, que quiere decir 'antes' o 'rato antes que tú vine yo'.

§15   Un día antes que tú, vine yo: *oyuh yalhua niuala in tiuala.*

180   §16   Dos días antes que tú, vine yo: *oyuh yeuiptla niuala in tiuala.*

También se dicen estos dos sobredichos y todos los semejantes en otra manera.

§17   Un día vine antes que tú: *ce milhuitica otinechualitça.*

159-160 y los semejantes] *om. S*   161 ic ceti yn] ic cen in *S*   168 dile que haga su casa] *om. W post* se hará en esta manera *ego del.*   175-177 que para ... yo] que con el dicho adverbio oyuh yehua, etc., que quiere dezir antes o rato, etc., se haran las semejantes oraciones *S*   180 que tu, vine yo] *om. MSP*   182 y ... manera] y tambien por otra manera dicen los dichos y semejantes. ex. *M*

185   §18   Dos días viniste antes que yo: *omilhuitica onimitçualitça*.

§19   Un año vine antes que tú: *oyuh ye monamicca niuala in tiuala*.

§20   Dos años vine antes que tú: *oxiuhtica tinech ualitçta*.

§21   Un día después que yo viniste: *oquin muztla aualaque*
190   *in niuala*.

§22   Un día viniste después que yo: *muztlatica tinechualitça*.

§23   Dos días vine antes que tú: *oquiuiptla, niuala in tihuala*.

§24   Un año viniste antes que yo: *oquiuh cexiuitl, aualaque in nihuala*.

195   §25   Un año vine después que tú: *cexiuhtica nimitçualitça*.

§26   Diez días vine antes que Pedro: *oyuh ye matlactli nacico in acico Pedro*.

§27   Un mes vine antes que Pedro: *oyouh cemetçtica necoc in ecoc Pedro*.

193 después] antes *M*

Capítulo octavo

De las maneras de hablar que tenían los viejos en sus pláticas antiguas

Las siguientes maneras de decir son metafóricas, porque una cosa quiere decir la letra y otra la sentencia, aunque algunos vayan a la letra glosados y otros se pueden aplicar a otro sentido del que van.

§1 Aquí abro y descubro el corazón. De parte de Dios:

Nican nocontlapoua: in toptli in petlacalli, oalh cenmani oalh chayaui, in chalhchiuitl in teuxiuitl, in pepetçcatiuetçi in pupucatiuetçi, in aneuetçi, za uelh nelhtiz in itechpa uitç, in icelhtçin Dios.

§2 Padre, madre, señor, capitán, gobernador. Que son o están como árbol de amparo:

Nantli tatli, xopechtli manauilli, puchutl aueuetl, ceualli ecauhyo ecauilo, in itçcaloticac in malacoyoticac.
    Cuexane mamalhuace, tlaçoa tlauipana, tlamattçi, yuyantçin, inic tlatqui tlamama tlanapaloa uelh cuitlapane teputçe, uelh tlauica tlautlatoctia tepachoa teyacana.
    Chalhchiuitl teuxiuitl, cuxcatl quetçalli, altepetl, petlatl icpalli, tlauilli tezcatl, ocutl tlepilli, machiutl uctucatl, nezcayutl ceciyacatl, in uitoliuhque in ololiuhque, in acatic in xopaleuac, in pepetçca, in tlilli in tlapalli, contlallia, izcaloa malacayoa inic tepachoa.

§3 Labrador o persona baja:

Cuauhtli ocelutl, cuitlapilli atlapalli, cuauhqui elemicqui.

§4 Árbol o padre primero o principio de generación, señor o gobernador:

Cuahtçoyutl mecayutl, cuitlaxculutl yolhcayutl, tlazatçuyutl cuahtçoyutl, in tetetço in teculh.

---

1 octavo] *om. P*   8 abro y descubro] abre y descubre *P*   9 nocontlapoua] nocontlapua *S*   11 itechpa] itech *S*   14 ceualli] çeuallo *SP* || ecauhyo ecauilo] yecauhyo yecauilo *P*   24 cuahqui elemicqui] *om. S post* itquiuani mamaloni *add. P*   28 tetetço] tetçon *S*

§5 Parientes. De algunos que salen de un tronco:

30 *Teuitçoa teauayoa techamaloa teapalhcayoa, teezoa tetlapaloa teme-*
tçoa, tetçicueuhcayoa tetlapancayoa, texiloya tecacamayoa temiauayoa,
teizteyoa teixcuamulhua tetentçoa, tetçintamalhua tequequetçilhua
tequequetçolhua, tecotoncayoa teuilhtecayoa, teuampoa teoncayoa te-
tecayoa teuayolhcayoa, teelhtapachhua tecuitlaxcoloa, in texilla in te-
35 *tozcatlan cenquizah.*

§6 Niño gracioso, nacido como joya fundida:

Tlapitçalli tlamamalli, tlapetlaualli in opitçaloc in omamaliuac, in ope-
tlaualoc in otlachialhtiloc: iuhqui in teucuitlaxozcatl.

§7 Despierta, revive, es discreto o tiene la razón por guía:

40 *Miauati xiloti, izcaloa malacayoa, mimati yolloa, celia itçmolini, inic*
xotla inic cueponi, inic ixtli yollotli, quiquitinemi in quititlani, inic ixe
inic yollo, inic nacace, etc.

§8 Hijo, niño o señor muy amado; a las aves lindas, precio-
sas, comparado:

45 *Tlauhquecholh zacuametl, quetçaltototl teuquecholh, zacuan tçinitçcan*
xiuhtototl, pilliuitl tlazopilli.

§9 Hacer misericordia: la persona o el señor. O hacer limosna o consolar al afligido:

Choquiztli elciciuiztli ixayutl, tlauculli elleli, cemixcalli, tlamatçoalli
50 *tlamapictli; tizatl iuitl, in tlilli in tlapalli, in tecuzauitl, in quitlalia in*
quichiua; in tetech quimateloa, inic teceuya tepatia, in tetizauya in
tepotonia, in tetlauya in tetecuchuya, in tlacatl, inic tetçiloa inic tea-
pana.

§10 Mozo, siervo o vasallo de alguno:

55 *Temayecauh temecapalecauh, teteputçecauh tecacaxecauh, tetlalecauh*
tecuauecauh.

30-34 teutçoa ... tecuitlaxcoloa] ...ouah *P* ouan *T*   **31** temiauayoa] *om. S*   **33** teque-
quetçolhua] *om. T*   **34** teuayolhcayoa] teoalhcayoa *S*   **49** cemixcalli] cemixcolli
RL   **52** tetecuchuya] tetechuia *S*

§11   Despertar a alguno con castigo o corregirle:

Culutl tçitçicaztli, uitçtli omitl, cececatl nictecuacualhtia; yequene tetetl cuauitl, mecapalli tepuztli nictemaca, nictetoctia; in nictecualhtia, in ic
60   *tetech nicpachoa, etc.*

§12   Castiga Dios con mortandad. O sentencia el señor o juez a muerte:

Xuxuhqui in tetl xuxuhqui in cuauitl tepan quitlaza quimayaui ye-quene tepan quimomotçayanilia, yequene tçoaztli tlaxapuchtli mecatl
65   *quimoateaquilia: inic teatoyauia tetepexiuya in Dios, anozo in tlatoani.*

§13   Por los pecados de inobediencia da Dios pestilencia y contrarios tiempos:

Yeica in itçontla in icuatlan, in quiza in moquetça; inic quixopeua in ipetl in icpalh in Dios; in ocelutl, in ahaztli in cuitlapilli, ic tepan
70   *colini yuey tetl yuey cuauitl. Auh in ilhuicatl in nanatça, auh in tlalli ollin.*

§14   Llevo la vida o vivo con fatiga, faltándome lo necesario; ando afrentado, etc.:

Ninocnouica ninocnotlatoctia, inic nicua, in nix in noyollo, in anecini
75   *amottani, in nocuchca noneuhca, in teixmulla in tecalhtech noconnihi-youihltia.*

§15   Corrige o reprehende de palabra el padre o madre, el señor, etc.:

Tlaxamania tlapuztequi, tlaatoyauia tlatepexiuia, in eztli in choquiztli,
80   *inic teixamia inic teitonia, in tenan in teta, in tlacatl in tlatoani, in tetic cecec, in ixilla in itozcatla, ualhuetçi ualhquiza.*

§16   Tomo consejo con alguno:

In teix in teyollo, nonan nota nicchiua, in teezo in tetlapallo uelh nicne-zotia nicnotlapalotia, nicnochamolotia nicnotapalhcayotia.

59 tepuztli] para esclavo *add. mg.* W   66 de] et *T*   72 llevo] nevo *T*   75-76 in teix-mulla... noconnihiyouihltia] *om. S*   80 teixamia] teixamania *S* ‖ in tlacatl] *om. P*   81 ualhuetçi] calhnetzqui *T*   84 nicnochamolotia nicnotapalhcayotia] *om. S*

85   §17   No quiero padre ni madre, sino a mi placer tomar la
manceba que me pareciere:

Aninayoa anitayoa zan can utlamaxalli nextepeualli, nicnotatia nicno-
nantia, in aniquittaznequi in ixtli yollotli, in ixayacatl in itçcalli.

§18   Soberbio, que no tiene a nadie en lo que huella; y él es
90   tenido en menos:

Teixco, teicpac nemi, tetlanipachoa tetlani icza tepan moquetça tepan
motlalia, zan petlatitlan icpalhtitlan teaquia tepopoloani, momauizo-
lani mixtilillani in azan aca ipan momati in atleipan itçtinemi, zan ixco
icpac quiquixtia in itleyo in imauizo, izan cuecuenociuhtinemi, zan
95   *quixopeua in tepetl in teicpalh, maciui in atle ipan itto.*

§19   Revolver cuestiones por donde se maten unos a otros o
se destruyan:

Tetçalan tenepantla in ninemi, in teuhtli in tlahzulli in nextli nicnome-
lonalhtitinemi, inic nicteixpiquilhtia in cucuc in chichic, inic nicteititine-
100 *mi nictecualhtitinemi, in uctli in nanacatl, inic aompa nitetlachialhtia*
niteicxitia, nitetentia nitemitia, inic nenepancualo inic ninecoctene, inic
ninecoquixe inic ninenepilh maxalhtic, inic nitetloc necualhtia, inic ni-
maquizcoatl nichiquimolin nimochiuhtinemi, inic eztli yollotli nicteiti-
tinemi nictecualhtitinemi inic nitecuayuintitinemi.

105 §20   Destruye el señor o gobernador la república, gobernan-
do mal o ensoberbeciéndose con el señorío:

Tlazoneua tlaacomana teuhtli quiquetça in aompa teixtia tetlachialhtia
in tlatoani, zan tlaxixinia, zan tlamomoyaua tlaxamania tlapuztequi,
zan tlaateyauia tlatepexiuia, zan teuicanaquia tezoquiaquia, zan tla-
110 *xoxopeua tlacecenmana, zan motatlaza monantlaza, zan ixtomaua ici-*
ca, inic quiuica in yauh in itepeuh, zan ic quipinauhtia cauilhquixtia in
petlatl in icpalli, izan ixco icpac quimana, quipupua in itecuyo in ipillo,
inic zacatla cuauhtla tecalaquia.

87-88 ...yoa] ...youa *PT* ‖ utlamaxalli] hutlamaxalolli *P* ‖ yollotli] *post S* ‖ ...taznequi
... itçcalli] *om. T* ‖ in ixtli ... in itçcalli] ynixtli yn xayacatl yn itçcalli yn yollotli *S*   **92**
tepopoloani] *om. S*   **98-99** nicnomelonalhtitinemi] nic molonalhtitinemi *PT*   **101** ni-
temitia] nitematia *SP*   **102** ninecoquix] ni ne coc ixe *P*   **103** nichiquimolin] nichico-
molin *S* ‖ nimochiuhtinemi] ninochiuhtinemi *PT*   **113** inic ... tecalaquia] *om. S* quau-
htlaçacatla tecalaquia *P*

§21   Esclavo:

115 *Tepuzzo mecapallo, tlallo zuquiyo, teyo cuauhyo, aztayo mecaxicolo,*
axixpan cuitlapan, hicaya inemiyan.

§22   Perezoso, ocioso, malcriado, desvergonzado, que no
quiere trabajar:

Tlalhmauilhtia   tapalhcamauilhtia,   tlazolhololoa,   mozoquiauilhtia
120 *motlalauilhtia, zan ic quiquiz zan ixtotomauatinemi, atlaiznequi aye-*
lleaiznequi, icximiqui mamiqui, tetech tlacuauhtlamati, techan catqui
in icuchca in ineuhca.

§23   La doctrina santa que sale del corazón ha de ser tenida
en mucho y no menos preciada:

125 *In toptli in petlacalli amo itech axiuani, amo tçitçquiloni amo analoni,*
amo tlacaauilli yehica in teyollotla, in meya in quiza, in cualli ueueyutl
atlatlazaloni.

§24   Púsose en el peligro y como loco o desesperado se dio a
sus contrarios; o metióse donde no salió, como la mariposa en el
130 fuego:

Omotlepapalochiuh aquitlazotlac in yelh chiquiuh in itçonteco, in aixco
icpac tlachix zanteca omouitec omotçotçon zan ilhiuiz, in oalh actiuetç
in oncan mopipitçtica in tletl in iuh chauapapalutl izan iliuiz tleco ca-
lactiuetçi.

135 §25   Persona valiente o esforzada:

Oquichtli tiacauh, ixtleyo ixmauizo, inic xicoztic in tencuztic, uey
miztli uey cuetlachtli ipan quitztoc, uey cuauhtli uey ocelutl mopopo-
yauhticac.

§26   Anda hecho bellaco siguiendo el camino de los animales,
140 desatinado, sin sentido:

121-122 tetech ...inineuhca] *om. S || post add.* techan tlatemachia *P*   **126** inteyollotla in
meya in quiza] inteyollotla inquiça in meya *P*   **127** atlatlaçaloni] atla *W*   **136** tiacauh]
tiyacauh *T ||* xicoztic] ixcuztic *T ||* uey] huey *T*   **137** uey cuauhtli... mopopoyauhticac]
om. S

Ye mitonia ye momociuya ye mamana, ayamo in quizayan in quiza, ayamo icalaquiyan in calaqui, ayamo ihoui in quitoca, zan quitoca in mazatl in tochtli ihoui, izan zacayotoc poliuhtoc in atlacaneci, zan illiuiz yauh zan tochyauh zan maçayauh, izan xolopititinemi izan iliuiz
145 *nemi mapuliui ic xipuliui anenquiatlacatl; omonanacaui omotlapaui, omochocholti omocuacuauhti in pilhtontli, inic oquittac in tochutli in mazautli zan xoquichpanti ixtlatçiui nacaztlatçiui.*

§27   Ríñole, corríjole de palabra:

Itçonic icuauic icuayolic nicquetça, ixcua itlancua ic nicnemitia, inic nic-
150 *toctia in tetl in cuauitl, in ixopilh in imolic, in itetepon, ic nicque-quetçteua.*

§28   Parlero, chismoso, de mala lengua:

Tencuappulh tentlapalhtic, tetencuauhti tencuauhxolutl, tenchicotic yollochicotic, uelh aompa ixtiloc tentiloc, naztiloc xayacatiloc, inic
155 *cah inic nemi iliuiz tlatlacuacua, tlacatlatolh mocuitlauia, iliuiz tla-tlatoa.*

§29   Está limpio y aparejado para Dios el corazón del buen cristiano:

Tlamauiz mamani tlacecelhtia tlaxopamamani in ixuchicalitic in Dios,
160 *tlatonatimani tlaxochinahmani, tlalhuizolhmamani tlapaccamani tla-yocuxcamani.*

§30   Encubro ahora tu delito, pero si no te enmiendas, a la otra vez lo pagarás todo:

Motçontla mocuatla nicpachoa, in tizatl in iuitl nimitçpantia
165 *nimitçteteuhtia, zan oc nican petlatitlan icpalhtitlan, nimitçaquia, tlallitic cuauitic nimitçquixtia, zan oc nimitçcama ineualhtia in cuauitçatl in chichicatl. Auh occepa aulutl nimitçtlacualhtiz inic ticyecoz in utçatl in chichicatl.*

---

143 poliuhtoc] *om. S*   145 nemi] ninemi *S*   150 in itetepon] *om. S*   154 yollochicotic] *om. T* || tentiloc naztiloc] *om. S* nacaztiloc *PR*   155 inic nemi] *om. S*   155-156 iliuiz tlatlatoa] *om. S*   158 christiano] post o la yglesia *add. P inc.* platica que haze el padre al hijo *trans. S*   160-161 tlatonatimani... tlayocuxcamani *om. S*   164-165 nicpachoa... zan] nimitçpachoa çan oc nican *S*   167 auh] *post* in *add. P* yncceppah *T* || tlacualhtiz] quahcualhtiz *T* || inic] ic *P*

§31   Hácense los mayores, a una por casamientos, o en otra
170   manera:

Mocetilia in nayutl in tayutl, inic oncan in totomoliuiz, in xotlaz in cue-
poniz, in pilutl in teucyutl, inic ocetia in eztli in yollotli.

§32   Cásase aquel o pide o toma mujer:

Quinamictia in toptli in petlacalli, in cuzcatl in quetçalli in imaquechtlan
175   *in itozcatlan ic ammolhpia, inic quitçacua in comitl in caxitl.*

§33   Doy mujer a alguno para que asienten y viva en honra:

Tepan niczoua in cueitl in uipilli, auh tepan nicteca in tçotçopaztli in
malacatl in tezacatl temac noconpiloa in ichcatl in malacatl, inic onoz
in petlatl in icpalli.

180   §34   El que nace de esclava o el bastardo:

Contitlan metlatitlan, texatitlan tlemaic xiquipilhco in otlacatl; in te-
puztli in mecapalli, in cacaxtli in uictli, in tlatçacua in tlanamiqui, axix-
tli cuitlatl quinamiqui.

§35   Pónese señor de nuevo:

185   *Moyollotica in petlatl in icpalli, in altepetl motçontecontia, xotla cuepo-*
ni in atl in tepetl.

§36   El pecador sucio y obstinado es como el puerco con el
lodo:

Tlaçulli teuhtli quimauilhtia, nextepeualli quimotlalilia, quimocuitlau-
190   *ya izuquitl in tapalhcatl, inic mozoquipoloa inic motapalhcaneloa, in*
iuh coyametl mocuitlanexpoloa, etc.

§37   Persona doblada, que no habla a derechas:

---

175 inic... caxitl *om. S*   178 in malacatl] *om. S*   181 xiquipilhco] siendo ambos
esclavos *add. mg. W*   182-183 axixtli... quinamiqui] *om. S*   185 moyollotica] mo-
yollotia *SP*   185-186 motçontecontia... tepetl] *om. S*   186 yn atl yn tintepetl] *dup.*
yn alt yn tepetl *P*   187-188 el pecador... lodo] *om. T*   190 inic motapalhcaneloa]
om. T

Zan quicuauhtçalanaquia, zan quicuauhquixtia in intlatolh, zan aom-
pa in quitalhtiteua, zan auic campa motentia, aompa tlahtlatoa, zan
195   *quicuauhneloa.*

§38   Miro a alguno de mal ojo:

Ixtlapalh nacacic niteitta, nixcuelhcopauic nitçtiuh, niteixnacaz necui-
litçtiuh.

§39   Rige el hijo del señor difunto:

200   *Oitçmoli omonelhuayoti in itlaquillo, in puchotl in aueuetl, omo-*
tlanti omozteti, ye tecuan cah ye mauizcah ye motleyotiticah mihiyo-
titicah.

§40   Es humillado y privado del señorío con que se ensober-
becía:

205   *Otempixauililoc otlantepeualoc in itçten; opuztequililoc icoatlan, inic*
aocmo tecuaz oaulililoc in petlatl in icpalli, inic aocmo mauiztililoz; in-
ohma omixcuapeuh omoteputçalauh, itçontlan icuatla oquiz in totecuio,
ixco icpac onenque.

§41   Rige bien el señor; que puebla bien, honra y adorna su
210   pueblo:

Tlaatilia tlatepetilia, tlauecapanilia tlapantlaza, tlateyotia tlamauiztilia
in yauh in itepeuh.

§42   Destruye el señor o gobernador el pueblo:

Tezoquimatla tecuacualachneloa tetlatçicuinia, tlazoloa tlacatçaua,
215   *ontlachayaua in petlapa inic palhpa, ic quicatçaua inic quizoloa in alte-*
petl, inic quitolotla inic quiteyotia, inic quixtlaza quitentlaza

193 quicuauhquixtia in intlatolh] quauhtia ynitlahtul *P*   **194-195** aompa... quicuauh-
neloa] *om. S*   **197** ixtlapalh] yxtlapalhic *S*   **197-198** necuilitçtiuh] *post* nix cueliuhtiuh
add. P   **201-202** ye... mihiyotiticah] *om. S*   **205-206** icoatlan... oaulililoc] inicuuatlan
inic ayuc motequaohauililoc *P*   **206** aocmo tecuaz] aocmoquaz *T* ‖ in icpalli inic aoc-
mo] ic palli, inic ayucmo *P*   **206-208** inohma... onenque] *om. S*   **208** ixco... onenque]
iitztzinco ic pactzinco onenqui *P*   **211** tlamauiztilia] *post* quitotonilia quiyamanila
add. P   **214** tezoquimatla ... tlazoloa] teçuquimotla, teatlatzicujnia, tequacualachneloa
tlahçuloa *P*   **215** inic palhpa ... quizoloa] inic quihçuloa quicatzaua *P* ‖ ic quicatçaua]
om. S   **216** quitentlaza] *om. S*

§43   Riño al inocente por corregir o afrentar al culpado presente:

Tetech nitlacaleua, tetech nitlauleuitia tetech nitlachaloa nitexalatepoa,
220   *auh tetech nictlatçoa in texix in tecuitl.*

§44   En mi mano está ser bueno o ser malo:

Zan nomac cah, in nix in noyollo inic ninouatçaz anozo inic ninocuepo-
nalhtiz, inic ninoxotlaltiz inic ninocueponalhtiz, inic niceliaz nitçmoliniz.

§45   Tengo paciencia en lo adverso y en reprehensiones:

225   *Nitlayolloteuya zan nicpetlacalhtema zan nictoptema in tetl in cuauitl,*
in zacacualli zan nicchalhchiuhmati nicteuxinmati in quexquich nopan
yauh, in nopan quiza in aompa itçtiuh, in aompa, etc.; zan nictlazomati
nicpac cayhiyouia.

§46   Doy pena y trabajo y mal ejemplo a todos:

230   *Niteyolhquixtia niteichiloa nitelelaxitia teitic nictepeua, nicaquia in*
tlexuchtli in tlecuauitl, inic niteelatia inic nitepatçmictia, inic niteyulh-
toneua, inic nitemociuya inic nitetequipachoa niteyolcocoa.

§47   La iglesia de Dios es reverenciada donde está todo el
bien y se oye la consolación del ánima:

235   *Tlaalaua tlapetçcaui tlaxolaua in ichantçinco in Dios, in oncan cen-*
quiztoc tepeuhtoc ceceliuhtoc, in ixquich in cualli in teyollo quimati, in
teyollo caxiti in choquizzo, in tlaucullo in amo tecuauhquixti tecuautla-
machti, izan ompa quicui in paquiliztli in cemelli, in teyollali in tecuilh-
tono.

240   §48   Rencilloso, enojoso, desabrido en sus palabras:

Cenca pozoni pupuzoca tenecati, mamazoa tlatlatelizca motititça, ten-
cuauhxolutl tetencuauhti quilelaxihti, cuauhtlatolli; in aic yamanqui in
itlatolh, zan yuhqui in tletl tetech quipachoa.

---

223 inic ninoxotlaltiz... nitçmoliniz] *om. S*   **227** quiza] *post add.* in nopan itztiuh
P   **227-228** zan nictlazomati ... cayhiyouia] *om. S* id est tuerto çan nictlaçomatinic pac-
caihiyouia *P*   **232** inic nitemociuya... niteyolcocoa.] *om. S*   **236** çeçeliuhtoc] ceceliuhtoc *S* tzetzeliuh toc *PT*   **238** quicui] cuiua *S*   **238-239** in teyollali in tecuilhtono] *om. S*

§49   Ladrón que todo lo apaña y roba:

245   *Matlaueliloc macueciuhqui, macuecuenotl maiciuhqui, iliuiz tlacuicui-*
tiuetçi, in amo matlacatl in hicica, ixtotomaua yollopatlachtic.

§50   Riñen, mátanse o muérdense como perros:

Monanalhtçtoque mocuacuatitoque motlatlancuitçalhuitoque meelh-
tçintoque mooxtlapalitztoque.

250   §51   El señor o gobernador; o persona temida o reverenciada, etc.:

Mauiztitoc in petlatl in icpalli, in oncan neuiuixtoc in tçoaztli in tlaxa-
puchtli, in coloyotoc in tocayotoc tçitçicazzotoc.

§52   Forma o imagina mentiras:

255   *Zan quiyoyocoya in tlatolli, zan quiciciqui zan iztlactli, tencualactli*
tlaelli, quimauilhtia quimotequitia.

§53   Espantosa cosa, temerosa o maravillosa, acaeció:

Tecuaceceputç tecuecuechauh, teizaui temamauhti, tecuaceceno in te-
pan omochiuh tlayoualli xomolli calhtechtli tlanaualli, tlanauatl, in teo-
260   *tictiloc, ouy etic tepan oquiz.*

§54   Acusar o dar queja de otro; o afrentarle delante de alguno:

Nontemayaui in tlexocuauhco, in tlecomalhco in tleima ic in tlecoaz-
co, inic nitetlecomayaui inic nitetlecotlaça, inic niteteixpauia nitetlato-
265   *leuia inic nitecuitlachiuia, inic teixpan nitemaxtlatomia niteayatomia,*
nitemamaxauya nitetçipetlaua, niteyaualoa teicatlan teteputçatlan ni-
quixtia in tlatolli.

245-246 iliuiz... yollopatlachtic] in tlacuicuitiueetçi *S*   **246** matlacatl] tlacatl *P* ‖ ix-
totomaua] yxtomaua *T*   **247** perros] *post* o perras *add. P*   **248** mocuacuatitoque
motlatlancuitçalhuitoque] moquaquatinemih motlancuitçalhtoque *S*   **249** mooxtlapa-
liztoque] *post* y acaba aquí porque adelante son todos los verbos o casi todos los que
hay en la lengua, también si los quieren sacar son provechosas. Et vales *T finis.*   **253**
tçitçicazzotoc] *om. S*   **259-260** tlanaualli... oquiz] in otetoctiloc *S* in otetoctiloc, ohui
etic tepan oquiz *P*   **266-267** nitemamaxauya... in tlatolli] *om. S* ‖ teicatlan] teicampa *P*

§55		Avisar que no sean presos, o que no pequen o que no hierren:

270	*Nitepantia niteteuhtia, niteitictia nitetlauyotia, nitenemachtia nitexaua nitetecuilhuazhuia, inic acan temac uetçiuaz temac aquiuaz, anozo inic amo tlatlacoloz.*

§56		Armar a alguno caballero:

Nitequetça itçumpanco in tlecuilixcuac in tlapco, in mamatlac in te-
275	*malacac, inic nictemaca in chimalli in tlacuhtli, in teacoquizaya in te-pauetçia.*

§57		Ahora oigo mi ventura o desventura:

In axcan niccaqui in nacoquizaya, in notemouia in notlan iuetçia, ano-zo inic ninotlilhuiz inic ninotlapalhuiz. Auh inic nimocoloz inic nimo-
280	*cacauaz, auh inic nimoticauiz inic nimopotoniz.*

§58		Somos sujetos y servimos a los que nos conquistaron por fuerza de armas o nos dimos, etc:

Amo tixicyoque atichicoyoque ca taxcauiloque topan mani in chimalli, auh topan onoc in mitl in cuauitl. Auh totla uetçtoc in tlauiztli in cha-
285	*molleuatl, ixiueuatl in teocuitlapanitl.*

§59		Servir de paje dando aguamanos:

Niteixamia nitemapaca nitecamapaca, nitematequia nitenechichiualh-popoa, nitenechichiualhtia nitepepechtia nitetlacualhteteca.

§60		Servir de mozo o labrador:

290	*Nitititlanti inic nicuacuauitiuh inic nelimiquiz, inic nitlaiz inic nitocaz, inic nitlaxuchimanilhtiz inic nitlatotoniliz, in tlalhtica in cuauhtica, in milhtica in tetica, nitequiti nitlacoti nitlatequipanoa.*

§61		Ensoberbecerse o tener fantasía con el favor o amparo de otro:

271-272 uetçiuaz... tlatlacoloz] uechouaz temac a couaz, hanoço inic hamotlahtlaculoz P	274 mamatlac] matlac S	278-279 anozo] *om. S*	292 nitlatequipanoa] *finis S*

295   *Tetech tlanaui tetech atlamati, tetech cuecuenoti tetech mopoa, teca mo-*
       cuauitequi tetech tlananaui.

§62   Hacer a otro bellaco o dar mal consejo:

Mixitl tlapatl, coaxuxuuhqui nanacatl nicteittitinemi nictecualhtitine-
mi, iztlactli tencualactli, teixco teicpac nicquixtitinem nictetololhtia,
300   *inic aniteuellamachtitinemi inic nitecuecuenotilia, inic nitecuayuintia*
       ic nitexocomictia, inic niteixcuepa nitechicotlachialhtia nitechicotlaca-
       quitia.

§63   Dios señor y creador y gobernador de todo, que ensalza
       y humilla:

305   *Tloque Nahuaque, tlalticpaque in teutlale, in atlaua in tepeua, in*
       tepexiua in tlachiuale in teyocuyani tepiquini in tecueponaltiani in
       tlatçmolinalhtiani, in temamalini in tepitçani, in texuchiycuiloani, in
       tepantlazani, in tetlalaquiani, in tetotomolilhtia, in tetlatçnilhtia, in
       temaxeloa, in temayaualoa in tetlalia in tezaloa Ipalhnemoaloni, etc.

310   §64   Partióse dejando de sí memoria por las buenas obras o
       hazañas que hizo y buen ejemplo:

Micuilotiuh mopopoyauhtiuh, motlilhuitiuh motlapallotitiuh, mi-
tauhcayotitiuh moxochiyotitiuh, monezcayotitiuh motamachiuhtiuh,
quicauhtiuh in inecauhcayo in iteyo, in itoca motimalotiuh, tetechqui-
315   *cauhtiuh, in tlilli in tlapalli, in chalhchiuitl in teoxiuitl inic omoteyoti-*
       ta, etc.

§65   ¿Por ventura, soy parlero? ¿No soy secretario? ¿Me han
       de abrir para sacarme el secreto?

Cuix nixilutl? Cuix nimiyauatl nizacamatl? Cuix nitçayanaloz inic
320   *niquixtililoz? Cuix iuhqui in itoptli nipetlacalli? Cuix nitlapiloz,*
       inic nanililoz in chalhchiuitl in teuxiuitl? Cuix nociuhqui in tetl in
       cuauitl? Cuix nixeloloz nitlapanaloz, inic notçcalhco noyollotlan tla-
       chialoz?

§66   No quiero poner discordia donde hay paz:

304 texuchiycuiloani] texuchihicuiloani *P*   309 nemoloani] nemoani *P*   312 motlil-
huitiuh] motlillotitiuh *P*   317 Me han] hanme *ego em.*   318 sacarme] me sacar *ego*
em.   321-322 in tetl in cuauitl] in nitetl in niquauitl *P*

325   *Azo malli, acoallantli atlauelli ipan niaznequi, yehica tlamamani*
      in tlilhcaxitl in tlapalhcaxitl, macana nitlamimilo, nitlaxopeuaz
      nitlacuitlacpeuh, nozo tlacacah in chamoliuitl in piliuitl, inic amo
      nitlamoloniz nitlaneloz, inic amo nitlatlauelhcuitiz nitecualancuitiz.

§67   Ya viene el castigo de Dios entresacando, por eso todos
330   se enmienden:

      Ye nica uitç: in itemux in yehecauh, in yauauh in icolouh in itçitçicoz, in
      iteuh in icuauh. Auh ye nican onotiuitç in icoauh in itecuan in Tloque
      Nahuaque, in texelotiuitç tepepentiuitç, ma ic celia ma ic xotlalo.

§68   Ando triste, angustiado y fatigado:

335   *Notololh nomalhcuch nicchiuhtinemi nochoquiz nixayo nicmatentine-*
      mi, noztetçin nomatçin nictlancuatinemi, in tetloc in tenauac nicnocuz-
      catitinemi, in nomatçi ic ninomalhcochotinemi, in notlilh in notlapalh ic
      ninomatilotinemi. Auh in notlalh in nozoquiuh ic ninopolotinemi, auh
      in nelelh in notlaocul ic nimilacatçotinemi, ic ninotlalitinemi nelelaciti-
340   *nemi.*

§69   Detener a alguno con palabras fingidas para que sea pre-
      so o le suceda algún mal:

      Nictlaniteca nictlanipachoa in notecuaya, noteya in noztlac in noten-
      cualac, inic nitenaualana nitetlamachana, inic niteuztoaquia nictena-
345   *mictia in tepexitl in atlauhtli, inic nicnepachiuia ic nicneyanilia, in culutl*
      in tocatl in tçitçicaztli, in axoxouilli in atoyatl yectlatulhtica tçopelica,
      aauializtlama machializtica, inic nitequetça inic nitetlalia niteyecateca
      nitenaualhtçecoa.

§70   Quebró el mercader o cayó alguna persona de la honra o
350   estado en que estaba:

      Omoxictlaz omixtlaz omotlantlaz ocuetlauh in cuauitl, in xuchitl oce-
      cualoc in xiuitl oquetozuac, ocototçuac ochichinauh onelhuayotlatlac,
      omonelhuayocoton omomauizpolo, omocallanquixti, omotlacollaz,
      ineoyan omitlaco omocnopilhtili,etc.

355   §71   El malo vive vida de bruto animal:

325 acoallantli] acualantli *P*   **326** nitlaxopeuaz] nitlaxopeuh *P*   **332** in icoauh] *om.*
P   **352** oquetozuac] oquetutzhuac *P*

Axixpan cuitlapan tlahzolhpan ichan inemian in tlatçiuhqui in teuhtica, in nextica in mahpantinemi, in moquimilotinemi inic atlacanemi, tlatçulti teuhtli ic monelotinemi.

§72 Es cobarde, medroso o temeroso:

360 *Tçinquizcatlayecoa mauhcatlayecoa amo teuic mixtlapaloa mauhcatlacatl, ateuic mixe ecoa yuhqui in tetl cuauitl, pupucatoc in chihchinauhtoc amo tlapaloa aontlaecoa mixtelhquetça.*

§73 Persona honrada o señor que tiene vasallos o gente, etc.:

Momatia mocxitia, mocuauhtia mocelotia, mocuetia mouipilhtia, ma-
365 *yatia momaxtlatia, motlapiuia motçonixualhtia, in tlacatl momauizotia, motleyotia moteyotia, mixtia monacaztia.*

§74 Enriquecerme o acrecentar hacienda:

Ninotlatepeualhtia ninotlanenectia, niniculhtia ninotlatoxaualhtia, ninotlateunemitia ninotleuauania, ninotlexelhuya ninotlanechicalhuia,
370 *ninotetçontia ninotlapepechia, ninonelhuayotia.*

§75 Erró el pecador o cayó en el lazo el que no anda a derechas:

Oquimonamicti in tetl in cuauitl, in tçoaztli in tlaxapuchtli, in culutl in tçitçicaztli, in moneuianaquito in canamatlac, in tochmatlac in ma-
375 *zamatlac in oncan otetçauhtic, in otlauelhtic in aompa itçtiuh, ineuyan omotleuauani.*

§76 Soy templado en el corregir o castigar:

Ninomailochtia ninomatlacaualhtia ninomayeyeculhtia, in yamancatlacatl in yocuxcatlacatl, inic nictetoctia in tetl in cuauitl, in culutl in tçi-
380 *tçicaztli, in tlexuchtli in tlemiauatl can ninomacaxaua.*

§77 Soy recio en corregir o castigar:

Ninomatlahpalhtilia ninomachicaua ninomacuauhtilia, in ninomatçomocoa, inic ninomacencaua inic nicteitia, in chichicatl in toneuizatl, inic

---

357-358 tlatçulti teuhtli ic monelotinemi] teuhtlitlah culli ic monelotinemi *P*   **364** mocuetia] estos dos no caben *add. mg. P*

nictentequilia in mecatl, inic nitetlexuchquentia, inic niteiztlacmina inic
385   *nictecualhtia, in cucuc in teopouhqui.*

§78   Habéisme, señor, hecho mercedes como a vuestro
hijo:

Otlazotic otlacauhqui otlaocuxqui, omotlapalo in mittçin in moyollotçi,
in motlacnelilh in monetlapalolh, in milacatçiuhca in mapanca, inic ti-
390   *nechilacatçoa inic tinechapana, in nocxic in nomac in titlachia, in ni-*
melhtapach in nimochichicauh, in nimezo in nimotlapallo.

§79   Es generoso y de lindo y excelente corazón:

Chalhchiuhtic teuxiuhtic, tlapitçalhtic tlamamalhtic, tlacenquixtilhtic,
in icuzcayollo in ichalhchiuhyollo in iquetçalhyollo; tlachchictic tlape-
395   *tlaualhtic tlacencaualhtic.*

§80   Malvado, sucio, perverso, que no toma consejo:

Micoloa motliloa, mocatçaua moxolopicuitia, mozuquineloa motlalh-
neloa, aompa miixtia aompa monacaztia, zan aompa motentia, in aye-
llacaqui, in aompa tlacaqui in aompa tlacça, in aompa quiza in aompa
400   *eheua, in aoncan cah in ix in yollo.*

§81   Prometiónos Dios la gloria si le obedecemos:

Otechnetolhti otechnemacti in Dios ilhuicac netlamachtilli: intla uelh
titoptizque tipetlacalhtizque, intla ticchalhchiuhtilizque ticteuxiuhtiliz-
que, ticcuzcatilizque ticquitçalhtilizque.

405   §82   Da Dios hambre o enfermedad:

Xiuhcoatl mamalhuaztli tepan quimotlaxilia tepan quimochiuilia in
Dios.

§83   Rico o persona que tiene lo necesario:

Totonia yamania yuiyoua, mocuitlapilhtia mamatlapalhtia, celia itçmo-
410   *lini, in ailitl in auexutl totomoliui mimiliui, in xuchitl xotla cueponi, inic*
tlacelia inic tlaxopiaua, momatia, moyaualoa in iuhqui in puchutl in
aueuetl.

§84   Hacer pesquisa el juez o inquirir la vida de otro:

415 *Tlatataca tlacuicui tlacxitoca, tlatlanitlayeloa tlauauana tlaxeloa, tetla-*
cuicuilia teucuillana, teucuilhquixtia tetlaanilia tetlatlachpanilia.

§85   Vino a poner nueva doctrina o vino a fundar de nuevo:

Mixtli puctli ayauitl quimolonalhtico, queuatiquetçaco, quimanacaco,
octacatl machiyutl, xiyutl cuatçontli in oquitemaco, in oquitetlalilico,
inic necuatçomaloz nexiyotiloz, oquitlalico in tlaleualli in teuchulli.

420 §86   Loar, honrar o ensalzar mucho a otro:

Nitechamaua niteuecapanoa, nitetlalhuia nitecueponalhtia nitexu-
chiyutia, niteizcalloquetça nitemayaloa nitepantlaza, nitepauetçolhtia
nitemauiçotia nitetimaloa.

§87   Levantóle el señor y sublimóle no siendo nada:

425 *Teuhtitlan tlazulhtitlan, axixpan tlaelhpan, oncan oquimopepenili*
oquimopantlaxli, oquimopauechili oquimacoquixtilia in Dios, anozo in
tlatoani, atleipan quizaya cauh cuauhtia ocelutia.

§88   Valentía, grandeza o hazaña:

Cuauhyutl oceluyutl, oquichchutl tiacauhyutl.

430 §89   Satisfecho estoy:

Omecic, opachiuh, omotlali in noyollo.

§90   ¿Quién so yo para que Dios me hiciese tantas mercedes?:

Ac nehuatl ac ninomati: cuix nolhuil cuix nonauatilh cuix nomah-
ceualh? inic onechmoxuchiyotili nechmocueponalhtili in Teutl in tla-
435 *toani, inic onechmotlapalotili inic nimacoc, in chamauac timaliuhqui in*
totonqui yamanqui.

§91   No te tengo en poco sino en mucho:

Ac nimitçnomachitia tleipan nimitçnottilia in icuauhtli in nocelutl. Cuix
titlacacauilli, cuix iuhqui in titlilli in titlapalli? Cuix nimitçpupuloz,

---

422 nitepauetçolhtia] *mg* nitepauecholhtia *P*   425 teuhtitlan] esto es en el çielo *add.*
mg. P   429 oquichchutl] *add. P*   435 nimacoc] onimacoc *P*

440 *cuix nozoyuhqui in xuchitl in xiuitl? Cuix nimitçhuatçaz? Cuix nimitç-*
macuetlauiliz? Ca can tichalhchiuitl titeuxiuitl ipan nimitçnomachitia.

§92   No me igualo ni comparo a nadie, sino que me tengo
por menor:

Amo teuan niuetçi acan teuan onipouh, aninomimiloa aninocueponal-
445 *htia, animocauantilia animoquetçalhtototilia, animoteuquecholhtilia*
animotçinitçcantilia, animopuchotilia animaueuetilia, animacelelhtia
animoxopiaualhtia, zan nimotlilhtilia zan ninotlapalhtilia.

§93   Emborrachóse o salió de seso:

Itech oquiz in uctli in nanacatl, in mixitl in tlapatl, in coaxoxuhqui, inic
450 *oyuintic inic oxocomic.*

§94   Aprovechóme la medicina o la cura que se me hizo:

Onotechquiz onechnalhquixti in pahtli, onechayamanilhti onechuella-
machti.

§95   Quejarse primero el culpado, imputándolo al agraviado:

455 *Teixpan momanteua moquetçteua, inic tetlaxiliteua, in yayazulh in*
imaxtlazulh, inic atle itech tlamiloz, in tlilhtic in catçauac, mattoitiuh,
motlapechitiuh, moyecnectiuh mopetçtilitiuh.

§96   Tener alguno pobreza o hambre:

Xulutl mapantoc chayauhtoc techan, xiuhcoatl mamalhuaztli tepan
460 *quiza, tetech motlalia tepan mochiua. Auh tepan moquetça in mixpanitl*
in tlemiauatl, itçtic cecec quiztoc ic noyutl quiztoc.

§97   Mira que no peques con alguna porque no seas culpado:

Macana tecue teuipilh tepan tican, macana tepan timazouhti, macana
tepan tiuetçti, inic amo titoctiloz in tetl in cuauitl, macana itla motech-
465 *tlan, macana tepan ticholo, macana itla ticmonamicti.*

§98   Hállome bien con alguno:

---

455 tetlaxiliteua] quitetlaxiliteua *P* no le entieden otros for etc. *add. mg. P*   **461** noyutl
quiztoc] *post* cucuc teupouhqui mantoc *add. P*

Tetech ninomati nimaxaliui, tetechcopa nixeliui, nitlachia ninimati nixtlamati.

§99   Soberbia mujer o rencillosa o cruel:

470   *Chauatini chaputetini, chauazque in iuh totolin chauati tecuaxixipeua tecuacocoyonia, tecuatçatçamulaana tecuatçotçopiloa, teixco patlani chauazquini.*

§100   Hombre que no tiene en nada el servicio o beneficio de la mujer:

475   *Ateciuamatini in oquichtli, aquiciuamati in iciuauh atle compoua.*

§101   Mujer que no tiene en nada el servicio o beneficio del marido:

Ateoquichittani in ciuatl.

Y quitada la a del principio querrá decir 'mujer agradecida', etc.

480   §102   *In tlacatl nelli nica* o *auiztli.*
Usan en plática algunas veces, pero no quiere decir nada, etc. También otras veces dicen *nene,* como dudando en la plática.

§103   Ab eterno sabe Dios y tiene determinado lo que ha de ser cada uno y lo que ha de dar:

485   *Cenca yeucauh yeoatçin ihuey malhcoche ihuey teputçe, ceceyaca uel quimoyeecalhui, quimotamachiuili oquimoyoculhuili, yoan oquimoce-mitalhui in ihcaya in inenca, iuan in ixquich in ilhuilh in imaceualh iceceyaca oyez, yoan in quinami yez in iquizaya, in icalaquiya in inemia in itlaczaya, anozo in ipeuhca in itçonquizca.*

467-468 ninimati nixtlamati] *om. P*   **482** finis lib. III *P*   **483** §1... §103] *ego add.*   **489** finis lib. III *W* ‖ *post* platica que haze el padre al hijo avisandole o amonestandole que sea bueno *WP*